KB067160

생각을
바꾸는
생각들

Thought Economics :
Conversations with the Remarkable People Shaping Our Century

유발 하라리부터 조던 피터슨까지
이 시대 대표 지성 134인과의 가장 지적인 대화

생각을 바꾸는 생각들

비카스 샤 지음 | 임경은 옮김

INFLUENTIAL
인플루엔셜

— **일러두기**

- 본문의 주는 모두 옮긴이가 독자의 이해를 돕기 위해 붙인 것이다.
- 국립국어원의 표준어규정 및 외래어 표기법을 따랐으나 일부 인명, 지명 등은 실제 발음을 따랐다.
- 본문에서 언급한 도서 중 국내에 번역 출간된 경우 한국어판 제목을 표기했고, 국내 미출간 도서의 경우에는 번역하여 원서 제목을 병기했다.

이 책에 쏟아진 찬사

“우리 시대의 가장 중요한 문제에 대한 놀랍고 지적이며 즐거운 대화!”

– 스티븐 핑커, 퓰리처상 수상자이자 하버드대학교 심리학과 교수

“이 책의 놀라운 점은 잠자던 우리의 사고를 깨우는 데 그치지 않고, 진정으로 사고를 확장하는 힘을 길러준다는 데 있다. 더 나아가 우리 내면의 이해 방식, 그리고 그 이해 방식을 다시 이해하기 위한 획기적인 관점을 제공한다. 저자가 이 책에서 보여주는 진취적 사고는 시곗바늘을 미래로 앞당긴 것을 넘어, 흥분을 자극하는 새 시계를 창조했다고 봐도 무방하다.”

– 덱스터 디아스, 작가이자 국제 인권변호사

“남다른 사고방식을 발견하고 싶은 독자라면 반드시 이 책을 읽어라. 전통적인 사고방식에 도전하는 내용이 가득하다. 이 책이 출간되어 정말 반갑다.”

– 로즈 맥고완, 영화배우

“기업가부터 운동선수 그리고 세계 지도자에서 연예인까지, 이것은 세계에서 가장 영향력 있는 사람들과의 흥미로운 인터뷰 모음집이다!”

– 마크 큐반, NBA 댈러스 매버릭스 구단주

“(나를 포함해서) 대단한 인물들의 인터뷰를 집대성한 필독서다.”

– 데이비드 바디엘, 영국과 미국에서 활동 중인 코미디언

“여러 교훈과 통찰력을 넘나드는 즐거움이 가득한 책이다.”

– 소피아 아모루소, 기업가이자 《#걸보스》 저자

“지금의 세계를 형성한 인물들과의 인터뷰를 총망라한 놀라운 책이다.”

– 헤스턴 블루먼솔, 영국을 대표하는 세계적인 요리연구가

“세계의 지도자에서부터 예술가, 기업가, 사상가에 이르기까지 《생각을 바꾸는 생각들》은 흥미롭고 교육적인 재능 기부 모음집이다.”

– 앤서니 그레일링, 철학자이자 뉴칼리지오브더휴머니티스의 총장

“기업가정신, 민주주의, 정체성, 문화, 심지어 전쟁과 평화까지 다양한 주제의 아이디어를 망라한 《생각을 바꾸는 생각들》은 반드시 읽어야 할 책이다.”

– 루스 헌트, 영국 최대 인권단체 스톤월 前 대표

지금 이 시대에 필요한 탁월한 통찰들

이 글을 쓰는 현재 영국은 록다운(lockdown) 상태다. 원래 '록다운'은 감옥의 봉쇄를 표현하는 단어로, 감방 내부에 반입금지 품목이 있는지 수색할 때 감옥 전체의 문을 닫아거는 걸 의미했다. 그런데 코로나19라는 바이러스의 대유행으로 인해 우리는 뜻하지 않게 각자의 집에 갇혀서 '자아'를 탐색하는 시간을 보내고 있다. 지금도 코로나19는 투명망토를 걸친 테러리스트처럼 장소를 가리지 않고 전 세계 곳곳에 재앙을 뿌려대고 있다. 우리는 이 재앙을 피해 집에 머무르면서 어쩔 수 없이 자신의 민낯과 마주하게 되었다. 더 나아가 우리 삶의 조건과 외부환경에 대해서도 많은 생각을 하게 되었다.

지금 우리에게는 회복탄력성(resilience)이 필요하다. 희망이 필요하다. 가족도 필요하다. 사업도 해야 하지만 예술도 필요하다. 정부도 있어야 하지만 친구도 필요하다. 《생각을 바꾸는 생각들》은 이 모든 것을 다루고 있다. 이 책이 세상에 나온 것이 무척 감사한데, 그것은 지금 이 시대를 살아가는 우리에게 매우 소중한 것들에 관해 이야기해주고 있기 때문이다. 세계적인 행위예술가 마리나 아브라모비치(Marina Abramovic)는 "모든 사람이 아침에 일어나면 삶의 목적이 무엇인지 스스로 질문을 던졌으면 좋겠습니다"라고 말했다. 그것은 우리 모두에게 정말 중요한 질문이다. 이 책을 읽고 나면 우리가 소중히 지켜야 할 것, 지금처럼 유지해야 할 것, 혹은 폐기해야 할 것에 관해 더 명확히 구분할 수 있게 될 것이다.

코로나19 팬데믹은 커다란 재난이지만, 한편으론 우리에게 값진 선물을 안겨주었다. 우리는 이제 각자의 이익을 챙기고 경쟁에서 이기는 것보다 다른 사람의 안전과 행복을 우선할 때 세상이 어떻게 달라질 수 있는지를 경험으로 알게 되었다. 또 다른 선물은 많은 사람이 위안거리를 찾아 다시 책에 눈길을 돌리기 시작했다는 점이다. 종이책은 20여 년 전 인터넷이 등장했을 때 역사상 가장 큰 위기를 맞이했다. 하지만 지금 종이책은 디지털로 만들어지는 다른 콘텐츠와 공존하는 방향으로 제자리를 찾아가는 중이다. 인터넷이 전 세계로 퍼져나간 오늘날에는 그 어느 때보다 많은 사람이 더 많은 이야기를 주고받으며 살아가고 있다. 아마도 그 덕분에 이 책의 모토가 된 '생각 경제학(Thought Economics)'이라는 블로그도 결실을 볼 수 있었을 것이다.

이 책에서 비카스 샤는 이 시대의 진정한 리더들, 그중에서도 강한 울림을 전하는 인물들과 함께 지금 우리에게 절박한 주제들에 관해 대화를 나눈다. 책에는 각계의 거물들에게 던진 쉽지 않은 질문과 그에 대한 통찰력 넘치는 대답들이 쏟아진다. 탁월한 사람에게 탁월한 질문을 던졌을 때 일어나는 예측 불허의 호기심 넘치는 탐구가 흥미진진하게 펼쳐진다. 깊은 울림과 통찰이 담긴 그들의 대답은 씨줄과 날줄로 엮이며 이 시대 최고의 지성을 우리 앞에 펼쳐 보인다.

체스 그랜드마스터이자 정치활동가인 가리 카스파로프(Garry Kasparov)는 "민주주의는 언제까지나 당연하게 누릴 수 있는 것이 아닙니다"라고 말한다. 그리고 로널드 레이건(Ronald Reagan) 전 미국 대통령이 했던 "자유가 소멸하는 데는 한 세대가 채 걸리지 않는다"라는 말을 인용하면서 민주주의 퇴보를 막으려면 모든 국민이 정치에 참여해야 한다고 주장한다. 사회 구성원들의 다양한 사고방식이 모여야 혁신적인 아이디어가 나올 수 있기 때문이라는 것이다. 이 책은 이처럼 다양한 사고방식과 근사한 아이디어들로 가득하다. 각 장의 제목들만 봐도 감이 잡힐 것이다.

비카스 샤가 나의 친구라는 점이 자랑스럽다. 그에게 전화를 걸면 "지금은 인터뷰 중이라 통화할 수 없습니다"라는 메시지를 들을 때가 많았다. 일주일 정도 후에 메일함을 보면 그가 보낸 인터뷰 내용이 도착해 있었다. 어느 날은 세계에서 가장 부유한 자선사업가 멜린다 게이츠(Melinda Gates)의 인터뷰가 와 있는가 하면, 다른 어느 날은 노벨상 수상자, 글로벌 아티스트, 양자역학 이론물리학자, 어느 국가의 전 대통령과 인터뷰한 내용이 와 있었다. 비카스 샤가 인터뷰한 인물들의 면면을 보면 입이 떡 벌어질 정도이다. 나는 "이 대단한 분들을 어떻게 섭외하는 거죠?"라고 물었다. 그의 대답은 간단했다. "전화하면 돼요." 나는 이내 그 말을 이해하고 고개를 끄덕였다. 비카스가 출중한 사람이기에 인터뷰도 출중하게 할 수 있는 것이었다.

질문하는 기술도 '예술'의 한 장르로 분류할 수 있다면, 비카스는 가히 파블로 피카소(Pablo Picasso)에 비견할 만하다. 한번은 어떤 비평가가 피카소에게 나무를 그리는 소질이 없다고 지적했는데, 이에 대해 피카소는 "맞는 말이다. 나는 나무를 못 그린다. 그렇지만 당신이 그림을 봤을 때 그게 나무라고 느끼게끔 그릴 수는 있다"라고 응수했다. 마찬가지로 비카스도 인터뷰이에게서 디테일을 끄집어내는 능력이 있다. 그는 상대가 어떤 사람이든 간에 매우 인상 깊은 통찰이 담긴 답변을 끌어낸다.

그런가 하면 영화감독 폴 그린그래스(Paul Greengrass)와 같은 예술의 대가들이 자신이 창작하는 이유를 설명하는 대목에서는 마음을 이완시키는 소소한 즐거움이 느껴지기도 한다. "영화 관람이라는 집단적 경험에는 미학이 있습니다. 영화계 거장 데이비드 린(David Lean) 감독은 어린 시절 영화관에 가면 스크린에 비치는 광선에서 마치 성당 창문으로 들어오는 햇살 같은 기운을 느꼈다고 말했습니다. 영화관 스크린에서 신성함이 깃든 감동을 맛본 것이죠. 그뿐이 아니에요. 영화에는 신비와 마법이 있습니다."

나는 《생각을 바꾸는 생각들》이 미국 주간지 〈타임Time〉에서 '작지만 세상에서 가장 강한 문학잡지'라고 극찬한 〈파리리뷰Paris Review〉에 비견할 만하다고 생각한다. 〈파리리뷰〉의 작가 인터뷰는 기존의 그 어떤 인터뷰와도 달랐다. 《생각을 바꾸는 생각들》의 인터뷰 역시 그러하다. 그렇기에 이 책에 담긴 지혜는 여러분과 평생 함께할 것이다. 여러분이 기업의 CEO이든, CEO의 사무실을 청소하는 사람이든 상관없이 말이다. 이 책에는 여러분을 위한, 여러분의 삶을 바꿀 수 있는, 여러분이 가고자 하는 방향으로 계속 나아가도록 격려해주는 어떤 힘이 녹아들어 있다. 술술 읽히지만 불필요한 가식 따윈 없다. 무엇보다 우리에게 피가 되고 살이 되는 이야기들로 가득하다. 《생각을 바꾸는 생각들》은 지금 당장 우리 세계에 추가되어야 할 또 하나의 필수품이다.

– 렘 시세 Lemn Sissay

차례

정체성 : 우리 자신에 대한 질문

문화 : 우리의 삶을 구성하는 것들

리더십 : 우리의 힘을 모으는 비전

PART 4

기업가정신 : 세상을 변화시키는 힘

PART 5

차별 : 타인의 눈으로 보는 세상

갈등 : 전쟁과 평화 그리고 정의

민주주의 : 2,500년간의 권력 실험

생각의 힘을 깨닫게 해주는 대화들

사실 나는 저널리스트도 아니고 전문 작가도 아니다. 다만 나는 호기심이 많은 사람이다. 수업시간에 늘 손을 들어 질문하는 학생이었고, 때로는 선생님의 휴식시간까지 빼앗아가며 질문을 던졌다. 단순해 보이지만 상당히 복잡한 질문들, 가령 "우주는 어떤 원리로 움직이나요?"와 같은 질문을 하며 선생님을 졸졸 따라다녔다.

현재 비즈니스 세계에 몸담고 있으니, 나의 본업은 기업가라고 할 수 있다. 하지만 기업가라는 직업을 미화하고 싶지는 않다. 나는 화려한 라이프스타일을 즐기는 사람이 아니다. 전용기, 고급 승용차, 집값에 맞먹는 명품 시계, 호화로운 대저택과는 거리가 멀다. 더구나 내가 운영하는 회사들은 모두 중소기업에 속한다.

나는 기업가로서 거둔 성과보다 성장 과정에 더 특별한 의미를 두고 있다. 나는 열네 살에 처음 비즈니스 세계에 발을 디뎠다. 오늘날 첨단기술 분야의 영재들과 비교하면 꽤 늦은 나이 같지만, 정글에 비유할 만큼 살벌한 비즈니스 세계에서는 상당히 어린 나이였다. 당시 내가 창업한 얼티마그룹(Ultima Group)은 소프트웨어를 개발하는 회사였으며, 최초의 온라인 잡지 중 하나였던 〈인디펜던트 소프트웨어 리뷰Independent Software Reviews〉를 발행하는 부업도 겸했다. 이 잡지엔 컴퓨터 게임, 소프트웨어,

음악에 대한 리뷰를 주로 실었는데, 나와 동료들이 성장세를 채 실감하기도 전에 매월 50만 명 이상의 사용자를 확보했다. 인터넷 초창기인 당시로선 엄청난 숫자였다. 그 뒤 우리는 플랫팩웹(flatpack web)이라는 세계 최초의 콘텐츠관리시스템을 구축했고, 전 세계 고객들과 콘텐츠 사용권 계약을 맺었다. 하지만 그 이상으로 성공의 여세를 몰아가지는 못했다. 이 사업은 닷컴버블이 터지면서 2001년 갑자기 중단되었다.

온라인 잡지는 더 이상 발행하지 않았지만, 그 이후에도 글쓰기에 대한 나의 열정은 식은 적이 없다. 아마도 내 세대가 장문 형식의 콘텐츠에 익숙한 마지막 세대일 것이다. 우리 세대는 동영상, 팟캐스트, 소셜미디어보다 신문, 잡지, 책이 익숙한 환경에서 자랐다. 또 경제·문화·사회의 대부분 영역에서 '첨단기술'이 새로운 성장 동력으로 부상하면서 세계가 빠르게 변화하는 것을 지켜보았다.

우리는 시장·경제·문화·사회·정치를 외부에 존재하는 현상으로 간주하지만 사실 그것들은 모두 우리의 생각, 즉 '인식 활동'의 소산이다. 우리와 동떨어진 것이 아니며, 우리 자신을 형성하는 것이면서 그 자체로 우리 자신이기도 하다. 여기까지 깨달은 나는 그전까지 깜박깜박하던 머릿속 전구가 마침내 '번쩍' 하고 켜지는 느낌이 들었다.

시간이 흘러 2007년이 되었다. 장문 형식의 콘텐츠가 거의 사라진 현실에서 여전히 글쓰기에 목말랐던 나는 '생각 경제학'이라는 블로그를 개설했다. 도메인은 없었다. 구글(Google)의 무료 블로그 플랫폼에서 디자인 템플릿도 사용하지 않고 아주 간단하게 만들었다. '생각 경제학'이라는 이름은 이 세계를 창조하는 것이 우리의 생각, 아이디어, 관념 등이라는 사실에 착안해서 지었다. 블로그가 그러한 탐구의 장이 되었으면 좋겠다는 기대와 바람도 담겨 있었다. 처음에는 관심 주제에 관한 장문 형식의 글을 직접 써서 올리고, 수년 동안 알고 지낸 사람들의 흥미진진한 인터뷰도 곁들일 생각이었다. 본업을 유지하면서 취미로만 즐기려고 했기 때문에 어떤 전략적 의도 같은 건 없었다. 인터뷰 내용도 따로 손을 대거나 주관적 사족을 덧붙이고 싶지 않아서 대화 내용을 원문 그대로 게시했다.

그런데 인터뷰 게시물이 늘어날수록 블로그 방문자 수도 덩달아 증가했다. 비록 장문이더라도 수정과 편집을 거치지 않은, 게다가 '무료'로 열람할 수 있는 인터뷰 콘텐츠를 진심으로 즐기는 구독층이 있다는 확실한 방증이었다. 2008년이 되자 블로그에서 다뤘으면 하는 주제와 인터뷰에 대해 의견을 제시하는 전 세계 독자들의 이메일이 심심찮게 날아오기 시작했다. 바로 그때 다시 한번 머릿속 전구에 '번쩍' 하고 불이 켜졌다. 나는 스타트업에서 핵심 역량을 기반으로 전략적 방향을 전환할 때 사용하는 '피벗(pivot)' 전략을 생각하기 시작했다. 우선 도메인을 구입하고, 제대로 된 웹사이트를 구축했다. 그리고 우리 시대에 의미 있는 영향을 준 인물들과 인터뷰한 내용을 올리는 작업에 본격적으로 착수했다.

초창기에 인터뷰한 거물급 인물 중 한 명은 위키피디아(Wikipedia)의 창립자인 지미 웨일스(Jimmy Wales)였다. 그는 보잘것없는 내 블로그를 위해 시간을 할애해준 첫 번째 유명인사였다. 내가 보낸 질문에 대해 그는 아주 짧게 회신했다. "전부 이미 대답한 적이 있는 질문입니다. 다른 질문을 해주세요." 이 경험으로 나는 인터뷰를 할 때 보다 철저한 준비가 필요하다는 중요한 교훈을 얻었다. 그 이후로 나는 질문지를 보내기 전에 인터뷰이에 관해서 자세하게 조사했다. 그들이 열정과 관심을 많이 쏟는 분야가 어떤 것인지 알아보고 관련된 질문을 준비하려 노력했다.

그리고 불과 몇 달 후 마치 기적처럼, 평소 영웅이라 생각했던 우주비행사 버즈 올드린(Buzz Aldrin)과 통화 약속을 잡는 기회가 찾아왔다. 물론 그 이전에도 인터뷰 약속을 잡아놓고 가슴 설레며 기다리던 순간이 많았지만, 버즈 올드린과의 인터뷰는 유독 남다르게 다가왔다. 특히 인터뷰를 마무리하는 순간에 내가 하는 일이 정말 예사롭지 않다는 걸 느끼게 하는 사건이 벌어졌다. 저녁식사를 함께하기로 한 아버지가 사무실에 와 계셨는데, 전화 인터뷰를 하고 있는 내게 갑자기 "차 한 잔하지 않겠니?"라며 다가오셨다. "지금 좀 바빠서요"라고 말씀드리자, 아버지는 누구랑 통화하는 거냐고 물으셨다. 내가 버즈 올드린과 통화하고 있다고 대답하자, 아버지는 "무슨 말도 안 되는 소리야!"라며 껄껄 웃으셨다.

정식 도메인을 가진 웹사이트를 개설한 지 얼마 지나지 않아 믿을 수 없는 여러 기회가 찾아왔다. 나는 지구상에서 가장 영향력 있는 사람들과 진지하면서도 흥미로운 대화를 나누었다. 지금은 초창기의 짜릿했던 흥분이 많이 가시긴 했지만, 여전히 인터뷰이의 이름을 확인하곤 입을 다물지 못하는 가족과 친구들의 반응을 볼 때마다 내가 얼마나 대단한 영광을 누리고 있는 건지 새삼 깨닫게 된다.

버즈 올드린과 나눈 대화를 웹사이트에 게시했을 때 한 유명 일간지의 기자가 이메일로 내게 물었다. "어떻게 버즈 올드린과 인터뷰를 하셨나요? 저희도 오랫동안 연락을 시도했는데 실패했거든요." 이후에도 이런 질문을 많이 받았다. 솔직히 대답하자면, 나도 잘 모르겠다. 나는 그저 질문했을 뿐이다! 그리고 겉으로 드러나지 않았을 뿐, 나 역시 숱한 거절을 겪었다. 대략 스무 명에게 연락해야 겨우 한 명에게 허락을 받을 정도였다. 어떤 리더십 전문가는 웹사이트에 올라간 인터뷰들이 모두 가짜가 아니냐는 의심까지 했다. 그런 말을 들을 때는 모욕감을 느끼기도 했지만, 한편으론 여러 가지 형태로 유명세를 치르는 사람들이라 그런 방어 자세가 몸에 밴 것이려니 하는 생각도 들었다. 여러 면에서 '생각 경제학' 프로젝트는 끈기와 회복탄력성이 있다면 황당하리만치 야심 찬 일도 얼마든지 해낼 수 있다는 것을 스스로 증명하는 과정이었다.

나는 그간의 인터뷰들을 책으로 펴내면 어떻겠냐는 제의를 받고는 특별히 애착이 가는 인터뷰들을 중심으로 훑어보다가, 내가 건넨 수많은 질문과 그에 대한 답변들을 관통하는 공통된 주제가 있다는 걸 발견하고 깜짝 놀랐다.

가장 먼저 눈에 띈 공통점은 정체성이었다. 우리가 누구이고, 삶의 의미는 무엇이며, 지구에서 인간이라는 생명체가 차지하는 위치는 어디인지에 관한 질문은 인류의 영원한 숙제가 아니던가. 정체성에 대한 질문은 다시 인류를 하나로 묶는 문화에 대한 수많은 질문으로 연결되었다. 예술, 음악, 문학 등의 모든 문화 장르는 우리의 정체성과 소속감을 생각하는 방식에 커다란 영향을 미친다는 점에서 매우 중요하다. 소속감이라는 개념은 우리가 사회에서 근본적으로 내재하고 있는 편향성으로 확장된다. 인류는 특정 부족이나 집단에서 누구를 포용하고 누구를 배제할 것인지 선택하며 살아왔고, 이러한 선택은 소외된 사람들에게 고통, 상처, 불평등을 안겨주었다. 그리고 이는 여러 역사에서 배경으로 등장하는 갈등의 도화선이 되었다.

이러한 어려움과 도전이 있었지만 사회는 평화 구축과 민주주의에서 엄청난 진전을 이루기도 했다. 이 시대의 가장 대담한 통치방식이라 할 민주주의 덕분에 정치적·법적·경제적 기틀이 형성되었고, 이 기틀을 바탕으로 기업가들은 사람들에게 일자리와 더불어 더 나은 삶의 기회를 제공하는 등 사회의 여러 시급한 문제들을 해결하면서 세상을 더욱 발전시켰다. 이 모든 것은 훌륭한 리더 없이는 불가능했을 것이다. 모든 인터뷰이에게서 돋보였던 것은 리더로서의 자질, 즉 사람들에게 영감을 주고 동기를 부여하면서 힘을 합쳐 불가능한 것을 성취하게 하는 능력이었다.

물론 미처 채우지 못한 부분도 분명히 있을 것이다. 매우 중요한데도 다루지 못한 주제가 있을 터이고, 또 대화를 나눴더라면 좋았을 더 훌륭한 리더도 많을 것이다. 우리가 다 같이 알아야 할 진실이나 새로운 관점도 아직 더 남아 있을 것이다. 다행히 '생각 경제학' 프로젝트는 계속 발전하고 있으며 인터뷰도 꾸준히 추가되고 있다. 나는 앞으로도 다양한 생각과 관점을 두 팔 벌려 환영할 것이며, 그들의 이야기가 세상에 온전히 전해지도록 최선을 다할 것이다.

사실 우리가 최고니 최악이니 하는 것들도 모두 '생각'의 결과물이나 마찬가지다. 문화·사회·경제·정치의 모든 영역에서 불안정성과 불투명성이 높아진 지금 우리에게 필요한 것은 솔직하고 열려 있는 대화를 통해 최대한 다양한 지식과 의견을 받아들이는 것이다. 그래야 우리에게 닥친 문제들을 더 깊이 이해하고 해결해갈 수 있기 때문이다. 소셜네트워크에서 벌어지고 있는 불신과 혐오, 서로를 향한 인신공격은 우리가 서로의 생각을 충분히 나누지 못했기 때문인지도 모른다.

나는 이 책으로 벌어들일 저작권료 중 최소 1만 파운드를 두 개의 단체에 기부하기로 했다. 한 곳은 내가 의장으로 활동 중인 인플레이스오브워(In Place of War)이다. 이곳은 예술, 연구, 기업가정신을 통해서 지속가능한 평화를 구축하고 기회를 만들어냄으로써 분쟁으로 고통받는 30개국 지역사회를 돕고 있는 국제 자선단체이다. 다른 한 곳은 영국 최초의 공립대학인 맨체스터대학교이다. 이 대학은 맨체스터가 세계 최초의 산업 도시로 발돋움하는 데에 크게 공헌했고, 지금도 여러 주요 분야에서 변화를 주도하고 있다. 두 곳 모두 세상을 좀 더 나은 곳으로 바꿔나가는 방법을 알려주는 지식, 즉 '생각'의 힘을 위해 싸우고 있다는 공통점이 있다.

내게 이미 많은 영감을 주었고, 여러분에게도 통찰의 힘을 깨닫게 해줄 이 대화들을 공유하게 되어 무척이나 영광이다. 나는 지금 이 순간을 포함해 언제나 모든 주제에 대해 허심탄회하게 대화를 나눌 준비가 되어 있다.

2020년 7월 런던에서, 비카스 샤

"우리의 생각이 곧 우리 자신이다.
모든 것은 우리의 생각과 함께 발생한다.
따라서 우리의 생각이 이 세상을 형성한다."

- 붓다

PART 1

정체성

우리 자신에 대한 질문

Deepak Chopra
George Church
Jane Goodall
Antony Gormley
Yuval Harari
Anish Kapoor
Rose McGowan
Sam Neill
Jordan Peterson
Marina Abramović
Anthony Appiah
Steven Pinker
Ken Robinson
Carlo Rovelli
Sadhguru
Carl Safina

“현실 세계는 각기 뚜렷한 속성을 지닌

개별적 주체가 모인 집합체가 아니라,

그 개별적 주체들이 상호작용하면서

정보들이 공유되는 네트워크로 이루어졌습니다.”

— 카를로 로벨리

당신은 누구인가? 신체적 측면에서 말하자면, 당신은 커다란 물주머니나 마찬가지다. 당신의 몸은 70퍼센트 이상 수분으로 구성되어 있다. 이는 새삼스러울 것이 없는 사실이지만, 약 45억 년 전 지구가 탄생한 이래로 지구상의 물이 거의 일정량으로 유지되었다는 사실을 알고 나면 이야기가 달라진다. 당신과 나를 비롯한 우리 주변의 사람들 모두가 고대부터 바다, 강, 숲 사이를 순환하던 물로 채워진 커다란 물주머니라는 것이 아닌가. 한편으로 당신은 각종 물질, 재료, 원자의 덩어리로 묘사될 수도 있다. 이 역시 그리 놀랍지 않겠지만, 우리 몸을 형성하는 물질이 수십억 년 전 지구 심층부에서 생성된 것이라는 점을 알고 나면 생각이 달라질 것이다. 수분 덩어리 내지 물질 덩어리인 당신은 아직도 불가사의로 남아 있는 모종의 과정을 거쳐서, 인간 존재의 우주적 기원과 위치에 대해 고민할 만큼의 지성을 갖춘 특이한 슈퍼 원숭이의 형체로 발전했다.

우리가 '나'라고 말할 때 그 '나'가 도대체 무엇인가 하는 근본적인 질문에 담긴 수많은 의문점 역시 해결되지 않은 채 남아 있다. 우리 몸은 매일 육체적으로 변화하고 재생하며 정신적 발전을 거듭하고 있다. 태어날 때의 몸에 있던 세포가 현재도 그대로 남아 있을 가능성은 거의 없으며, 뇌의 신경회로 역시 10년 전과는 크게 달라졌을 것이다. 우리가 '나'라고 부르는 존재는 지금 이 순간의 모습에 이르게 된 '경험적 연속성'을 가리키는 것이다. 당신은 자신이 지금까지 경험한 모든 현실이 합쳐진 인생 여정의 결과로서 존재한다. 당신의 경험은 오롯이 당신 자신에게만 귀속될 고유한 것이며, 그렇기에 타인과 별개로 독자적인 시간의 현상으로 존재하는 개인으로서의 '자아'를 만들어낸다.

이러한 방식으로 자기 자신을 '이해'하는 것은 매우 중요하다. 당신은 자아를 자각할 수 있는 고유하면서 아름다운 생명체로서, 주어진 환경에서 끊임없는 학습 과정을 통해 지식을 체득한다. 달리 표현하자면, 인간은 살면서 동시에 배운다.

인간에게 '교육'은 아주 중요하다. 대부분 역사에서 깊은 사색과 자아 발견은 왕족, 성직자, 귀족 등 지배층과 지식인층의 전유물이었다. 그 외의 피지배층은 복종하고 순응하며 비교적 단조로운 삶을 사는 것이 사회에 도움이 된다고 간주되었다.

인류라는 종족은 기술적으로 진보할수록 점점 더 변화무쌍해졌다. 이제 우리 각자는 '무슨 일'을 하는지에 따라 정체성이 결정되지 않으며, 그보다는 학습하고 질문하고 성장하는 개인으로서 존재한다. 전 세계에 퍼져나간 기술과 문화는 인류에게 혁신할 기회를 안겨주었다. 덕분에 지금 우리는 자신이 누구이며 어떤 능력이 있는지를 이전에는 상상도 하지 못했던 획기적인 방식으로 탐구할 수 있게 되었다. 예를 들어 1950년대에는 인간이 발명한 컴퓨터 네트워크에 그동안 축적한 지식의 총체를 저장한다거나, DNA를 판독할 수 있는 기술을 개발한다거나, 수십억 인구가 식량난과 식수난이 여전한 가운데서도 디지털 교육에 접근할 수 있게 되리라고 상상도 할 수 없었다. 그러나 이 모든 것이 반세기도 지나지 않아 당연한 일상이 되었다. 사회·문화·기술의 모든 측면에서 변화의 속도가 한층 빨라진 만큼 10년 후 인류의 모습은 오늘날과 크게 다를 것이다. 그로 인해 현재 우리가 사용하는 인지적·정서적·영적 도구에도 필연적으로 변화가 나타날 것이다.

“우리가 누구인가”라는 질문과 정체성 문제는 “이 세계를 어떻게 바라볼 것인가” 라는 질문과 관련해서도 매우 중요한 관점을 제공하기 때문에 이 책의 첫 번째 주제로 정하게 되었다. 이 주제에 관한 대화를 나눈 주인공들로는 먼저 작품을 통해 이 세계에서 우리가 어떤 위치를 차지하고 있는지 탐색하고 표현하는 것을 본업으로 삼은 예술가들이 있다. 그리고 신앙을 인류가 자기 경험을 서사 형태로 공유하는 방식이라고 보는 영적 지도자, 생명의 근원을 밝혀내기 위해 학술 연구에 힘쓰는 각계 석학들의 인터뷰도 이어질 것이다. 또 유수의 물리학자들에게 우주에서 인간의 위치에 대한 설명을 들어보는 자리도 마련했다. 아름다운 이야기를 통해 우리가 누구인지를 알려주며 감동을 선사하는 작가들과의 대화도 빼놓지 않았다.

정체성은 우리를 어떻게 규정하는가

콰메 앤서니 아피아 Kwame Anthony Appiah
가나계 영국인 작가이자 문화이론가로 현재 뉴욕대학교에서 법철학을 가르치고 있다. 2012년 미국 백악관으로부터 내셔널휴머니티스상(National Humanities Medal)을 받았다.

엘리프 샤팍 Elif Shafak
터키와 영국에서 활동하는 작가이자 학자이며, 여성인권 운동가이다. 《이스탄불의 사생아》 등의 베스트셀러를 썼다. 예술과 문학 발전에 공헌한 바를 인정받아 프랑스 문화예술공로훈장을 수훈했다.

로즈 맥고완 Rose McGowan
미국의 배우이자 사회활동가이며 〈뉴욕타임스New York Times〉가 선정한 베스트셀러 작가이다. 2017년에는 〈타임〉이 선정한 '올해의 인물'에 이름이 올랐다.

우리는 인생의 여정에서 늘 정체성을 찾아 헤맨다. "도대체 나의 정체성은 무엇일까?"라는 질문을 거의 매일 자기 자신에게 던지며 살아가는 사람도 있다. 이토록 우리에게 정체성이 중요한 이유는 무엇일까? 왜 우리는 정체성이 없으면 삶의 의미도 없다고 생각하는 걸까? 작가이자 문화이론가인 콰메 앤서니 아피아는 "우리는 주로 다른 사람이 붙여준 꼬리표에 따라 자신의 정체성을 이해하고, 또 이에 따라 자신이 어떻게 행동할지를 결정한다"라고 말했다.

콰메 앤서니 아피아 ———— 정체성은 어떤 한 가지로 설명하기 어려우며 몇 가지 중요한 요소들이 모여 형성됩니다. 우리는 서로에게 '꼬리표'를 붙이며 평가를 주고받는데요. 꼬리표는 그 사람이 어떻게 생각하고 느끼고 행동하는지에 대해 알려주는가 하면, 다른 사람이 그를 어떻게 규정하고 생각하고 있는지도 말해주죠. 실제로 우리가 살아가는 오늘날의 사회에서는 어떤 꼬리표를 갖고 있느냐에 따라 그 사람을 대하는 태도와 인식이 달라지곤 합니다. 또한 우리는 다른 사람이 붙인 꼬리표에 쉽게 좌우되며 그에 따라 자신의 정체성을 형성하고 이해하기도 합니다. 또한 그에 따라 어떻게 행동할지, 어디에 소속될지, 누구와 연대하고 누구와 대립할지, 누가 아군이고 적군인지 등을 판단하곤 합니다. 물론 이는 부정적인 결과로 이어지기도 하지만 대부분의 경우에는 자신의 정체성과 '나는 누구인가'라는 개념을 형성하는 데에 긍정적인 역할을 하기도 합니다.

현대 사회는 우리에게 여러 가지의 정체성을 가지도록 했고, 정체성에 따라 더 많은 역할과 행동을 하도록 요구하고 있습니다. 우리는 꼬리표를 거부하고 이렇게 말할 수도 있습니다. "나는 남자가 아닙니다. 여자예요!" 또는 "나는 남자입니다. 하지만 남자라고 해서 꼭 이러이러하게 행동할 필요는 없습니다"라고요.

정체성이 어떤 하나의 특성을 지칭하지 않는 것은 분명하다. 우리는 모두 여러 개의 정체성을 가지고 있으며, 그렇기에 다양한 역할을 해내며 살아가고 있다. 정체성은 개별적인 존재로서 개인을 규정하기도 하지만, 특정 사회집단을 형성하는 매개체로도 사용된다. 이에 따라 인종·성·종교·계급 등 집단의 정체성을 기반으로 배타적인 정치 동맹을 추구하는 이른바 '정체성 정치(Identity politics)'라는 것도 생겨났다. 여성인권 운동가인 엘리프 샤팍은 '정체성 정치'에 비판적인 시각을 드러냈는데, 그 이유는 억압받는 특정 집단을 위한 사회운동으로 출발한 정체성 정치가 극단으로 치우치며 오히려 평등한 사회로 가는 길을 방해하고 있기 때문이라고 설명했다.

엘리프 샤팍 ———————— 오늘날 특히 젊은이들이 진보 세력으로서 정체성 정치를 옹호하려는 모습을 보면 씁쓸합니다. 그건 옳지 않거든요. 정체성 정치는 사람들의 경각심을 일깨우는 좋은 출발점이 될 순 있겠지만, 그것이 도착점이자 궁극적 목표가 되어서는 안 됩니다. 동족의식을 중심으로 집단으로 뭉치려는 부족주의(tribalism)는 어딘가에 소속되려는 욕구인 동시에 다른 누군가를 배척하려는 욕구이기도 해요. 그렇기에 저는 사람들이 동족의식으로 뭉치는 것에 반대하며, 부족주의 정치에도 매우 비판적입니다.

제 경우를 보더라도 어느 하나의 종족에 속해 있지 않아요. 먼저 저는 이스탄불 출신이고, 이것은 불변의 사실이죠. 지금은 에게해와 맞닿은 곳에 거주하고 있으며 바다 건너편 그리스 문화도 친숙하게 느낍니다. 또 아르메니아, 세파르디, 알레비, 쿠르드, 터키, 야지디 등의 전통과 문화가 어우러진 아나톨리아 반도와 연결되어 있기도 합니다. 저는 그것들을 모두 제 정체성에 포함할 것입니다. 불가리아, 루마니아, 세르비아 등 발칸 반도에도 소속감을 느낍니다. 중동도 빠뜨릴 수 없지요. 레바논, 이란, 이집트, 이라크인들과 저는 같은 부류라 봐도 좋을 겁니다. 공통점도 아주 많고요. 동시에 제가 옹호하는 핵심 가치에 비추어 보면 태생적으로나 선택적으로나 유럽인에 가깝습니다. 저는 런던 시민이며 영국 시민권자이고, 세계주의자이자 글로벌 시민입니다. 나아가 여성이자 어머니이고 작가이기도 합니다. 방랑자, 신비주의자, 불가지론자, 양성애자, 페미니스트이기도 하지요. 월트 휘트먼(Walt Whitman)이 쓴 시에 "내 안에는 다양함이 있다"라는 구절이 있어요. 너무나 맞는 말이에요. 우리는 모두 수많은 정체성으로 형성된 존재입니다.

우리의 정체성에서 '인종'은 매우 중요한 요소이지만 한편으로는 심각한 차별을 만들어내는 구실을 제공하기도 했다. 그렇다면 우리의 정체성에 대한 인식은 사회를 형성하는 데에 어떤 영향을 미쳤을까? 콰메 앤서니 아피아는 '계급 정체성(class identity)'에 대해 언급하며 "계급은 한 개인의 사회경제적 선택권에 영향을 미치는 일종의 사회적 정체성으로서 효력을 발휘합니다"라고 말했다. 나는 계급 정체성이 우리 사회에서 양극화가 갈수록 심화하는 이유를 설명할 수 있는지 궁금했다. 콰메 앤서니 아피아는 정체성 자체보다는 정체성에 대한 우리의 인식이 양극화, 성차별 등 사회 문제에 영향을 미친다고 설명했다.

콰메 앤서니 아피아 ———— 경제적 양극화가 심화되고 있는 오늘날 사회에서 기득권층의 당면 과제 중 하나는 비기득권층을 정체성의 힘으로부터 멀어지게 하는 것이 되었습니다. 만약 '계급 정체성'을 중심으로 사람들이 단결할 경우, 수적으로 가장 우위를 차지하는 최하층 계급이 불평등에 저항하기 위해 행동에 나설 것이고, 그 결과 기득권층은 권력에서 밀려날 가능성이 있으니까요. 그런 점에서 저는 왜 계급 정체성이 정치에서 더 큰 역할을 하지 못하는지 의아할 뿐입니다.
우리는 누군가를 지지하거나 반대하는 자신을 규정하기 위해 정체성을 사용하기도 하는데, 이는 매우 중요하면서도 위험한 문제입니다. 젠더(gender) 문제만 해도 그렇지요. 여성과 남성은 젠더 이데올로기에서 주장하는 것과 달리 공통점이 훨씬 더 많습니다. 서로 다른 사회집단의 사람들을 구별하기 위해 정체성에 과도한 의미를 부여하는 것은 여러 가지 부작용을 불러옵니다. 우리는 오랜 세월 성차별과 가부장제에 치열하게 맞서왔지요. 온갖 사회 시스템에서 성차별을 몰아내기 위해 그토록 노력했건만, 사람들이 계속 원점으로 돌아가기를 반복하는 이유는 무엇일까요. 우리는 정체성을 완전히 없앨 수는 없지만, 정체성에 대한 인식을 올바른 방향으로 바꿀 수는 있습니다.

여러 사람이 모여 이야기를 나눌 때 가장 흔한 소재 중 하나는 '무슨 일을 하는가'에 대한 것, 즉 '직업'이다. 나는 이런 현상을 늘 재미있다고 생각해왔다. 누군가가 "본인 소개 좀 해주세요"라고 하면 상대방은 대부분 "사업을 합니다" 또는 "변호사입니다"라는 식으로 직업에 대해 이야기한다. 그러나 나는 첫 사업에 실패한 이후 문득 직업을 기준으로 정체성을 정의하는 것에 한계가 있으며 위험할 수도 있다는 점을 깨달았다. 우리는 직업이라는 테두리를 넘어서서 훨씬 더 다양하고 가치 있는 일을 할 수 있다. 그런데도 직업을 중심으로 자신의 정체성을 규정하는 사람이 많은 이유는 무엇일까? 이에 대해서는 배우이자 사회활동가인 로즈 맥고완의 답변을 들을 수 있었다. 그는 명함에 적힌 직업보다 자신이 스스로 열정을 쏟을 수 있는 활동이 자신을 더 잘 규정해준다고 말했다.

로즈 맥고완 ———————— 언젠가 저는 명함에 적힌 직업이 그 사람이 누구인지, 실제로 무엇을 하는 사람인지 규정하지 못할 수도 있다는 점을 문득 깨달았습니다. 꼭 돈을 벌기 위한 수단이 아니더라도 자신이 관심과 열정을 쏟는 활동이 있다면 그러한 일도 직업만큼이나, 어쩌면 직업보다 더 가치가 있지 않을까요? 두 가지 일이 일치하는 경우도 있겠지만, 대부분의 사람들에게 이러한 '그 밖의' 활동은 돈벌이가 안 된다는 이유로 취미 내지 '쓸모없는 재능'으로 치부됩니다. 실제로는 그러한 재능이야말로 자신이 누구인지를 말해줄 중요한 요소인데 말이죠. 제 경우를 예로 들어 볼까요? 저는 배우이기도 하지만 사회 발전에 힘을 보태는 일도 하고 있습니다. 4년 전 미투(#MeToo) 운동이 시작되었을 때 바로 이거라는 확신이 들었어요. 미투 운동은 우리가 사고 구조 전체를 바꿈으로써 반복되는 논란에 종지부를 찍을 수 있을지 확인하는 시험대였죠. 미투 운동은 문화적 '초기화' 내지 '재설정'에 가까운 것이었습니다.

살아 있다는 것은 어떤 의미인가

사드구루 Sadhguru

인도의 명상가이자 작가로 영성 분야의 발전에 큰 공헌을 하여 2017년 인도에서 민간인이 받을 수 있는 두 번째로 권위 있는 훈장인 '파드마 비브후샨(Padma Vibhushan)'을 수훈했다.

조지 처치 George Church

미국의 유전학자, 분자공학자, 화학자이다. 게놈 시퀀싱(Genomsequencing) 분야 발전에 크게 공헌했다. 하버드대학교의 연구기관인 생체모방공학비스연구소의 공동 창립자이며, 그 밖의 여러 기업을 공동 설립했다.

잭 쇼스택 Jack Szostak

하버드대학교의 유전학 교수이며, 유전학 발전에 대한 공로를 인정받아 2009년에 노벨생리의학상을 수상했다.

마리나 아브라모비치 Marina Abramović

신체의 한계를 뛰어넘는 작품으로 유명한 세르비아 출신의 개념 예술가이자 행위예술가이다. 영국왕립미술원(Royal Academy)의 회원이기도 하다.

인간의 정체성에 관한 대화를 나누면서 나는 좀 더 근원적인 문제인 '생명(life)' 혹은 '살아 있음(aliveness)'이란 것이 어디에서 온 것이고, 어떤 의미를 지니는지 알고 싶었다. 가령 누군가가 "나는 맛있는 음식을 먹을 때 정말 살아 있음을 느낀다"라고 말할 때, 그 '살아 있음'이란 어떤 의미일까? 또 누군가가 "그 전쟁이 끝난 이후 사람들은 살아도 산 것이 아니었다"라고 표현할 때, 이때의 '살아 있음'은 어떤 것을 말하는 걸까? 인도의 저명한 명상가인 사드구루는 이런 대답을 들려주었다.

베어 그릴스 Bear Grylls
영국 특수부대 출신으로, 현재는 생존전문가이자 스카우트대장으로 활동하고 있다. 베스트셀러 작가이자 방송인이며, 대영제국훈장(OBE)을 수훈했다.

조던 피터슨 Jordan Peterson
토론토대학교의 임상심리학자이자 심리학 교수이다. 50개국 언어로 번역되어 수백만 부가 팔린 베스트셀러 《12가지 인생의 법칙》을 썼다.

애니시 카푸어 Anish Kapoor
인도계 영국인으로 설치미술과 개념미술을 전문으로 하는 선도적인 조각가이다. 영국왕립미술원의 회원이며, 대영제국훈장(CBE)을 수훈했다.

샘 닐 Sam Neill
배우이자 작가 겸 감독이며, 제작자이기도 하다. 영화 〈쥬라기 공원〉의 주인공으로 가장 잘 알려져 있으며, 최근에는 인기 TV드라마 〈피키 블라인더스Peaky Blinders〉에서 주연을 맡았다.

스티븐 핑커 Steven Pinker
하버드대학교의 심리학 교수이다. 《언어본능》, 《마음은 어떻게 작동하는가》, 《우리 본성의 선한 천사》 등 전 세계적인 베스트셀러를 집필했다.

사드구루 ———————— '살아 있음'의 차원은 사람마다 다릅니다. 개인의 감수성과 통찰력의 깊이에 따라 그 삶의 차원 또한 매우 달라지기 때문이죠. 그렇기에 저는 오랫동안 사람들이 '살아 있음'의 가장 충만한 경지에 이를 수 있도록, 즉 삶의 온전한 깊이와 차원을 이해할 수 있도록 돕는 일에 헌신했습니다.
'살아 있다는 것이 무엇을 의미하는지' 알고 싶다면, 자신의 삶을 온전하고 충만하게 살아내는 것이 유일한 방법입니다. 우리는 자신의 외부에서 일어나는 일은 결코 알 수 없어요. 누구나 자신의 내면에서 일어나는 것만을 경험할 수 있기 때문이죠. 그것이 밝음이든 어두움이든, 고통이든 황홀함이든 혹은 기쁨이든 슬픔이든 간에 상관없이 말입니다. 따라서 우리가 더 깊은 차원의 삶을 이해하고 경험하도록 이끌어주는 것은 바로 우리 자신일 수밖에 없습니다.

'생명'과 '살아 있음'이 동의어가 아닌 것은 분명하다. 살아 있음에 여러 차원이 있다면 생명은 어떠할까? 하버드대학교 의과대학의 유전학 교수이면서 유전체 염기서열 분석 분야에서 선도적인 연구 업적을 남긴 조지 처치에게 "생명이란 무엇인가"를 질문했고, 그는 '복제된 복잡성(replicated complexity)'이라는 흥미로운 개념을 설명했다.

조지 처치 ———————— 사실 "생명이란 무엇인가"에 대한 논의는 생물과 무생물이라는 이분법을 전제로 합니다. 하지만 저는 '생명'이란 일종의 '복제된 복잡성'이라고 생각하며, 유기체에 따라 여러 차원의 복제 구조와 복잡성을 지니고 있다는 접근법을 더 선호합니다. 어떤 잎사귀의 분자 구조를 알 수 있다면 우리는 다른 잎사귀의 분자 구조도 예측할 수 있습니다. 잎사귀에도 어느 정도 예측 가능한 복잡성이 있는 것이죠. 어떤 고차원의 복제된 복잡성을 지닌 유기체는 단순한 복제 구조를 지닌 소금과 같은 광물이나, 불처럼 무작위적이고 임의적인 복잡성 구조를 가진 존재보다 '더욱 살아 있다'라고 표현할 수 있을 겁니다.

마찬가지로 하버드대학교의 유전학 교수이며 노벨생리의학상을 수상한 잭 쇼스택은 단순히 생명체와 비생명체로 구분해 '생명'에 관해 정의한다고 해서 생명의 기원을 알 수 있는 건 아니라고 말했다.

잭 쇼스택 ——————— 우리는 생명체가 지구상에 어떻게 출현했는지 완전히 이해하진 못합니다. 다만 현대 과학은 생명의 기원을 우리가 연구해볼 만한 질문으로 바꾸어놓긴 했습니다. 오랫동안 정말 많은 사람이 생명의 정의에 관해 고민했지만, 그다지 의미 있는 결실을 거둔 것 같지는 않습니다. 사실 생명의 기원을 연구하는 데에 생명에 대한 정확한 정의가 필요한 건 아닙니다. 우리가 알아야 할 것은 초창기 지구의 화학 반응이 조금 더 복잡한 상태가 되고, 그다음 단순한 세포에서 현대의 생명체로 전환해온 과정입니다. 바꿔 말하자면, 화학에서 현대 생물학으로 쭉 이어진 과정이지요. 이 과정의 매 단계에 흥미로운 문제들이 놓여 있습니다. 그렇기에 생명을 비생명과 딱 구분해 그 정의를 밝히려는 노력은 정작 중요한 질문을 놓쳐버리는 결과를 낳을 수 있는 거죠.

나는 "살아 있다는 것은 어떤 의미인가"라는 질문을 던지면서 한편으로는 "어떤 삶에서든 의미를 찾을 수 있는가"라는 궁금증이 떠올랐다. 이에 대해 세계적인 행위예술가 마리나 아브라모비치는 "모든 사람이 아침에 일어나면 삶의 목적이 무엇인지 스스로 질문을 던졌으면 좋겠습니다. 우리 존재의 중요한 질문이니까요!"라고 힘주어 말했다.

마리나 아브라모비치 ——————— 많은 사람이 삶의 의미와 목적에 대한 근본적인 질문에 직면하는 것을 두려워합니다. 바쁘다는 핑계를 대며 계속 피해 다니느라 끊임없이 길을 헤매고, 항우울제와 술에 의존하기도 합니다. 자신의 삶과 진지하게 대면하는 것보다 몽롱하게 취하는 편이 더 쉬우니까요. 그러나 인생은 기적입니다. 세상에서 가장 아름다운 선물이고요. 우리는 지구에 잠시 다녀가는 방문객으로서, 주어진 인생을 행복하게 살아야 합니다. 그리고 행복해지려면 언제든 죽음이 찾아올 수 있다는 것을 기억해야 합니다. 죽음을 받아들이면 매 순간이 소중하다는 것을 알게 되기 때문이죠.

언젠가 죽음을 맞이할 수밖에 없기에 지금 이 순간을 더 소중하게 여겨야 한다는 점은 우리 모두 알고 있다. 그렇다고 해서 삶의 매 순간 두려움이 없을 수는 없지 않은가. 영국 특수부대 출신의 생존전문가인 베어 그릴스는 "두려움을 어떻게 극복하는가"라는 질문에 이렇게 답했다.

베어 그릴스 ——————— 나이를 먹고, 경험이 쌓이고, 죽을 고비를 숱하게 넘기다 보니 두려움을 극복하는 가장 좋은 방법은 두려움을 피하는 것이 아니라 그대로 받아들여 정면으로 돌파하는 것임을 알게 되었습니다. 그렇게 정면으로 받아들이면 대개의 두려움은 가라앉더군요. 반대로 어떤 일이든 회피하면 할수록 두려움은 고조되는 경향이 있습니다. 아이러니하죠.
우리는 인간이기에 모두 두려움을 느낍니다. 그러나 저는 두려움이 우리를 더 강하게 단련시켜준다고 믿습니다. 큰일을 앞두고 경계심을 유지해야 하거나 마음의 준비가 필요할 때도 두려움을 활용하려고 하죠. 물론 추락 사고를 경험한 후로는 이런 마음을 먹기가 쉽지 않았지만, 두려움을 마주하는 일은 제게 아주 중요한 일이기에 어떻게든 극복해야 했습니다. 지금은 높은 곳에서 뛰어내리기 전에 언제나 안전요원이 제 어깨에 손을 얹고 있다는 점을 상기하려고 하며, 그것으로부터 위안을 받습니다.

우리가 삶에 관해 이야기할 때 빼놓을 수 없는 것이 '행복'이다. 정말 많은 사람이 삶의 의미와 목표를 행복에서 찾으니 말이다. 그런데 우리는 정말 행복하기 위해 사는 걸까? "우리 인생에서 가장 소중한 것은 무엇인가"라는 질문에 대한 답이라고도 할 수 있는《12가지 인생의 법칙》을 쓴 조던 피터슨에게 "어떤 인생을 살아야 잘 살았다고 할 수 있는가"라는 질문을 던졌다.

조던 피터슨 ―――――――― 한마디로 요약하자면 이렇게 말할 수 있겠네요. "만일 이 세상의 문제들, 즉 자신과 가족을 비롯해 사회의 여러 문제를 해결하기 위해 기꺼이 시간을 할애하고 있다면, 그 사람은 괜찮은 인생을 살고 있는 것이다"라고요. 누구나 주변에서 뭔가 잘못되었음을 느끼거나 고통을 겪는 사람을 보면 심적으로 동요되기 마련입니다. 인간으로서 피하기 어려운 이러한 도덕적 부담을 덜어낼 유일한 방법은 그 문제에 맞서 무엇이든 할 수 있는 일을 하는 것입니다.
우리 모두는 어떤 어렵고 심각한 문제에 직면했을 때 회피하지 않고 책임감 있게 행동하는 것이야말로 인생에서 가장 가치 있는 일이란 점을 알고 있습니다. 그런 행동을 할 때야말로 우리는 내면의 힘과 자존감을 느낄 수 있으니까요. 행복을 인생의 목표로 삼는 것은 헛된 바람입니다. 삶이란 본래 불안, 고통, 실망, 상처를 주는 복잡한 것이거든요. 만일 누군가와 대화할 때 상대방의 말을 경청하고 속마음을 헤아리려 노력한다면, 그 사람이 매일매일 얼마나 많은 문제와 씨름하며 힘들어하는지 알게 될 겁니다. 비교적 큰 걱정거리 없이 사는 사람도 있겠지만, 제가 아는 한 흔하지는 않습니다. 저는 충동적인 만족감과 '행복'이 삶의 문제를 해결해줄 것이란 생각은 그다지 근거가 없을 뿐 아니라 너무 순진한 생각이라는 느낌이 들어요. 인생이 실망의 연속일 수밖에 없는 건 사실 놀라운 일이 아닙니다.

굉장히 철학적인 작품을 만들면서도 대중적으로도 높은 인기를 얻고 있는 설치미술가 애니시 카푸어에게 "어떤 인생을 살아야 잘 살았다고 할 수 있는가"라는 같은 질문을 던졌다. "자신을 잊을 만큼 완전히 몰입할 때가 살아 있다는 느낌이 가장 강해지는 순간입니다"라는 예술가다운 심오한 대답이 이어졌다.

애니시 카푸어 ———————— 제 경우 멋진 예술 작품을 감상하다가 시간 여행을 하는 듯한 느낌을 받을 때가 있습니다. 마치 시간이 존재하지 않거나 멈춘 것 같은 느낌이 드는 거죠. 무언가에 완전히 몰입할 때면 나 자신조차 사라지면서 꿈을 꾸는 듯한 순간이 오기도 합니다. 어떤 사람들은 명상을 통해 이런 경험을 하기도 하고요. 이처럼 무어라 설명하기 힘든 황홀하고 신비한 경험은 일상생활에서도 얼마든지 일어납니다. 최근에 저는 세계에서 가장 아름다운 곳 중 하나인 나미비아 사막에 다녀왔습니다. 그곳에는 동물 사체가 많았습니다. 저는 사체와 마주칠 때마다 '이곳은 삶의 마지막을 맞이하기에 훌륭한 장소구나'라는 생각을 했어요. 왜냐고요? 그렇게 개방되어 있고 혹독하면서 원시적인 공간에서는 삶뿐만 아니라 죽음조차도 희망의 징조가 되어주니까요.

"어떤 인생을 살아야 하는가"라는 질문은 사실 '삶의 의미'를 묻는 것이기도 하다. 우리 인간은 저마다 가려는 방향이 다르긴 해도 어쨌든 삶에서 의미를 찾으려고 하는 종족이다. 영화 〈쥬라기 공원〉의 주인공으로도 잘 알려진 영화 제작자 샘 닐은 우리가 인생에서 어떤 의미를 추구하든 결국은 모두 사라지며, 사라지고 난 후에 무엇이 중요한지를 결정하는 것은 그 사회의 '문화'라고 말했다.

샘 닐 ———————— 코로나19 팬데믹은 안 그래도 이미 불평등한 삶을 살던 사람들에게 더욱 잔인한 치명타를 안겨주었습니다. 사람들의 삶은 순식간에 달라졌습니다. 요즘 같은 시기에 행복하다고 느끼긴 쉽지 않을 겁니다. 오늘 우리가 무슨 일을 하든 내일모레면 쓸모없어지리란 걸 알게 되었으니까요. 저는 그다지 기억에 남는 사람이 될 것 같지 않습니다. "당신은 세상을 떠난 후에 당신의 이름이 사람들에게 아름다운 언어로 언급되길 바라야 한다"라는 글을 읽은 기억이 있습니다. 그

정도라면 최선의 삶이 아닐까 생각합니다. 영화도 다른 모든 것과 마찬가지로 사람들의 기억에서 사라지죠. 무엇이 중요하고 기억에 남는지 결정하는 것은 그 사회의 '문화'입니다.

삶의 의미를 추구하는 사람들에게서 공통으로 발견되는 것 중 하나는 '도덕적인 삶'에 대한 것이다. 우리는 왜 도덕적인 삶을 살아야 한다고 생각할까? 도덕성의 추구는 의미 있는 삶을 살고자 하는 욕구와 맞닿아 있는 걸까?

"우리는 어떻게 삶의 의미와 더불어 도덕성의 기준을 찾을 수 있는가"라는 질문에 전 세계적인 베스트셀러를 쓴 작가이자 하버드대학교 교수인 스티븐 핑커는 다음과 같은 대답을 들려주었다.

스티븐 핑커 ———————— 그 질문에 답하자면, 먼저 우리가 도덕적인 삶을 살고자 하는 이유에 대해 살펴봐야 합니다. 우리는 도덕적인 삶이 의미 있는 삶이라고 생각할 수 있는데, 그렇다면 이 도덕성은 어디에서 온 것일까요? 사실 도덕적인 삶을 살고자 할 때 신에 대한 믿음은 도리어 방해가 될 수 있습니다. 도덕적 진리를 부여한 존재로서 신을 믿는다면 "그렇다면 신은 어떻게 도덕적 진리에 도달했는가"라는 질문이 생길 수 있잖아요. 만일 신이 성서에서 주창한 도덕적 계율에 정당한 근거가 있다면 그 계율에 의지하고 지키려고 하면 되지 않을까요?

저는 초자연적 존재의 힘에 기대는 것은 부질없는 일이라고 생각합니다. '도덕성'은 궁극적으로 '공정성'이라는 개념과 맞닿아 있습니다. "내

이익은 특별하고 당신 이익은 중요하지 않아. 왜냐면 그냥 나는 나니까. 당신은 나를 존중해야 해"라고 우기는 것은 도덕적이지 않을 뿐 아니라 공정한 태도도 아니죠. 저는 우리가 '공정한 삶'에 대해 더 많이 고민해 봐야 한다고 생각합니다. 사람들이 자기 삶에서 어떤 의미를 찾으려는 것은 도덕적인 삶을 살겠다는 것과는 다릅니다.

삶의 의미를 찾다 보면 자연세계에서 우리가 어떤 위치에 있는지, 우리가 선천적으로 얼마나 연약한 존재인지, 그리고 자연의 법칙이 여러모로 우리의 안락한 삶에 얼마나 무심한지를 깨닫게 될 뿐입니다. 자연의 법칙은 안락한 삶은커녕 우리에게 고통을 주려는 것처럼 보일 때가 많죠. 삶의 의미를 추구하는 것은 자연과 경쟁하는 것이기도 합니다. 그런데 우리는 병원체, 기생충, 유기체, 해충 등과 같은 자연세계의 존재들 앞에서 언제나 무기력하죠. 이것이 우리가 살아가고 있는 현실입니다.

"'살아 있다는 것이
무엇을 의미하는지' 알고 싶다면,
자신의 삶을 온전하고 충만하게
살아내는 것이 유일한 방법입니다.
우리는 자신의 외부에서 일어나는 일은 결코 알 수 없어요.
누구나 자신의 내면에서 일어나는 것만을
경험할 수 있기 때문이죠.
그것이 밝음이든 어두움이든, 고통이든 황홀함이든
혹은 기쁨이든 슬픔이든 간에 상관없이 말입니다.
따라서 우리가 더 깊은 차원의 삶을 이해하고
경험하도록 이끌어주는 것은
바로 우리 자신일 수밖에 없습니다."

— 사드구루

종교와 과학은 우리 삶에 어떤 역할을 하는가

저스틴 배럿 Justin Barrett
미국의 실험심리학자이자 작가이며, 비영리단체인 인성개발센터(Thrive Center for Human Development)의 책임자이다. 오랫동안 인지과학 관점에서 종교적인 사고와 행동을 연구하며 글을 써왔다.

사드구루 Sadhguru
인도의 명상가이자 작가로 영성 분야의 발전에 큰 공헌을 하여 2017년 인도에서 민간인이 받을 수 있는 두 번째로 권위 있는 훈장인 '파드마 비브후샨'을 수훈했다.

숀 캐럴 Sean Carroll
캘리포니아공과대학교 월터버크이론물리학연구소(Walter Burke Institute for Theoretical Physics)의 연구 교수이며, 이론물리학자이다.

독실한 힌두교 가정 출신인 나는 부모님과 친척들이 삶의 어려움에 봉착했을 때 종교에 의지하며 답을 구하는 모습을 보며 자랐다. 나는 종교를 빼놓고 내 정체성을 설명하기 어렵다고 여기지만, 특정 신앙의 교리나 신조를 따르는가의 관점에서 보면 그다지 종교적인 사람은 아니다. 그보다는 세상의 많은 사람이 그렇듯 만물의 상호연결성을 믿으며, 그에 관해 설명하는 놀라운 과학적 진리에서 경이로움을 느끼곤 한다. 그러면서도 한편으로는 신의 존재와 영성(spirituality)에 대해 풀리지 않는 궁금증을 갖고 있는 것도 사실이다. 나는 먼저 실험심리학자이자 작가인 저스틴 배럿에게 '종교의 기원'에 관해 물으며 대화를 시작했다.

짐 알칼릴리 Jim Al-Khalili

양자역학을 가르치고 연구하는 이론물리학자로, 베스트셀러 작가이자 방송인이기도 하다. 현재 서리대학교 물리학과 석좌교수로 재직 중이며 2005년부터는 과학공공참여(Public Engagement in Science)에서도 교수직을 맡고 있다.

카를로 로벨리 Carlo Rovelli

이탈리아의 이론물리학자이며 베스트셀러 저자이다. 《모든 순간의 물리학》, 《보이는 세상은 실재가 아니다》, 《시간은 흐르지 않는다》 등은 41개국 언어로 번역되어 세계적인 베스트셀러가 되었다.

저스틴 배럿 ———————— 이 어려운 질문에 대해 이미 여러 가지 대답이 나와 있지만, 현재로서는 신빙성이 확실한 답은 없는 것 같습니다. 각자 어떤 이론적 관점과 증거를 채택하느냐에 따라 답이 달라질 겁니다. 어떤 사람들은 약 10만 년 전 우리 선조가 종교적 활동을 했다고 할 만한 상징적인 증거가 있다고 주장합니다. 남아공의 블롬보스(Blombos) 동굴 벽화가 그 예입니다. 하지만 종교적 상징이라고 할 수 있는 기호를 사용했다고 해서 신이나 초자연적 존재에 대한 믿음이 있었다고 해석하는 것은 다소 비약적인 추론입니다. 10만 년 전 호모 사피엔스에게 지금의 종교 사상과 유사한 종류의 인지적 사고 능력이 있었다는 결정적 물증이 있습니다만, 이건 그들이 종교적 활동을 했다는 것과는 별개의 문제입니다.

이번에는 3만~3만 5,000년 전으로 가봅시다. 이때 인간과 동물을 정교하게 그린 동굴 벽화와 샤머니즘적 묘사가 보이기 시작하는데, 많은 연구자가 이를 가리켜 초자연적 사고와 부합한다고 주장합니다. 제게는 좀 미심쩍어 보이지만요. 이번에는 2만 5,000~5만 년 전으로 가보겠습니다. 당시 조상들은 시신을 치장하여 부장품과 함께 매장하는 풍습이 있었다는 증거가 나타나기 시작합니다. 이것을 두고 당시 사람들이 내세 혹은 사후 세계에 대한 믿음을 갖고 있었다는 암시로 해석하는 주장도 있습니다. 하지만 어쩌면 우리는 과거의 증거를 잘못 해석하고 있는지도 모릅니다. 단지 선조들에게 개념적 사고에 걸맞은 능력이 있는 것으로 짐작될 뿐인 단서를 두고, 오늘날의 통념적 기준에 따라서 그것을 종교적 사고라고 해석하는 것인지도 모른다는 의미입니다.

그다음에는 영적 지도자인 사드구루에게 영성이란 무엇이며, 영성은 우리 삶에서 어떤 역할을 하는지 물었다. 사드구루는 "영성이라는 단어가 이제는 종교계의 것처럼 되어버렸다"라고 하면서 원래의 영성은 '육체를 초월한 삶의 경험'을 말한다고 설명했다.

사드구루 ———————— 지금 이 순간 여러분이 경험하는 모든 일은 시각, 청각, 미각, 촉각, 후각이라는 오감이 있기 때문에 일어나는 것입니다. 육체적으로 감지할 수 없는 것은 보고, 듣고, 맛보고, 만지고, 냄새

맡을 수 없습니다. 지금 세상에서의 경험은 모두 본질적으로 '육체적'이라고 할 수 있습니다. "생각과 감정도 육체적인가요?"라고 반문하는 분들이 있을 텐데, 그것도 역시 육체적입니다! 소화 작용이 위장에서 일어나듯 생각과 감정도 뇌에서 일어나는 것이니까요.

지금 여러분 안에서 일어나는 모든 육체적 현상은 지구로부터 축적된 것입니다. 시간이 지남에 따라 쌓인 결과물이지요. 여러분이 태어났을 때 모습은 지금과 달랐을 것입니다. 현재의 육신은 오랜 시간에 걸쳐 형성된 것입니다. 당신이 만들어온 몸이니 당신 것이라고 주장할 수는 있겠지만, 그 몸이 곧 당신이라고 볼 수는 없습니다.

그렇다면 당신의 정체는 무엇일까요? 요즘은 스마트폰이 우리 눈보다도 훨씬 유용하죠. 인간보다 더 똑똑하다는 말까지 합니다. 이 스마트폰의 기능을 많이 알수록 더 잘 활용할 수 있을 겁니다. 그렇다면 왜 우리는 자신의 눈에 대해서는 이런 생각을 하지 못할까요? 우리가 눈에 대해 잘 알면 훨씬 더 많은 것을 볼 수 있고 알게 될 겁니다. 영성은 바로 생명의 기원부터 궁극적인 종착점까지 전체를 꿰뚫어 아는 것입니다.

과학과 종교가 적대 관계라고 생각하는 사람도 많지만, 나는 정말 그런지 확신하지는 못하겠다. 확실한 건 과학과 종교의 교집합이 한 가지 있다는 점이다. 바로 "우리가 누구인지", "우리는 우주에서 어떤 위치에 있는지"에 대한 답을 구하고자 하는 인간의 기본 욕구를 지향한다는 점이다. 후자의 질문은 지난 세기 동안 과학의 영역으로 확고하게 자리를 잡았다.

우리는 태양계 너머의 우주에 관해 더 많이 알게 될수록, 그러니까 상상하기 어려운 거대한 규모에 대해서는 물론이고, 빅뱅의 발생이나 생명체 탄생과 같은 역시나 상상하기 어려운 사건들에 대해 알게 될수록 더 큰 경외심을 갖게 된다. 21세기에 이러한 거창하고 복잡하기 그지없는 문제를 가장 흥미롭게 풀어내는 연구 영역이 바로 원자 및 아원자 차원에서 생명을 탐구하는 '양자역학(quantum mechanics)'이다. 현재까지는 만물이 돌아가는 원리를 설명하는 가장 실용적인 모델이라고 볼 만하다. 양자역학에 관해 더 자세히 알아보기 위해 세계에서 손꼽히는 이론물리학자인 숀 캐럴과 "양자역학이 생명의 기원을 설명할 수 있는가"에 대해 먼저 물었다.

숀 캐럴 ——————— 우리는 아직 생명의 기원에 대해 많이 알지 못합니다. 사실 생명의 기원보다 양자역학에 대해 알아낸 지식이 더 많습니다! 생명은 매우 복잡하며 끊임없이 진행되는 일종의 화학 반응인데, 그 시작점은 분명 있었을 겁니다. 태초의 생명은 적절한 조건이 형성되었을 때 자연스레 태동했을까요? 아니면 우연히 어떤 파동이 개입해서 있을 법하지 않은 일이 일어나고, 그렇게 생겨난 생명체가 스스로 힘을 키워 지구상에 정착했을까요? 아직 확실하게 알 수는 없습니다. 생명체는 양자요동(quantum fluctuation)[1]이라는, 가능성이 매우 희박한 사건으로 탄생해서 지금까지 명맥을 유지하고 있는 것인지도 모릅니다.

하지만 우리는 생명이 화학에 의존하고, 화학도 양자역학에 의존한다는 것을 이미 알고 있습니다. 생물학에는 확실히 양자역학 현상에 의존하고 있다고 볼 만한 아주 특별한 현상이 있습니다. 광합성이 가장 확실한 예이고, 인간의 후각 역시 또 다른 예일 수 있습니다. 우리 뇌의 신경세포인 뉴런의 복잡한 연결 구조도 양자역학과 관련이 있을 것이란 주장도 있습니다. 이 부분은 미개척 분야입니다. 아직 우리가 자세히 이해하지 못하는 영역이지요. 생명의 기원에 대해 이해하기에 고전물리학은 여전히 한계가 있습니다.

생명의 기원과 더불어 만물이 돌아가는 원리를 탐구하는 또 다른 학문은 철학이다. 숀 캐럴은 철학자의 사고방식이 양자 이론에서 제기하는 문제를 탐구하기에 매우 적합하다고 말했다. 또한 양자역학의 토대를 닦은 훌륭한 학자들 가운데 물리학으로 박사 학위를 받고 강단에서는 철학을 가르치는 교수가 많은 것도 그런 이유라고 설명했다.

숀 캐럴 ―――――――――― 양자 이론을 깊이 파고들면 많은 철학적 질문을 얻게 됩니다. 어떤 질문을 얻게 될지는 당신이 어느 양자론을 지지하느냐에 따라 달라질 수 있겠지요. 예를 들어, 우리가 살고 있는 우주 외에 또 다른 우주가 있다고 하는 '다중 우주론'은 과학적 공식이나 법칙에서만 색다른 이론을 제기하는 것이 아니라 '개인의 정체성'에 관해서도 새로운 의미를 제시합니다. 다중 우주론에 따르면, 매 순간 우주가 팽창하면서 지금 여기 있는 저의 복제본이 무수히 많아지고 있는 거예요. 그 복제본이란 과거의 동일한 자아로부터 왔지만, 지금 여기 있는 현재의 저와는 다른 또 다른 저를 말하는 것일 테고요. 반면 고전물리학에서는 한 개인의 정체성이 태어나는 순간부터 죽음을 맞는 순간까지 고유한 일직선으로 이어져 있다고 가정합니다. 그런데 양자역학 분야에서는 이미 우주 팽창이 확실히 일어나고 있음을 실험으로 입증한 바 있죠. 그러니 우주와 생명의 기원에 대해서도 인간의 인식이 미치지 않는 영역이라고 단정을 내릴 것이 아니라 다른 관점으로 접근해볼 필요가 있습니다.

세계적인 이론물리학자이자《물리학의 패러독스》의 저자인 짐 알칼릴리는 '양자역학에 담긴 철학적 함의'에 대해 또 다른 접근법을 보여주었다.

짐 알칼릴리 ———————— 양자역학의 선구자들은 철학에 조예가 깊었고, 철학 학파에 따라 양자역학을 받아들이는 방향도 여러 갈래로 나뉘었습니다. 과학의 역사에서는 이를 서로 반대편에 섰던 알버트 아인슈타인(Albert Einstein)과 닐스 보어(Niels Bohr)의 논쟁으로 요약하곤 합니다.

아인슈타인은 물리적 실재, 즉 물리학이 설명하고자 하는 객관적 실재가 있다고 믿었고요. 보어는 실증 철학의 영향을 받았는데, 이는 쉽게 말해 어떤 관점을 취할지 합의할 수 없다면 논쟁을 그만하고 맥주나 마시러 가자는 학설입니다. 관념론적이고 불가지론적 입장이기도 하며, 한편으론 실용적이고 도구주의적이죠. 보어는 근본적으로 과학과 지식의 역할이 존재론이 아닌 인식론에 기반을 둔다고 했습니다. 그러므로 물리학의 임무는 세계를 있는 그대로 설명하는 것이 아니라 우리가 세계를 설명할 방법을 알려줘야 한다는 겁니다.
아마도 양자역학은 과학의 임무가 무엇인지에 대해 다른 어떤 과학 분야보다 많은 의문을 제기했을 겁니다. 그러니까 "과학은 우리가 알 수는 있지만, 직접 닿을 수 없는 영역까지 반영하는 것인가, 아니면 세계를 있는 그대로 반영하는 것인가"라는 질문에 답하기 위해 많은 논의가 진행되었죠.

《모든 순간의 물리학》을 비롯해 과학 분야에서 여러 권의 베스트셀러를 집필한 이론물리학자 카를로 로벨리는 블랙홀의 본질을 새롭게 규명한 우주론의 대가이다. 그는 "양자역학의 철학적 함의는 매우 광범위하다"라며 다음과 같이 설명했다.

카를로 로벨리 ———————— 우선 양자역학은 17세기의 기계론적 유물론이 틀렸다는 것을, 즉 현실 세계는 매 순간 명확한 속성을 갖는 물질적 실체와 크게 다르다는 것을 보여줍니다. 양자론에 따르면, 모든 물질적 개체의 속성은 고정되어 있지 않고 오직 상호작용하는 관계를 통해서만 정의됩니다. 이 관점에 보면 인간 역시 거대한 상호작용의 관계에 있는 하나의 조각일 뿐입니다. 다시 말해, 현실 세계는 각기 뚜렷한 속성을 지닌 개별적 주체가 모인 집합체가 아니라, 그 개별적 주체들이 상호작용하면서 정보들이 공유되는 네트워크로 이루어졌습니다. 지구상의 생명체는 놀라우리만치 다양하지만, 그 생명체의 기원에 공통분모가 있다는 것도 유전학을 통해 밝혀졌습니다.

인간은 동물보다 우월한가

칼 사피나 Carl Safina

생태학자이자 작가로 맥아더재단(MacArthur Foundation)의 '지니어스(Genius)' 지원금을 받았으며, 《소리와 몸짓》 등의 책을 썼다. 사피나센터(Safina Center)의 창립자 겸 대표이다.

유발 하라리 Yuval Harari

역사가이자 철학자이며, 전 세계적인 베스트셀러 《사피엔스》, 《호모 데우스》, 《21세기를 위한 21가지 제언》 등을 썼다.

제인 구달 Jane Goodall

침팬지에 관한 세계 최고의 전문가로 인정받는 과학자이자 환경보호론자이다. 인도주의 및 환경 보호 활동으로 여러 차례 수상했고, 대영제국훈장(DBE)을 수훈했다.

광대한 우주의 관점에서 보면 인간이라는 존재가 얼마나 보잘것없는 존재인지 깨달을 때가 있다. "우리는 누구인가"라는 주제로 이야기하다 보니 지구상의 다른 생명체에도 주목해볼 필요가 있다는 생각이 들었다. 먼저 생태학자인 칼 사피나에게 "다른 생명체도 인간처럼 의식 작용을 하는가"라는 질문을 해보았다. 그는 의식 작용을 인간 고유의 정신적 활동처럼 생각하는 것에 반론을 제기했다.

칼 사피나 ———————— 의식(consciousness)이란 쉽게 말해 무언가를 느끼거나 지각하는 것입니다. 전신 마취를 해서 통증을 느끼지 못하는 것은 물론 아무런 지각도 하지 못할 때 '의식을 잃었다'라고 표현하는 것처럼요. 우리는 다른 세계에 속한 생명체의 본질에 대해, 우리가 그 생명체와 어떤 관계에 있는지에 대해 전혀 이해하지 못한 채 혼란스러워합니다. 가령 동물들도 시각·청각·후각·촉각을 느끼므로 인간과 마찬가지로 '의식' 작용을 한다고 봐야 하는가에 대해서도 끊임없이 의문을 제기하죠. 하지만 제게는 이런 의문이 이상한 질문처럼 여겨집니다. 제가 말하는 의식 작용이란 '어떤 대상을 지각하는 것'을 의미합니다. 미래의 계획을 세우는 것과 같은 능력은 의식 작용의 결과가 아닙니다. 그런 종류의 능력은 후천적 학습을 통해 갖게 된 것이니까요.

유전자에 있어서 인간은 침팬지와 98퍼센트 일치하며, 고양이와는 90퍼센트, 생쥐와는 85퍼센트 일치한다. 심지어 바나나 유전자와도 60퍼센트가 일치한다! 이렇게 공통점이 많은데도 왜 인간은 다른 생명체와 다르다고 혹은 그들보다 우월하다고 느낄까. 이에 대해 세계적인 역사가이자 철학자인 유발 하라리에게 의견을 물었다.

유발 하라리 ———————— 인간은 다른 종을 지배하고 착취하기 때문에 이것을 정당화하려 합니다. 그래서 우리는 스스로 우월한 생명체라고 생각하는 경향이 있고, 다른 모든 동물과 구별되는 큰 차이가 있다고 믿습니다. 그러나 항상 그랬던 것은 아닙니다. 농업혁명 이전에 수렵 채집인은 자신들이 다른 동물과 별반 다를 게 없다고 생각했거든요. 그들은 자신을 자연 세계를 구성하는 일부로 여기며 주변의 동식물 및 자연 현상과 끊임없이 소통하고 조화롭게 지내려고 했습니다. 그러나 농업혁명으로 다른 동물을 지배할 힘이 생기자 인간이 동물과 본질적으로 다르다고 인식하기 시작했습니다. 그래서 인간의 지위를 다른 창조물보다 숭고하게 격상시키기 위해 다양한 종교를 발명했습니다. 우리는 보통 유대교, 기독교, 이슬람교 등의 종교가 위대한 신들을 신성시한다고 생각합니다. 하지만 종교가 인간 역시 신성시했다는 점에 대해선 간과하죠. 사실 신의 주된 역할 중 하나는 인간의 우월성을 설명하는 것입니다.

인간이 다른 동물에 비해 확실히 우월하다고 믿었던 사람이 있다면 여러 가지 측면에서 혼란을 느낄 것 같다. 그렇다면 영장류 학자이자 환경운동가로서 오랫동안 침팬지와 유인원을 연구해온 제인 구달이 들려주는 이야기가 도움이 될 것이다.

제인 구달 ——————— 고인류학의 선구자인 루이스 리키(Louis Leakey) 박사님은 600만 년 전에 지금의 인간과 흡사한 인류 공동의 조상이 있다고 믿으셨어요. 그래서 저한테도 침팬지를 연구해보라고 권유하셨지요. 박사님은 석기시대 인류와 그들의 유골, 도구 등에 관심이 있었고, 그들의 행동에 초점을 두지는 않았습니다. 오늘날 발견된 인간과 침팬지 간의 유사한 행동은 인류 공동의 조상, 그리고 어쩌면 석기시대의 인류에게도 존재했을 것으로 생각하셨거든요. 저한테는 침팬지가 잔인하고 폭력적이며 심지어 전쟁도 자주 일으킬 수 있다는 사실이 약간 충격적이었습니다. 저는 그들이 우리와 비슷하면서 좀 더 유순할 줄 알았거든요. 인간의 폭력성은 오랜 진화 과정 내내 따라다녔을 것으로 추정됩니다. 인간이 매우 폭력적인 종이라는 점은 특별한 연구를 하지 않더라도 쉽게 알 수 있죠.

인간과 침팬지는 DNA의 98퍼센트 이상을 공유하는 만큼 차이가 뚜렷하지 않습니다. 오히려 겹치는 부분이 많지요. 우리는 여전히 진화 과정의 연장선에 있고, 지구상에서 성격, 마음, 생각, 감정을 지닌 유일한 존재가 아닙니다. 서로 입 맞추고, 포옹하고, 손을 잡고, 등을 토닥토닥 두드려주고, 가족과 유대를 형성하고, 전쟁을 일으키는 등 인간과 침팬지가 얼마나 닮았는지 이제 다들 잘 알고 있습니다. 그러나 동시에 차이점도 얼마나 큰지 알고 있죠. 그렇다면 무엇이 그 차이를 만들었을까요? 제가 생각하는 결정적인 차이는 인간은 침팬지와 달리 정교한 언어로 소통할 수 있다는 점입니다.

유발 하라리는 인류의 정체성과 관련해 커다란 변화를 예고했다. 인간이 우주에서 가장 우월한 생명체로서의 지위를 넘어서 신의 위치로 올라서려 할 것이란 이야기였다. 그는 기술의 발전으로 커다란 변화를 겪게 될 인류의 미래에 대한 시각을 들려주었다.

유발 하라리 ―――――――― 장차 인간은 기술을 사용해 기존에 신의 영역으로 간주했던 능력들을 습득하게 될 겁니다. 비유법이 아니라 문자 그대로의 의미입니다. 조만간 인간은 각자 취향대로 생명체를 설계해서 창조하고, 머릿속과 직접 연결된 가상현실을 넘나들고, 수명을 과감히 연장하고, 원하는 대로 자신의 육체와 정신을 개조할 것입니다. 그간의 역사에서 수많은 경제적·사회적·정치적 혁명이 일어났지만 오직 한 가지 변하지 않은 것이 있죠. 바로 인간입니다.

우리의 육체와 정신은 로마 제국이나 고대 이집트의 조상과 비교해도 별 차이가 없을 만큼 거의 변화를 겪지 않았죠. 하지만 앞으로 수십 년 동안 역사상 처음으로 인류 자체가 급진적인 혁명을 겪게 될 거예요. 인간의 육체와 정신도 유전공학, 나노기술, 뇌-컴퓨터 인터페이스에 의해 변화될 겁니다. 육체와 정신이 21세기 경제를 대표하는 상품이 될 수도 있어요. 대개 미래라고 하면 우리와 생김새가 같은 사람들이 레이저건, 지능형 로봇, 빛의 속도로 이동하는 우주선 등 지금보다 더 발전한 기술의 혜택을 누리는 세상을 떠올리기 쉽습니다. 그러나 미래 기술의 혁신적인 잠재력은 우리 몸과 마음을 포함한 호모 사피엔스 자체의 탈바꿈에서 나타날 거예요. 미래의 가장 신기한 기술은 우주선이 아니라 우주선에 타고 있는 생명체가 될 거란 의미입니다.

"미래 기술의 혁신적인 잠재력은
우리 몸과 마음을 포함한
호모 사피엔스 자체의 탈바꿈에서 나타날 거예요.
미래의 가장 신기한 기술은 우주선이 아니라
우주선에 타고 있는 생명체가 될 거란 의미입니다."

- 유발 하라리

예술과 정체성은 어떤 관계가 있는가

앤터니 곰리 Antony Gormley
영국의 유명한 조각가이자 예술가이다. 대표작에는 〈북쪽의 천사Angel of the North〉, 〈다른 장소Another Place〉, 〈양자 구름Quantum Cloud〉 그리고 1994년 터너상(Turner Prize)을 수상한 〈영국제도의 벌판Field for the British Isles〉 등이 있다.

마리나 아브라모비치 Marina Abramović
신체의 한계를 뛰어넘는 작품으로 유명한 세르비아 출신의 개념 예술가이자 행위예술가이다. 영국왕립미술원의 회원이기도 하다.

필립 스탁 Philippe Starck
프랑스의 디자이너이자 건축가이고 발명가이다. 인테리어 디자인, 가구, 요트, 호텔 등을 포함해 1만 개가 넘는 작품을 창작했을 만큼 왕성히 활동하고 있다.

인류학 연구에 따르면 예술이 언어보다 먼저 등장했다고 한다. 일리 있는 말이다. 인류는 표현력이 풍부한 종족이며, 말과 글뿐 아니라 음악, 조각, 회화 그 밖의 다양한 예술을 통해 소통하려는 욕구가 있다. 예술은 다른 표현 수단이 흉내낼 수 없는 방식으로 우리가 사물과 세상을 보는 관점에 영향을 미친다. 이것은 내 경험으로 증명할 수 있다. 내가 극심한 우울증에 시달리고 있을 때 인생의 이치를 깨닫게 해준 것이 바로 예술, 그중에서도 사진과 시였다. 예술은 내가 할 수 있는 게 아무것도 없다는 무기력에 빠져 있을 때도 세상과 소통할 수 있게 해주었다.

나는 세계 정상급의 예술가들과 대화를 나누면서 예술이 존재하는 이유가 자아 정체성의 표현과도 관련이 있다는 것을 알게 되었다. 2장에서 예술에 관해 좀 더 자세히 살펴보겠지만, 우선 예술이 우리의 정체성과 어떤 관련이 있는지 이야기하고 싶었다. 이에 대해 영국의 유명한 조각가인 앤터니 곰리는 다음과 같은 사려 깊은 통찰을 들려주었다.

앤터니 곰리 ———————— 예술은 인생 그 자체를 표현하는 방식입니다. 문화와 지역을 가리지 않고 모든 인간의 공통적인 행위이죠. 창의성은 인간의 고유한 특성이니까요. 우리는 누군가와 대화할 때 상대에게 어떤 이야기를 들려줌으로써 자기 경험을 공유합니다. 경험은 말하고 공유하는 과정에서 변형되기도 하지요. 시각 예술은 노래, 이야기, 춤처럼 내면에서 우러나온다기보다 우리에게 일어나는 현상을 이해하기 위한 정신 활동의 확장이자 집중에 가깝습니다.

시간과 심우주, 몸의 생명력과 같은 추상 개념을 표현할 영역은 여전히 꼭 필요합니다. 예술은 사치, 거래, 직업, 돈벌이 등의 대상이 아닙니다. 인간 존재의 본질적인 부분이에요. 예술은 희망과 두려움, 미래와 과거가 뒤섞인 열린 공간이며, 개인적 경험을 이해하고 표현하면서 공동체적인 것으로 만들어나가는 공간이기도 합니다.

예술은 우리 삶에 필요한 것이며, 심지어 우리의 정체성을 형성하는 중요한 요소이기도 하다. 그러니까 예술은 일부 사람들이 즐기고 감상하는 대상이 아니라 우리 자신의 일부가 되어야 하는 어떤 것인 셈이다. 마리나 아브라모비치 역시 인간에게는 창작의 본능이 있다고 보았다. 또 예술은 더 풍요로운 삶을 향해 가는 여정의 길잡이가 될 수도 있다고 했다.

마리나 아브라모비치 ———— 원시인들은 왜 깊은 산속 동굴에서조차 그림을 그렸던 걸까요? 인간 존재는 태초부터 표현의 욕구를 품고 있었던 것 같아요. 물론 이 지구상에는 예술을 즐기지 못하는 사람도 수억 명에 이를 겁니다. 하지만 예술이 우리 사회에 꼭 필요한 이유는 한둘이 아닙니다. 훌륭한 예술은 미래를 예측하기도 하고 날카로운 질문을 던지기도 합니다. 반드시 대답을 내놓아야 하는 건 아니죠. 우리의 의식을 일깨워주고 영혼을 한층 더 고양하는 역할도 합니다. 인생은 때로 몹시 지루할 수 있어요. 예술은 그러한 인생에 활력을 불어넣어줍니다.
예술가가 신성한 에너지와 연결된다면 그 영적인 요소는 엄청난 힘을 만들어낼 수 있습니다. 예술가인 제게 관객은 자동차 엔진과 같습니다. 저는 차의 열쇠를 제공하지만, 시동을 걸고 작품을 완성하는 건 제가 아니라 관객의 몫입니다. 저는 결과와 가능성을 무한정 열어놓고 창작에 임합니다. 우리는 지금 너무 절망에 빠져 있고 정신적인 중심마저 잃었습니다. 더 이상 예술을 감상하는 것만으론 충분하지 않습니다. 누구나 예술의 일부가 되어야 해요.

두려움은 인간의 본성이기도 하다. 우리는 두려움을 애써 외면하거나 극복의 대상으로 삼을 순 있겠지만 완전히 없애지는 못한다. 어쩌면 예술은 우리가 서로의 두려움을 이해하도록 해주는 수단일지도 모른다. 마리나 아브라모비치가 말했던 것처럼 예술은 우리 인생에 대한 근본적인 질문들을 던지며 심오한 철학의 세계로 이끈다. 하지만 우리가 예술에 빠져드는 것은 심오함 때문만은 아니다. 많은 경우에 우리를 예술로 이끄는 것은 순수한 미학적 아름다움 때문이 아닐까? 이에 대해 프랑스의 대표 디자이너이자 건축가인 필립 스탁은 오늘날 우리가 말하는 '아름다움'보다는 '균형'이나 '조화'에서 더 큰 감동을 발견할 수도 있다고 말했다.

필립 스탁 ———————— 미학에서 말하는 초월적 가치로서의 아름다움이란 존재하지 않아요. 존재한다면 지금 현재의 아름다움일 뿐입니다. 아름다움이 무엇인지에 대한 견해는 늘 바뀌어요. 워낙 변덕스러운 것이라서 저는 그 '아름다움'이라는 단어에 별 의미를 두지 않습니다. 오늘날 아름다움은 소비자들에게 쓸모없는 물건을 더 많이 사도록 부추기는 탐욕의 수단, 즉 기업들의 마케팅과 비즈니스 수단이 되어가고 있습니다. 제 생각에 아름다움이라는 단어는 확실히 구시대의 유물이 된 것 같아요. 대신 저는 일관성, 조화, 균형이라는 말로 표현하는 게 낫다고 봅니다. 간혹 어떤 장소, 그림, 행위, 어린아이, 고양이 등 그게 무엇이든 아주 강렬한 느낌을 받을 때가 있어요. 평생 다섯 번도 될까 말까 한 경험이지만 이루 말할 수 없을 만큼 감정이 북받치죠. 그럴 때면 1초도 안 되는 찰나에 '이거야'라는 느낌이 번뜩이며 지나갑니다. 아름다움 때문이 아니라면 무엇 때문일까요. 바로 당시의 빛, 온도, 각도, 시야 등 모든 수백 가지 요소가 이룬 완벽한 균형 때문입니다. 혹은 조화라고 표현할 수도 있겠죠. 아름다움은 아닙니다.

교육은 인류의 발전에 도움이 되는가

켄 로빈슨 Ken Robinson

교육 및 창의성 분야의 전문가로 〈뉴욕타임스〉 선정 베스트셀러 작가이다. 그의 TED 강연은 8,000만 회 이상 시청되었으며, 그중 〈학교가 창의력을 죽이는가?Do Schools Kill Creativity?〉는 TED에서 역대 최고 조회수를 기록했다.

디팩 초프라 Deepak Chopra

인도 태생의 베스트셀러 작가이자 대체의학 주창자이다. 초프라재단의 창립자이며, 캘리포니아대학교 샌디에이고 캠퍼스에서 가정의학 및 공중보건 분야의 임상 교수로 재직 중이다.

우리가 넉넉잡아 90세까지 살더라도 그 시간의 4분의 1에서 3분의 1은 교육을 받으며 보낼 것이다. 그럴 만도 한 것이 우리의 세계와 사회·경제·문화는 워낙 복잡해서 많은 학습이 필요하기 때문이다. 우리 대부분이 인격을 형성하는 중요한 시기를 학교에서 보내는 만큼 교육은 성장기의 정체성 확립에 큰 영향을 미친다. 지금 나의 가치관이나 관심사 모두 학교 교육과 선생님의 영향으로 형성된 결과물이다. 그리고 이것이 내게만 국한된 사실이 아니란 점은 다른 사람의 자서전 몇 권만 대충 훑어봐도 쉽게 확인할 수 있다. 〈학교가 창의력을 죽이는가?〉라는 강연으로 TED에서 역대 최고 조회수를 기록한 교육학자 켄 로빈슨은 '교육의 역할이 무엇인가'에 대해 네 가지로 정리해 설명했다.

켄 로빈슨 ———————— 교육은 사회에서 네 가지 주요 역할을 담당하며, 각 역할이 서로 연결되어 있습니다.

첫째, 교육은 경제적 목적에 기여하는데, 이는 종종 논란의 대상이 됩니다. 그동안 교육 철학사에서 교육은 어떤 외적인 목적을 따로 가져야 하는지, 아니면 교육 자체가 목적이 되어야 하는지를 놓고 수많은 주장과 논쟁이 오갔습니다. 그러나 우리 대부분은 교육을 받으면 더 나은 경제적 우위를 점할 수 있다고 생각합니다. 자녀가 학교에서 좋은 성적을 거두어야 장차 경제적으로 더 나은 삶을 살 수 있으리라 믿고요. 여기서 중요한 과제는 오늘날 그러한 경제적 목적을 달성하려면 어떤 교육이 필요한지 이해하는 것입니다.

둘째, 교육은 문화적으로도 중요한 역할을 합니다. 우리가 시민, 특히 아이들을 교육하는 이유 중 하나는 각자의 공동체에 속하는 문화적 가치, 전통, 사고법을 알려주기 위해서입니다. 이는 교과 과정을 개편하려고 할 때 서로 다른 문화를 지향하는 사람들이 치열한 논쟁을 벌이며 분열하는 이유이기도 합니다.

셋째, 교육은 사회적으로 중요한 역할을 합니다. 우리는 교육이 학생들에게 자신이 속한 사회가 어떻게 작동하는지, 그리고 그 사회에 어떻게 참여할 수 있는지 이해하도록 가르치는 역할을 할 것이라고 기대합니다. 특히 민주주의 사회에서는 이러한 역할이 더욱 중요합니다. 미국의 유명한 교육학자 존 듀이(John Dewey)가 "모든 세대는 민주주의를 재발견해야 한다"라고 말한 것도 비슷한 맥락으로 볼 수 있습니다.

넷째는 개인적 영역에서의 역할입니다. 교육은 각 개인이 자신의 재능, 삶의 목표, 감수성, 관심사를 발견하도록 이끌고, 그 자체로 충만하고 목적이 있는 삶을 살 수 있도록 돕는 것이어야 합니다. 최근까지도 미국에서는 아이들이 고등학교를 미처 마치지 못하는 것이 문제가 되고 있습니다(저는 '중퇴'라는 단어를 쓰고 싶지 않습니다. 아이들이 체제에 적응하는 데 실패했다는 의미로도 들리거든요. 실상은 그 반대인데 말입니다. 아이들은 그저 현 교육 체제를 떠나는 것뿐입니다). 우리가 교육을 비인격적인 과정, 즉 기계적이고 숫자 중심의 절차로 취급하는 순간, 그리고 교육이 살아 숨 쉬는 인간을 대상으로 한다는 사실을 놓치는 순간 교육의 가치는 사라져버립니다.

교육은 이렇게 인간 존재, 인간의 삶과 밀접한 관련을 맺고 있지만 한편으로 오늘날 교육은 잘못된 '사회적 조건화(social conditioning)'로 인해 오히려 인간이 더 많은 잠재력을 개발하는 것을 방해하기도 한다. 인도 태생의 영적 지도자이자 《디팩 초프라의 부모 수업》 등 수많은 베스트셀러를 쓴 저자인 한 디팩 초프라의 의견을 들어보았다.

디팩 초프라 ―――――――― 우리는 어릴 때부터 여러 가지 매체에 노출되어 "장차 어떤 사람이 되어야 하는가"에 대한 정형화된 틀을 학습하게 됩니다. 책이나 TV와 같은 매체들은 모두 우리에게 경험을 제공하면서 일정한 행동 기준을 갖게 하죠. 이러한 '사회적 조건화'를 통해 우리는 삶에 꼭 필요한 자질들을 배우기도 하지만, 한편으로는 마치 최면에 걸린 것처럼 주어진 현실에 의문을 제기하지 않고 곧바로 순응해버리기도 합니다. 사회적 조건화는 본래 교육받는 방식과 관련되어 있는데, 오늘날 세계에서는 그저 정보의 과부하에 지나지 않습니다. '교육(education)'이라는 단어의 어원이 마음에 이미 존재하는 것을 키우고 '끄집어낸다'라는 의미의 라틴어인 'educare'에서 비롯되었다는 것을 기억했으면 좋겠습니다. 교육은 모든 아이에게 내재하는 잠재적인 통찰력, 창의성, 놀라운 능력, 호기심 그리고 더 높은 의식의 상태를 이끌어내는 것이어야 합니다. 마구잡이로 정보를 주입하기만 해서 사회에 순응하도록 몰아붙이는 것은 교육이 아닙니다.

"만일 이 세상의 문제들, 즉 자신과 가족을 비롯해
사회의 여러 문제를 해결하기 위해
기꺼이 시간을 할애하고 있다면,
그 사람은 괜찮은 인생을 살고 있는 것입니다."

- 조던 피터슨

가끔 고양이가 무언가를 빤히 쳐다보며 꼼짝도 하지 않을 때가 있는데, 그럴 때면 '이 녀석도 어떤 실존적 위기에 처한 것인가'라는 생각이 든다. 그렇지만 역시 인간만이 지구상에서 유일하게 자기 자신과 모든 친구, 사랑하는 사람들, 다른 종들의 죽음을 진지하게 인식하는 부류일 가능성이 크다.

삶을 그저 부질없는 것으로 생각해버리면 쉬울 텐데, 우리는 그 많은 시간을 세상에서 가장 고상한 소일거리, 즉 삶의 의미를 찾는 데 써버리곤 한다. 인간은 의미를 추구하는 동물이기에 살아 있다는 것은 무엇이고, 우리는 어떤 존재이며, 왜 지금 여기에 있는지 답을 찾도록 도와줄 실마리가 필요하다. 이것이 아마도 우리가 주변 세계를 이해할 탐구의 수단으로 예술, 종교, 과학에 눈을 돌리는 이유일 것이다.

우리는 인간 존재, 그리고 이 세계에서 인간의 위치를 더 잘 이해하기 위해 예술, 종교, 과학을 활용한다. 결국 정체성이란 것도 존재와 세계를 이해하는 맥락이 뒷받침될 때 진정한 의미를 갖는 게 아닐까 싶다. 인간의 언어는 사회의 선형적이고 기능적인 요구를 중심으로 발달해왔지만, 예술은 선형적이고 기능적인 개념으론 설명되기 어려운 어떤 것이다. 애니시 카푸어와 앤터니 곰리가 설명했듯이, 오히려 예술은 비선형적인 답을 숙고하고 탐색하고 제시할 수 있는 영역이다. 우리는 예술, 음악 심지어 자연에서도 무어라 표현하기 어려운 심오한 감성을 느낀다. 이러한 감성은 인간의 정체성을 설명하는 본질적인 부분이다.

현대 사회의 인간은 기술의 발전 덕분에 고도의 인지 능력을 얻었는데, 한편으론 이로 인해 지나친 우월감이 생기기도 했다. 그러나 유발 하라리가 설명했듯이, 우리가 태초부터 그러했던 것은 아니다. 인간이 스스로 다른 종과 다르다고 인식하기 시작한 것은 농업혁명이 일어난 이후였다. 동물을 지배하기 위해 사용한 인간의 이러한 전략은 산업혁명 시기에 인종 차별을 일삼던 사람들에게 지배와 착취를 정당화하기 위한 도구로 악용되기도 했다.

그렇지만 좋든 싫든 우리 인간도 동물이다. 이쯤 되면 나와 고양이 중 누가 더 여유로운 처지인지 궁금해진다. 다른 새가 날아오길 기다리느라 창밖을 바라보는 우리 집 고양이일까, 아니면 '우리가 모두 어차피 죽는다면 삶의 의미를 찾는 것이 뭐 그리 중요하겠는가'라는 상념에 잠겨 창밖을 바라보는 나일까? 어쩌면 고양이와 나의 중간이 가장 좋은 위치일지도 모르겠다. 그저 이 아름다운 세상에 잠시 다녀가는 방문자로서 육체적 · 정신적 · 지적 · 문화적 경험을 통해 인생을 즐길 수 있다면 그것으로 충분하지 않은가 하는 생각이 든다.

PART
2

문화

우리의 삶을 구성하는 것들

“세상에는 우리 내면에서 무언가를 끄집어내도록

자극하는 것들이 있습니다.

우리가 용기를 낼수록

자신의 이야기를 더 잘 들려줄 수 있습니다.”

— 마야 안젤루

인간과 문화는 분리할 수 없다. 인간은 문화라는 배경 속에서 태어나고 생활하기 때문이다. 문화는 어떤 단편적인 것이 아니라 모든 것을 아우르는 총합체다. 블로그를 포함한 모든 소셜네트워크, 조각품, 소설, 음악, 동영상 등 모든 것이 문화이며 문화적 인공물이다. 사회의 일부로서 우리가 하는 모든 행위에는 실용적인 목적을 넘어선 표현의 욕구와 심미적 추구가 담기게 마련이다. 그리고 우리가 만들어내는 모든 문화적 인공물에는 '우리가 누구인지'에 관한 이야기가 담겨 있다.

이에 대해 소설가 존 버거(John Berger)는 1972년 《어떻게 볼 것인가》라는 책에서 아주 멋지게 요약해주었다. "우리는 눈에 보이는 세계를 언어로 설명하지만, 한편으로 언어는 이 세계를 있는 그대로 보여줄 수 없다는 한계에서 벗어나지 못한다. '보는 것'과 '아는 것'의 관계는 언제나 불안정하다."

우리가 어떤 대상을 알아볼 수 있다는 것과 그 대상의 의미를 제대로 이해하는 것은 별개의 문제이다. 중세 시대 사람들은 불이 모든 것을 태워버리고 고통스러운 신음이 들려오는 곳의 이미지로 지옥을 형상화했다. 만일 이런 형상화 과정이 없었다면 사람들에게 지옥이라는 관념이 심각하게 와닿지 않았을 것이다. 다시 말해, 지옥은 위험한 곳이라고 팻말에 적어 알리는 것만으로는 충분하지 않았다. 사람들이 지옥의 의미를 제대로 이해하도록 하기 위해서는 구체적 이미지를 통한 시각적 은유가 필요했다.

내가 어릴 적 우리 가족은 매년 인도를 방문했다. 친척을 만나는 것보단 여행 목적이 더 컸는데, 대개 인도 중심부에서 멀리 떨어진 외딴 지역으로 갔다. 당시 꼬마였던 나는 맨체스터 교외의 우리 집과는 달라도 너무 다른 세상으로 빨려들어가듯 여행에 동참했다.

인도인의 생활은 예술과 은유로 가득했다. 그들은 단순히 언어뿐 아니라 그림, 이야기, 춤, 음식 등 모든 도구를 창의적으로 활용해 예술로 표현했다. 그때 내가 느낀 강렬함은 폭풍우가 불어닥친 바다의 거센 파도와도 같았다. 나는 깊은 바닷속으로 뛰어드는 것처럼 그 문화적 강렬함에 몰두했다. 그리고 이후에도 인생의 많은 시간을 문화적 몰입감을 추구하는 데 할애했다. 주로 사진과 시를 통한 개인적인 창작 활동을 통해서, 그리고 가능한 다양한 문화를 접하고 향유하는 경험을 통해서.

나는 인류가 만들어낸 가장 복잡한 현상인 문화를 명료하게 이해하기 위해 각계의 거장들과 대화를 나누었다. 마야 안젤루를 비롯해 엘리프 샤팍, 얀 마텔 등 저명한 작가들과 '스토리'에 관해 대화를 나누었다. 스토리를 전달하는 방법이 다양한 만큼 렘 시세, 조지 더 포엣, 앤드류 모션 등의 시인들, 그리고 뮤지션, 영화감독, 사진작가, 셰프와의 인터뷰도 포함했다. 그들은 모두 흥미진진한 답변을 들려주었다.

우리는 왜 이야기를 만들고 전하는가

에드윈 캣멀 Edwin Catmull
미국의 컴퓨터과학자로 픽사(Pixar)의 공동 창립자이며, 월트디즈니애니메이션스튜디오(Walt Disney Animation Studios)의 회장이다.

마야 안젤루 Maya Angelou
미국의 시인이자 소설가, 시민권 운동가였다. 《새장에 갇힌 새가 왜 노래하는지 나는 아네》로 시작하는 일곱 권의 자서전 시리즈로 가장 잘 알려져 있다.

얀 마텔 Yann Martel
스페인 태생의 캐나다 작가이다. 맨부커상을 수상한 대표작 《파이 이야기》는 전 세계에서 1,200만 부가 팔렸고, 영화로도 제작되어 아카데미상을 수상했다.

조지 더 포엣 George the Poet
영국의 구전예술가, 시인, 래퍼이다. 팟캐스트 진행자로서 다수의 수상 경력이 있다.

인간은 스토리텔링의 종족이다. 집단 정체성이 진화하는 데에도 "우리는 누구인가"에 관한 이야기를 만들고 전하는 행위가 매우 중요한 역할을 했다. 그렇다면 우리는 왜 '이야기'를 통해서 자기 자신을, 그리고 다른 무엇인가를 표현하고 전하고자 하는 걸까? 그 이유를 먼저 픽사의 공동 창립자이자 애니메이션 영화 제작자인 에드윈 캣멀에게 물었다.

에드윈 캣멀 ———————— 스토리텔링은 사람들 간에 소통하고 정보를 전달하는 기본적인 방법입니다. 부모가 아이를 무릎에 앉히고 이야기를 들려주거나 책을 읽어주는 건 부모와 아이 모두에게 가장 가치 있는 일 중 하나입니다. 이때 부모는 단순히 이야기를 들려주는 것이 아니라 아이와 깊은 정서적 유대감을 형성합니다. 그다음 아이는 학교에 가서 과거, 역사, 문화를 배우며 또 다른 형태의 스토리텔링을 접하게 됩니다. 이야기는 그 내용이 무엇이든 언제나 과거에 일어난 사건을 단순화합니다. 우리는 과거의 사건을 직접 경험할 수 없고, 오직 남겨진 이야기를 통해서만 경험할 수 있죠. 스토리텔링이라는 예술적 형태는 그 자체로는 결코 존재할 수 없는 과거 사건에서 본질을 포착하는 방법이면서, 무엇이 중요한지를 밝혀내는 방법이기도 합니다.

미국에서 가장 영향력 있는 흑인 여성 중 한 명이었으며, 시인이자 소설가였던 마야 안젤루는 스토리텔링의 목적이 "어떤 메시지를 널리 전달해서 우리 세대가 자의로든 타의로든 저질렀던 실수를 다음 세대가 똑같이 되풀이하지 않도록 하는 것"이라고 말했다. 그렇다면 작가들도 그런 목적으로 글을 쓰는 걸까? 마야 안젤루의 답변에 따르면, 우리가 이야기를 만들어내고 글을 쓰는 데는 훨씬 더 심오한 다른 이유도 있었다.

마야 안젤루 ——————— 우리 내면엔 다른 사람에게 자신의 이야기를 들려주고 싶은 욕구가 있습니다. 그림을 그리고 누군가를 사랑할 용기를 내는 이유도 마찬가지입니다. 자기 자신이 누구인지 타인에게 알리고 싶은 욕구가 있기 때문이죠. 단순히 키가 얼마이고 몸매가 어떤지를 넘어서 자신의 내면과 영혼에 대해 말하고 싶은 욕구 말입니다. 세상에는 우리 내면에서 무언가를 끄집어내도록 자극하는 것들이 있습니다.

우리가 용기를 낼수록 자신의 이야기를 더 잘 들려줄 수 있습니다. 어떤 이야기가 흑인과 백인, 기성세대와 젊은 세대, 가난한 사람과 부유한 사람이 이심전심으로 공감할 수 있게 한다면, 그 이야기는 스토리텔링에 성공했다고 볼 수 있을 겁니다.

영화로도 만들어진 소설《파이 이야기》를 쓴 세계적인 작가 얀 마텔은 "스토리텔링은 우리를 하나로 묶는 접착제"라고 표현했다. 그는 이야기가 없다면 가족, 사회, 국가 모두 의미가 없을 것이라고 말했다. 또 그는 "이야기는 우리가 누구인지 알려주며 방향을 제시하는 것"이고, 따라서 "우리에게 이야기가 없다면 어디로 가는지 왜 가는지도 알지 못한 채 대지를 배회하는 고독한 동물이나 마찬가지"라고 말했다. 그리고 작가로서 글을 쓰는 이유에 대해서는 이렇게 이야기했다.

얀 마텔 ———————— 창의적으로 시간을 보낼 수 있어서 글을 씁니다. 저는 주로 낮에 글을 쓰는데, 글쓰기와 다른 일 중 하나를 선택해야 한다면 글을 쓰고 싶어요. 글쓰기의 미덕은 '무에서 유를 창조한다'는 데에 있습니다. 그래서 이야기를 쓸 때면 마치 대성당을 짓는 듯한 기분이 듭니다. 글쓰기는 시간이 걸리고 매우 신중해야 하는 작업이죠. 처음에 아이디어가 떠오르면 자료 조사를 합니다. 조사하는 과정에서 아이디어가 샘솟기도 하고요. 아이디어와 조사가 반복되면 노트가 수북이 쌓입니다. 이 노트들이 제가 쓰는 이야기의 뼈대가 됩니다. 쓰고 고치기를 반복하고 나면 물 흐르듯 자연스러운 이야기가 마침내 탄생합니다.

이런 허구의 이야기를 창조하는 작업은 굉장히 뿌듯한 일입니다. 우리가 이처럼 진지하게 글을 쓰는 이유는 삶에서 의미를 찾으려는 것과 관련이 있다고 생각합니다. 동물은 자기가 왜 존재하는지 궁금해하지 않지만, 우리 인간은 다르죠. 이야기를 만들어내고 쓰는 작업은 우리가 삶의 의미를 찾아가는 가장 좋은 방법입니다.

이야기는 여러 가지 방식으로 표현되고 전해지지만, 그중에서도 언어는 스토리텔링의 가장 중요한 수단이다. 언어 중에서도 주로 소리 언어로 이야기를 전하는 영국의 구전예술가 조지 더 포엣은 "인간의 언어는 마법"이라고 표현했다.

조지 더 포엣 ――――――― 인간의 언어에는 마법과 같은 측면이 있습니다. 우리가 사용하는 각각의 단어는 인간의 경험을 토대로 한 고유한 의미를 지니고 있죠. 인간과 개가 공생한 지 수십만 년이 지났지만, 우리는 여전히 개 짖는 소리가 무엇을 의미하는지 알아듣지 못합니다. 그 소리에는 우리의 구체적인 경험이 담겨 있지 않으니까요. 우리는 어떤 식으로든 경험하지 못한 것에 대해서는 의미를 파악할 수가 없어요. 언어는 여러 세대에 걸쳐 전수되었고, 수많은 인간의 경험이 '코드화'되어 있습니다. 언어가 우리에게 감정적 효과를 불러일으킬 수 있는 건 바로 그 때문이죠. 언어는 인간이 가진 것 가운데 가장 마법에 가깝습니다.

훌륭한 글의 조건은 무엇인가

마야 안젤루 Maya Angelou

미국의 시인이자 소설가, 시민권 운동가였다. 《새장에 갇힌 새가 왜 노래하는지 나는 아네》로 시작하는 일곱 권의 자서전 시리즈로 가장 잘 알려져 있다.

얀 마텔 Yann Martel

스페인 태생의 캐나다 작가이다. 맨부커상을 수상한 대표작 《파이 이야기》는 전 세계에서 1,200만 부가 팔렸고, 영화로도 제작되어 아카데미상을 수상했다.

어떤 이야기는 오랜 세월에 걸쳐 많은 사람에게 감동을 주지만 모든 이야기가 그런 것은 아니다. 어떤 이야기는 우리의 내면을 한층 성숙하게 하고 외연을 확장해주지만, 역시 모든 이야기가 그렇지는 않다. 그렇다면 우리는 어떤 이야기에 끌리는 걸까?

"열 명의 삶을 살다 간 사람"이라고 표현할 만큼 파란만장한 삶을 살았던 마야 안젤루는 유년기에서 사춘기까지 13년 동안의 삶을《새장에 갇힌 새가 왜 노래하는지 나는 아네》라는 자서전에 담았다. 그녀가 2014년 세상을 떠나기 전에, 나는 그녀로부터 좋은 이야기와 훌륭한 글을 만드는 중요한 요소에 대한 생각을 들을 수 있었다.

마야 안젤루 ——————— 훌륭한 글의 조건이요? 그건 바로 '진실성'입니다. 진실을 말하지 않는 글은 별 쓸모가 없어요. 진실이 담긴 이야기는, 그러니까 인간과 삶에 대해 있는 그대로의 진실을 말하는 이야기는 백인 노인, 아시아계 여성, 농장 주인까지 모두 "그래, 맞아"라며 고개를 끄덕이게 할 겁니다. 그런 점에서 자서전은 매우 매력적인 문학 형식이라고 생각합니다. 몇 년 전, 뉴욕의 한 편집자가 자서전을 집필하지 않겠느냐는 제안을 하더군요. "아뇨. 저는 극작가이자 시인인걸요"라며 거절했죠. 그런데 그 편집자가 저의 절친한 친구인 제임스 볼드윈(James Baldwin)에게 우연히 제 이야기를 했답니다. 그랬더니 제임스가 이렇게 말해주었대요. "마야에게 무언가를 하게 하려면, 마야가 그것을 하지 못할 거라고 말하면 됩니다." 그 편집자는 다시 저를 찾아와서 "아무리 마야 씨라 해도 한 편의 자서전을 쓴다는 것, 그것도 빼어난 필력과 독자를 끌어당기는 흡인력까지 갖춘 자서전을 완성한다는 건 역시 불가능한 일이겠죠"라고 말하더군요. 이 사실을 나중에 알긴 했지만, 그 편집자는 50년이 지난 지금도 여전히 시치미를 떼더군요.

내가 알기로 모든 소설은 '인생'에 대한 이야기이다. 그것이 사랑에 관한 것이든, 모험에 관한 것이든 상관없이 모든 소설은 결국 인생의 진실에 관해 이야기하고 있다. 내가 이런 생각을 이야기하자 얀 마텔은 어느 정도 수긍하면서 많은 사람에게 감동을 주는 글의 조건에 대해 들려주었다.

얀 마텔 ——————— 훌륭한 글에는 어느 시대에 열어도 사람들에게 감동을 주는 여행 가방이 들어 있습니다. 예를 들어, 고대 그리스 작가 호메로스(Homeros)가 쓴 것으로 알려진 《일리아드》는 거의 3,000년이 지났는데도 그 절절한 비극적 요소로 인해 여전히 우리의 마음을 움직이잖아요. 인생의 비극, 아이러니에 담긴 진실은 시간을 초월해 모두에게 감동을 주니까요. 그런데 여행 가방에 감동의 여운만 담기는 건 아닙니다. 훌륭한 글은 지적인 충만감도 함께 안겨줍니다. 그래서 독자의 생각을 바꿀 수 있어야 합니다. 감동의 여운과 지적인 통찰, 바로 이 두 가지가 훌륭하게 결합한 이야기는 시대가 달라져도 신선함을 잃지 않으면서 계속 전해질 수 있습니다.

어떤 글을 훌륭하게 만드는 요소에 대해 문학의 거장답게 간결하면서도 통찰이 담긴 의견을 들려준 마야 안젤루와 얀 마텔에게 "글을 쓸 때 윤리적 혹은 도덕적 책임감이 필요한가"에 대해서도 물었다. 어떤 글은 수많은 사람에게 엄청난 영향을 미치기도 하므로 거기에 따르는 책임 같은 것이 있을지 궁금했다. 먼저 마야 안젤루의 생각을 들어보자.

마야 안젤루 ———————— 어떤 직업을 가진 사람이든 누구에게나 책임감은 필요하죠. 모든 사람은 타인에 대해 도덕적 책임이 있습니다. 그렇기에 작가들도 세계 어떤 나라의 어떤 사람이라도 공감할 수 있는 보편적 진실을 말해야 합니다. 고대 로마의 극작가 푸블리우스 테렌티우스 아페르(Publius Terentius Afer)는 "나는 인간이다. 그렇기에 인간에 관한 일이라면 무엇이든 나와 무관하지 않다"라고 했습니다. 백과사전에 기록된 설명에 따르면, 그는 아프리카 노예 출신으로 로마 원로원의 한 의원에게 팔려갔다가 나중에 그 의원 덕분에 해방되었다고 합니다. 로마의 평범한 시민이 되는 것조차 꿈꾸지 못했던 그가 마침내 로마에서 가장 유명한 극작가 중 한 명이 된 거죠. 그의 명언과 일부 희곡은 기원전 154년부터 전해져 지금까지 남아 있습니다.

마야 안젤루가 도덕적 책임을 강조한 반면에 얀 마텔은 "훌륭한 문학 작품이라고 해서 모두 도덕적인 이야기만 하는 것은 아니다"라고 말했다. 인생에는 도덕적이지 않은 진실도 있으며, 예술에서 중요한 것은 있는 그대로의 진실이지 도덕적인 것은 아니라는 것이 그 이유였다.

얀 마텔 ——————— 예술은 일종의 목격자로서 선한 것과 악한 것을 모두 봅니다. 선한 사람만이 선한 작품을 쓸 수 있는 건 아닙니다. 좋은 책이 반드시 행복한 결말과 용기를 주는 이야기를 담고 있어야 하는 법도 없고요. 요즘 팝 음악 가사는 속물적이고 선정적이지만, 무조건 나쁘다고 할 수 없지요. 때로는 그런 음악이 사람들 마음을 울리니까요. 확실한 건 글쓰기에는 엄청난 수고가 필요하단 겁니다. 글쓰기는 만만한 작업이 아니에요. 그런 만큼 삶의 진실을 부정하기 위해 힘들여 글을 쓰는 작가는 없을 겁니다. 저는 문학적 허무주의를 믿지 않습니다. 진짜 허무주의자라면 아예 글을 쓰지 않겠죠. 저는 문학 작품에서의 도덕성은 오히려 삶의 아이러니를 드러내기 위해 작가가 선택하는 일종의 '딜레마'에 가깝다고 봅니다.

"훌륭한 글의 조건이요?
그건 바로 '진실성'입니다.
진실을 말하지 않는 글은 별 쓸모가 없어요.
진실이 담긴 이야기는,
그러니까 인간과 삶에 대해
있는 그대로의 진실을 말하는 이야기는
백인 노인, 아시아계 여성, 농장 주인까지 모두
'그래, 맞아'라며 고개를 끄덕이게 할 겁니다."

—마야 안젤루

언어의 힘이 세상을 바꿀 수 있는가

엘리프 샤팍 **Elif Shafak**
터키와 영국에서 활동하는 작가이자 학자이며, 여성인권 운동가이다. 《이스탄불의 사생아》 등의 베스트셀러를 썼다. 예술과 문학 발전에 공헌한 바를 인정받아 프랑스 문화예술공로훈장을 수훈했다.

마야 안젤루 **Maya Angelou**
미국의 시인이자 소설가, 시민권 운동가였다. 《새장에 갇힌 새가 왜 노래하는지 나는 아네》로 시작하는 일곱 권의 자서전 시리즈로 가장 잘 알려져 있다.

얀 마텔 **Yann Martel**
스페인 태생의 캐나다 작가이다. 맨부커상을 수상한 대표작 《파이 이야기》는 전 세계에서 1,200만 부가 팔렸고, 영화로도 제작되어 아카데미상을 수상했다.

여러 세대에 걸쳐 칭송받는 수많은 예술 작품은 역사상 가장 암울했던 시기에 탄생했다. 암울한 시대일수록 예술가들은 더 깊이 인간의 내면을 탐구하고, 더 격렬하게 사회 부조리에 저항하며, 더 왕성하게 이야기를 만들어냈다. 예술 작품은 이 세상을 변화시키는 데 어떤 역할을 하는 걸까? 먼저 나는 이 시대의 위대한 소설가인 엘리프 샤팍에게 소설이 젠더, 인종 등의 사회적 차별화 담론에 대항할 수 있을지에 대해 의견을 물었다.

엘리프 샤팍 ——————— 지난 몇 년간 신작 소설이 나올 때마다 저는 다양한 배경의 독자들을 만났습니다. 가령 터키에서 출간기념 사인회를 할 때 오는 사람들만 보더라도 다들 얼마나 각양각색인지 알 수 있습니다. 그중에는 좌파, 진보주의자, 세속주의자, 페미니스트도 많지만 이슬람교의 신비주의자인 수피교도도 있습니다. 보수주의자와 머리에 스카프를 두른 독실한 이슬람 여성도 있고요. 개중에는 쿠르드족, 터키인, 아르메니아인, 그리스인, 유대인, 그리고 알레비 종파의 사람도 있습니다. 저에게 이 점은 매우 중요합니다. 터키는 정신적으로 빈곤하고 문화적으로 고립된 섬과 같은 나라입니다. 이런 나라에서 문학이 다양한 배경을 가진 사람들에게 '문을 열어주는' 역할을 한다는 건 매우 중요한 의미를 지닙니다.

제 책을 읽는 터키 독자 중엔 외국인을 혐오하는 사람이 많습니다. 어려서부터 그런 환경에서 자랐기 때문이죠. 그들에게 소수자에 대한 의견을 묻는다면 아마 대부분이 편견으로 가득한 대답을 내놓을 겁니다. 제 독자 중에는 동성애 혐오자도 많습니다. 그들이 태어나 성장한 사회에는 늘 그렇게 편향된 담론들이 넘쳐나니까요. 그런데 바로 이 사람들이 저한테 와서는 "작가님의 소설에서 등장인물 중 아무개가 제일 좋더라고요"라고 말합니다. 그런데 그들이 가리키는 '아무개'란 아르메니아인이나 그리스인, 유대인, 동성애자, 양성애자 또는 성전환자일 때도 있습니다.

저는 이 딜레마에 대해 자주 생각하곤 했습니다. 공공장소에서는 편향된 사고와 편견으로 가득 찬 사람이 어째서 독립적인 개인으로 존재할 때는 좀 더 마음을 열게 되는 걸까요? 저는 이것이 결코 우연이 아니라고 생각합니다.

마야 안젤루는 문자 언어로 기록된 문학 작품이 사람들에게 미치는 영향에 관해 자신의 경험과 함께 이야기해주었다.

마야 안젤루 ———————— 먼저 18세기의 미국독립혁명이 떠오르는군요. 당시 병사들은 악천후에 시달렸고 먹을 음식과 옷도 부족했습니다. 독립운동 지도자 패트릭 헨리(Patrick Henry)는 그들의 기운을 북돋우기 위해 격정적이면서도 아름답고 설득력 있는 글을 썼습니다. 병사 대부분이 문맹이었기 때문에 헨리는 일렬로 서 있는 병사들 사이를 오가며 자신이 쓴 글을 소리 내어 읽어주었죠. 그중에 이런 명언도 있었어요. "다른 사람들이 어떤 길을 택하든, 나에게는 자유가 아니면 죽음을 달라." 그의 글은 병사들의 나약했던 마음을 다잡게 해주었고, 비참한 처지를 잠시나마 잊게 해주었습니다.

쉽고 명쾌하며 유려한 글로 쓰인 문학은 글쓴이의 열정을 독자에게 고스란히 전해주어 꺼져가는 불씨를 되살리는 힘을 발휘합니다. 그때의 힘은 정말 강렬합니다. 문자 언어로 기록된 글은 읽는 이로 하여금 그 글이 기록하고 있는 시간과 장소에 실제로 있는 듯한 느낌 이상의 감정을 느끼게 하죠.

어렸을 때 윌리엄 셰익스피어(William Shakespeare)의 시를 읽은 적이 있는데요. 한때는 셰익스피어가 흑인 소녀, 그것도 미국 남부에 사는 흑인 소녀가 아닐까 생각했어요. 저는 일곱 살에 성폭행을 당했고, 이후 열세

살이 될 때까지 누구와도 말하지 않았습니다. 모든 사람이 저를 지켜보는 기분이었고, 어떤 사람은 그 남자의 폭행을 저도 같이 즐겼다고 생각할 수 있다는 걸 알았죠.
그러던 어느 날 셰익스피어의 시에서 "운명과 사람들로부터 내쳐지고, 홀로 버림받은 내 신세를 탄식하노라"라는 구절을 읽고는 그것이 제 얘기라고 생각했습니다. 하지만 나중에 학교에 가서야 셰익스피어가 백인이고 4세기 전에 살았던 영국인이라는 걸 알게 되었죠. 저는 선생님의 말씀을 믿을 수 없었습니다. 백인이라면 그렇게까지 제 감정을 제대로 이해했을 리 없으니까요.

다양한 문화적 인공물 중에서 언어로 쓰인 문학 작품만의 독특함이란 것이 있을까? 있다면 그것은 어떤 것일까? 이번에는 얀 마텔과 "문자 언어는 다른 문화 양식과 어떻게 공존하는가"를 주제로 대화를 나누었다.

얀 마텔 ———————— 인간은 언어적 동물입니다. 언어는 인간의 모든 상호작용에서 사용되죠. 언어는 우리가 하는 거의 모든 활동에 관여하면서 우리를 인간답게 만들어줍니다. 우리의 활동은 노래 가사로 만들어지기도 하죠. 사랑을 나누고, 싸우고, 춤을 출 때도 언어가 빠지지 않습니다. 적어도 개념상으로는 언어를 사용하지 않는 예술 형식은 없습니다. 시각 예술이나 발레와 같은 동작 예술의 경우 발표된 작품만 보면 언어를 사용하지 않는 것처럼 보이지만, 그 작품의 창작 과정에서 표현하고자 하는 개념을 언급할 때는 문자 언어든 소리 언어든 사용하지 않을 수 없습니다. 질문에 대한 답으로 돌아가자면, 언어는 다른 문화 형식과 잘 어울리며 늘 함께한다고 할 수 있습니다.

마야 안젤루와도 같은 주제로 이야기를 나누었다. 그는 특히 젊은이들의 문화에서 언어가 제 역할을 하지 못하는 것에 안타까움을 표했다.

마야 안젤루 ———————— 언어는 문화의 기반이자 척추와도 같습니다. 팔다리와 몸통이 척추를 중심으로 붙어 있고 척추에 의존하듯이 말입니다. 언어가 없으면 다른 의사소통 형식도 존재할 수 없습니다. 요즘 들어 저를 가장 슬프게 하는 것 중 하나는 내일에 대한 믿음이나 희망이 없는 젊은이들을 보는 거예요. 아무것도 모르는 사람들, 아무것도 믿지 않는 사람들을 보는 건 정말 안타까운 일입니다. 특히 젊은이들이 제대로 된 문장이 아니라 짧게 줄인 말, 그런 걸 채팅 용어라고 하던데, 그런 말을 주로 쓰는 걸 보면 정말 서글픕니다. 그러한 줄임말로는 우리 존재의 섬세함과 미묘한 감정을 담아낼 수 없어요. 소셜네트워크를 싸잡아서 평가절하하려는 건 아니지만, 문명의 도구들로 인해 우리의 삶이 너무 많이 변했어요. 스마트폰이 없으면 살 수 없는 사람들처럼 운전하거나 길을 걸으면서도 스마트폰을 들여다보잖아요. 기술을 버리자는 뜻이 아니에요. 이미 충분히 유용하다고 검증된 인간 본연의 강점을 최대한 활용하자는 겁니다.

시는 우리의 삶을 어떻게 고양하는가

마야 안젤루 Maya Angelou
미국의 시인이자 소설가, 시민권 운동가였다. 《새장에 갇힌 새가 왜 노래하는지 나는 아네》로 시작하는 일곱 권의 자서전 시리즈로 가장 잘 알려져 있다.

렘 시세 Lemn Sissay
베스트셀러 《내 이름은 와이My Name is Why》의 저자이자 시인으로, 2019년에 펜핀터상(PEN Pinter Prize)을 수상했다. 2012년 런던올림픽 공식 시인이었으며, 맨체스터대학교의 명예 총장이다. 대영제국훈장(MBE)을 수훈했다.

나는 시가 정말 필요한 나이가 될 때까지는 시의 위력을 미처 깨닫지 못했다. 학창시절의 내게 시는 개구리처럼 해부해서 공부해야 하는 대상일 뿐이었다. 무슨 말인지 이해가 되지 않았고 의미는 더더욱 알지 못했다. 나이가 들어 사랑의 황홀함, 상실의 고통, 절망의 심연을 경험하면서 비로소 시에 강력한 힘이 있다는 것을 깨달았다. 시는 단순히 운율에 맞게 늘어놓은 단어들의 집합체가 아니다. 나는 시가 언어로 그린 그림이며, 다른 어떤 예술 장르에서도 볼 수 없는 독특한 방식으로 감정과 이성을 자극한다고 생각한다.

나는 이 시대를 대표하는 시인 중 한 명인 마야 안젤루에게 먼저 "시의

사울 윌리엄스 Saul Williams
시와 힙합을 접목한 미국 래퍼이자 뮤지션이다. 1998년 독립 영화 〈슬램〉과 2013년 뮤지컬 〈내 목소리가 들리면 소리쳐Holler If Ya Hear Me〉에 출연하는 등 배우로도 활동했다.

앤드류 모션 Andrew Motion
영국의 시인이자 소설가이며 전기 작가이다. 1999~2009년 영국 왕실이 가장 명예로운 시인에게 내리는 '계관시인(Poet Laureate)' 칭호를 받았으며, 온라인 영시기록보관소인 '포이트리 아카이브(Poetry Archive)'를 창립했다.

조지 더 포엣 George the Poet
영국의 구전예술가, 시인, 래퍼이다. 팟캐스트 진행자로서 다수의 수상 경력이 있다.

매력이 무엇인지" 물었다.

마야 안젤루 ———————— 시는 언어로 기록된 문학이지만 음악이기도 합니다. 그래서 그 힘도 훨씬 강력합니다. 같은 언어로 기록된 산문의 경우 음악적 요소가 전혀 없진 않지만 그렇게 강하지는 않은 편입니다. 누군가 소리 내어 시를 낭송할 때 그 소리는 사람들을 강하게 끌어당깁니다. 사람의 마음을 잡아끄는 시의 매력은 부분적으로 음악적 요소에서 나옵니다. 비틀스(The Beatles)의 노래, 블루스, 종교 음악 등의 가사가 원래는 시였다는 것을 모르는 사람은 많지 않을 거예요. 흔히 젊은 친구들은 "나는 시를 별로 안 좋아해"라고 하지만, 사실 그들이 좋아하는 엘비스 프레슬리(Elvis Presley)나 레이 찰스(Ray Charles)의 노래도 전부 시입니다.

10년 넘게 극심한 우울증에 시달리는 동안 시는 내게 매우 친밀한 존재가 되었다. 내가 겪는 어려움을 누구에게도 털어놓지 못했던 나는 시의 힘을 빌려 비로소 목소리를 낼 용기를 얻었다. 그래서 시는 내 마음속에 아주 각별하게 자리잡은 문화 중 하나이다. 나는 시의 힘과 영향력에 대해서 더 다양한 이야기를 나누고 싶었다. 노벨문학상 수상자인 영국 작가 해럴드 핀터(Harold Pinter)의 이름을 따 제정된 '펜핀터상'을 수상하기도 한 시인 렘 시세는 특히 '문화에서 시의 역할'에 대해 매우 인상적인 이야기를 들려주었다.

렘 시세 ———————— 혁명의 중심에 시가 있고, 시의 중심에 혁명이 있습니다. 문화에서 시의 역할이 뭐냐고 하셨죠? 이 질문에 시인이 직접 대답해도 적절한지 잘 모르겠습니다. 시인들은 대통령 취임식에서 시를 낭송하기도 하고 신문에 시를 연재하기도 하지만, 권투 선수나 미용사에게 헌정하는 시를 쓰기도 합니다. 시는 고전음악으로도 대중음악으로도 존재해요. 영국 국립극장에서 공연되기도 하고, 머큐리상(Mercury Prize)[2] 후보로 지명되기도 하죠.

제가 오래된 전통과 현대 문화의 연결고리를 억지로 끼워 맞추려 한다고 생각하실지 모르지만, 그렇지 않습니다. 신이 내려준 여러분의 눈으로 주위를 자세히 살펴보세요. 오늘날 시는 그 어느 때보다 대중화되었습니다. 저는 더 많은 사람이 시를 썼으면 좋겠어요. 무한한 상상의 공간에서 자신만의 언어로 시를 지어보는 거예요. 시를 통해 자신을 표현하고, 자신이 살아 있음을 확인할 수 있어요. 시는 우리의 인생 여정보다 저만치 앞질러 갑니다. 치열한 과거의 연대기이자 미래의 대담한 예언가이기도 하지요. 현재를 진술하기도 하고요. 시는 인간과 삶의 조건에 대해 정말 많은 것을 알려줍니다.

시는 다른 문화들과 긴밀하게 연결되어 공존한다. 언어로 만들어진 문화적 인공물이지만 특유의 운율을 가진 덕분에 특히 음악과 더 많이 연결된다. 미국의 래퍼인 사울 윌리엄스 역시 시와 힙합을 접목한 음악을 선보이는 뮤지션으로 유명하다. 그는 시야말로 '문화의 정수(精髓)'라고 표현했다.

사울 윌리엄스 ―――――― 시에 거리감을 느끼는 사람들이 있다는 건 일부 사회에 해당하지 않나요? 예를 들어, 아일랜드에서는 거의 모든 일상생활에서 시가 함께하거든요. 어린아이들도 셰이머스 히니(Seamus Heaney)[3]의 시를 암송할 정도이고요. 이처럼 어떤 문화권에서는 시가 가장 친숙한 문화로 자리를 잡고 있어요.

시는 우리가 자본주의의 무자비한 소용돌이에 휘말릴 때조차 중심을 잡고 인간의 본성으로 돌아갈 수 있게 해줍니다. 그런데 모든 시가 부드럽고 안전한 메시지만 담고 있는 건 아니에요. 여러 국가에서 수감 생활을 하는 시인이 많다는 것만 봐도 알 수 있죠. 그만큼 시는 대중을 선동하는 힘도 갖고 있어요. 시인은 사람들이 종교·인류·사회의 많은 문제를 인식하도록 돕는 역할도 합니다. 시는 인간의 보편적 가치를 담은 이야기를 단순하고도 복잡한 형식으로 다루면서 이러한 주제들을 선명하게 비춰주지요. 시를 읽는 것은 문화의 정수를 접하는 겁니다.

미국에서 잘 알려지지 않은 사실 중 하나는, 알렉산더 그레이엄 벨(Alexander Graham Bell)이 축음기를 개발했을 때 이 장치로 처음 녹음을 한 사람이 바로 시인이었다는 겁니다. 라디오가 등장하기 전 미국에서 가장 흔한 소일거리는 저녁식사 후 식탁에 모여 시를 낭송하는 것이었습니다. 최초의 음반도 시 낭송 음반이었고요. 시가 우리에게 얼마나 중요한 문화인지 상상이 되죠?

영국 왕실로부터 '계관시인' 칭호를 받은 앤드류 모션은 우리가 세계를 바라보는 관점을 바꿈으로써 변화를 추동하는 시의 역할에 주목했다.

앤드류 모션 ——————— 시는 세상을 바꿉니다. 다만 법을 제정해서 사회를 바꾸는 것과는 다른 방식으로요. 시를 써서 차량 운전자의 안전벨트 착용을 의무화할 수는 없지만, 대신에 시는 개연성과 모호성의 세계를 창조하고 독자가 다양한 관점을 통해 세계를 바라볼 수 있도록 합니다. 그러한 영향력이 최대치에 이르면 우리의 행동 방식까지 바꿀 수 있겠지요.

시는 또한 과거의 사상을 구체화하는 데 도움이 될 수 있습니다. 정치성이 짙은 사회주의적 시를 썼던 위스턴 오든(Wystan H. Auden)은 시적인 언어와 정치적 담론을 의미 있게 구별해야 한다고 주장했습니다. 그리고 "시는 무슨 일이 일어나게 하지 않는다(Poetry makes nothing happen)"라는 유명한 말을 남겼죠. 시는 직접적인 행동을 요구하는 정치적 선동 구호와는 다른 역할을 합니다. 오든은 시에서 1930년대를 '암흑과 불신의 10년'으로 그렸는데요. 우리는 그의 시를 읽으면서 대공황이 전 세계를 강타했던 그때의 상황을 절절하게 느낄 수 있죠. 오든의 시는 과거를 이해함으로써 지금 마주하고 있는 현재를 받아들이고 미래를 바꿀 수 있다는 관점을 아주 잘 보여주는 예입니다.

조지 더 포엣도 사회를 변화시키는 시의 힘이 '진실성'에 있다는 점을 강조했다.

조지 더 포엣 ——————— 시에는 숨을 곳이 없습니다. 자신이 견지하려는 입장을 드러내지 않고는 시를 쓸 수가 없죠. 시인이 가진 것은 언어뿐이며, 그 언어를 통해 울림을 전해야 합니다. 가장 강력한 울림은 시공을 초월해 전해질 겁니다. 인간의 진리는 언제나 보편적 힘을 지니니까요. 그 진리는 평등일 수도 있고 사랑일 수도 있겠죠. 어쨌든 그 진리는 시라는 공간에서 확연하게 드러나고 밝혀집니다. 시는 음악을 비롯해 다른 어떤 것의 뒤에도 숨을 수 없고, 오직 언어로써 사람들을 이해시켜야 합니다. 시의 진실성은 늘 사회적 변화와 함께합니다.

음악은 우리에게 어떤 경험을 주는가

모비 **Moby**

전 세계적으로 2,000만 장의 음반 판매량을 기록한 뮤지션이자 프로듀서이다. 동물권리 운동가로도 유명하다.

한스 짐머 **Hans Zimmer**

독일의 영화음악 작곡가이자 음반 프로듀서로 150편이 넘는 영화의 음악을 작곡했다. 그중 〈라이온 킹〉으로 1995년 아카데미 최우수음악상을 수상했다.

랑랑 **Lang Lang**

중국의 피아니스트로 전 세계의 유명한 오케스트라들과 협연해왔다. 교육자이자 자선가로도 활동하고 있다.

블랙 소트 **Black Thought**

미국의 래퍼로 드러머 퀘스트러브(Questlove)와 함께 힙합그룹 '더 루츠(The Roots)'를 결성해 활동했으며, 그래미상을 수상했다.

'노스탤지어(nostalgia)'는 되돌아갈 수 없는 고향과 과거의 시간을 그리워하는 마음을 의미한다. 이 단어에서 'algia'의 어원은 육체적 고통이나 고뇌를 의미하는 그리스어 'algos'로 거슬러 올라간다. 연구에 따르면 변화와 불확실성의 시기에 이 '달콤씁쓸한' 정서가 특히 증폭된다고 한다. 이 '달콤씁쓸한'이라는 형용사는 노스탤지어의 감정을 가장 정확하게 표현해준다. 과거 좋았던 시절로 돌아가 기억을 되살리는 기분은 달콤하지만, 그때로 다시 돌아갈 수 없다는 걸 깨달을 때 느끼는 괴리감은 씁쓸하기 때문이다. 우리는 깊은 감정을 불러일으키는 방식으로 과거의 아련한 추억을 낭만화하고 연결하려는 경향이 있다. 개인적인 것이든 역사적인 것이든 노스탤지어를 느껴본 사람이라면 모두 공감할 것이다.

노스탤지어를 불러일으키는 요인은 여러 가지이지만 가장 강력한 것은 음악이다. 음악은 다른 문화 형식에 비해 유독 뚜렷이 추억을 되살리는 심오한 능력을 갖춘 예술 형식이자 언어이다. 다양한 장르의 음악가들은 각기 음악에 대해 어떤 관점을 갖고 있을까? 먼저 미국의 싱어송라이터 모비에게 "음악은 우리에게 어떤 경험을 주는가"를 물었다.

모비 ──────────── 우리에게 주어진 삶의 조건은 난해하고 당혹스럽죠. 우리는 140억 년이나 된 광활한 우주에서 수십 년 남짓한 인생을 살다 갑니다. 음악은 우리가 이해하기 어려울 만큼 오래되고 드넓은 우주 앞에서 인간이 스스로 자신의 삶을 찬양하는 독특한 의식 같은 거예요.

이어서 독일의 영화음악 작곡가이자 음반 프로듀서인 한스 짐머에게도 같은 질문을 했다. 그는 사람들을 한데 묶는 음악의 본질적 특성에 관해 이야기했다.

한스 짐머 ──────────── 음악은 우리 인간이 가진 몇 안 되는 소질 중 하나입니다. 음악의 기원을 살펴보면, 원숭이들의 노래로 거슬러 올라갑니다. 숲에서 한 무리의 원숭이들이 끽끽거리는 소리를 내기 시작하면 다른 원숭이들이 이에 화답하면서 이내 노래로 변합니다. 파티장이나 축구 경기장에 가면 사람들이 함께 리듬을 타면서 소리지르는 걸

볼 수 있죠. 인간도 이런 식으로 노래합니다. 우리는 참여하고 단결하려는 성향을 갖고 있으니까요. 이것이 가장 원초적 형태의 음악입니다. 이후 음악은 모차르트(Mozart, Wolfgang Amadeus)의 '클라리넷 협주곡 2악장'과 같이 더 웅장한 형태로 발전합니다. 이런 음악을 듣고 감동하지 않을 수 없지요! 우리는 음악을 통해 내면의 인간성, 그리고 자신과 인류와의 관계를 재발견할 수 있습니다. 다른 사람들과 함께 모차르트를 들으면 모두가 '함께한다'는 느낌을 받습니다. 이것이 위대한 시와 음악이 추구하는 지향점입니다.

'중국의 모차르트'로 불리는 세계적인 피아니스트 랑랑이 생각하는 음악, 공연 예술은 무엇일까.

랑랑 ———————— 음악은 우리 곁을 떠나지 않습니다. 저는 피아노와 물아일체를 느껴요. 계속 연습하고 연주하며 평생 함께할 수 있습니다. 이 얼마나 멋진 선물인가요. 제 인생에서 명성 같은 것들도 분명 중요하지만, 음악이라는 선물을 대체할 수 있는 것은 아무것도 없습니다. 음악은 제가 가진 진짜 보물입니다. 음악은 우리를 떠나지 않으며, 특별하고 독특하고 아름답습니다.

성공한 음악은 우리 가슴속에 남습니다. 바흐(Bach, Johann Sebastian)나 베토벤(Beethoven, Ludwig van)의 음악이 그렇고, 케이팝이나 EDM(일렉트로닉댄스뮤직)도 마찬가지입니다. 셰익스피어의 위대한 작품들이 그렇듯이, 우리의 마음으로 전해지는 음악은 동화, 소설, 연극 못지않게 사회와 문화에서 독자적인 위치를 차지합니다. 음악은 우리 마음 깊숙이 남아서 우리가 성장하고 더 나은 사람이 되도록 도와줍니다. 그리고 우리에게 과거의 기억을 불러일으키는 동시에 현재와 미래를 말해주기도 합니다.

우리는 어떤 음악을 들을 때 여느 문학 작품 못지않게 강렬한 서사를 떠올리곤 한다. 가사가 없는 음악이라 해도 마찬가지다. 나는 그럴 때마다 음악은 언어와 어떤 관계에 있는 건지 궁금했다. 이 오래된 복잡한 질문에 모비는 "음악은 언어의 한계를 넘어서며 그 한계를 보완한다"라는 답변을 들려주었다.

모비 ——————————— "음악과 언어는 어떤 관계인가"라는 질문은 서양 철학에서 수천 년간 다루어온 문제입니다. 이 질문에 대한 답으로 루트비히 비트겐슈타인(Ludwig Wittgenstein)은 20세기 초에 출간한 《논리-철학 논고》에서 인간이 소통할 수 있는 유의미한 방법은 오직 '수학'이라고 기술했습니다. 그는 수학이 해석이나 주관이 개입할 여지가 없는 언어라고 생각했죠. 그러나 수십 년 후에는 거의 반론에 가까운 주장을 내놓았습니다. 그는 말과 글, 예술이 무의미한 것이 아니라 본질적으로 주관성을 띠는 의사소통의 형태라고 해명했습니다.
사전에 등재된 단어의 수는 방대하지만 그래도 인간의 감정과 사고를 표현하는 데는 한계가 있습니다. 음악은 그 한계를 보완하는 역할을 합니다. 말이나 글로 자신을 표현하기에 부족한 부분을 메워주는 것이지요.

같은 질문에 대해 한스 짐머는 "음악은 언어의 연장선"이라고 대답했다. 나는 두 사람의 의견에 '음악은 전통적인 산문 형식으로는 전달하기 어려운 개념을 전달할 수 있게 한다'는 공통된 논지가 있다고 보았다.

한스 짐머 ———————— 음악은 확실히 언어의 연장선입니다. 미국의 세계적인 지휘자였던 레너드 번스타인(Leonard Bernstein)은 음악이 어떻게 생겨났는지에 대해 하버드대학교 강연에서 아주 멋지게 설명한 적이 있습니다. 만국 공통어 중 하나로 '엄마(mama)'가 있죠. 어떤 아이가 이 단어를 마치 노래하듯 조금 빠르게 큰 소리로 반복하면 어떻게 될까요? 이 소리를 들은 엄마는 아이에게 와서 음식을 줄 겁니다. 이처럼 음악에는 생존 욕구를 언어로 표현하는 측면이 있어요. 인간은 일단 생존 문제를 벗어나게 되면 사용하던 도구를 예술로 승화시키곤 합니다. 이 세상의 좋은 것들이 대부분 그렇게 탄생했죠.

음악은 예술의 형식이면서 가장 대중적인 문화 형식이기도 하다. 음악은 다양한 장르를 통해 외연을 확장해왔으며, 특히 현대에 와서 대중음악은 여러 장르를 탄생시키며 젊은이들의 문화를 파고들었다. 이에 대해 모비는 "이제 음악에서 장르라는 단어는 케케묵은 개념이 되어가고 있다"라고 말했다.

모비 ———————— 최근 들어 신경과학에서는 인간의 뇌가 유동적이고 가변적이라는 사실을 밝혀냈습니다. 하지만 다른 연구에 따르면, 뇌에는 어느 정도의 경직성(익숙함과 충성심을 유지하려는 성향)을 유지하려는 고집스러운 욕구도 있다고 합니다. 사람들이 자신의 출생지를 연고지로 하는 스포츠팀을 응원하는 것이 대표적인 예인데, 이는 음악 장르에서도 마찬가지입니다. 사실 장르에 대한 충성심에는 실용적인 측면도 있었죠. 음반이 비싸고 구하기 어려웠던 시절에는 장르에 대한 충성의 표시로 음반을 구매하곤 했습니다. 이제는 음악이 어디에나 있고 비용도 얼마 들지 않아서 장르라는 것이 갈수록 케케묵은 개념이 되어가는 것 같습니다. 우리가 이 대화를 30년 전에 나눴더라면, 각자 애착을 느끼는 장르가 있었을 거예요. 하지만 요즘 제 친구들을 보면 장르를 얘기하는 경우가 별로 없어요. 그냥 무슨 노래를 좋아한다고 말하는 식이죠.

랑랑은 모비와는 조금 다른 관점에서 장르가 더 이상 특별한 의미를 지니지 않는다고 말했다.

랑랑 ———————————— 음악은 한 개인의 경험, 감정, 열정을 표현하는 방법입니다. 3~4분 분량의 팝송도 음악이고 30분 분량의 소나타도 음악입니다. 감정의 고저에 차이가 있을 뿐, 둘 다 청자를 감정의 여행에 초대하는 것입니다. 장르와 관계없이 음악을 창작하는 기본 출발점은 같다고 생각합니다. 모든 장르의 음악은 자기의 생각을 표현하는 수단입니다.

랑랑의 말대로 음악은 장르에 상관없이 그 자체로 예술이면서 문화이다. 그래미상을 수상한 미국의 래퍼 블랙 소트는 요즘 젊은 세대의 음악에 대한 생각을 거침없이 피력했다.

블랙 소트 ——————————— 밀레니얼 세대의 패션이나 음악이 저희 세대의 취향엔 맞지 않을 수 있지만, 그래도 예술인 것은 맞습니다. 밀레니얼 세대의 예술이죠. 밀레니얼 세대는 기술을 매개로 예술을 향유하며, 또한 기술을 활용해 자신을 표현합니다. 우리 세대가 그들을 이해할 필요도 없고, 그들도 우리더러 이해해달라고 호소하지 않아요. 제가 20대였을 때를 돌이켜보더라도, 제 노래에 대해 또래의 친구들이 어떻게 생각할지에 관심이 있었지 부모님 세대의 생각은 별로 신경 쓰지 않았거든요.

저는 그들의 예술을 있는 그대로 평가하려고 노력합니다. 겉으로는 가벼워 보일 수 있지만, 그 자체로 나름의 진실과 깊이가 있습니다. 심금을 울리는 작품을 만드는 밀레니얼 세대 뮤지션도 많이 있고요.

"음악은 우리 마음 깊숙이 남아서 우리가 성장하고 더 나은 사람이 되도록 도와줍니다. 그리고 우리에게 과거의 기억을 불러일으키는 동시에 현재와 미래를 말해주기도 합니다."

— 랑랑

문화에서 영화의 역할은 무엇인가

폴 그린그래스 Paul Greengrass
다수의 수상 경력을 자랑하는 영화감독이자 제작자, 시나리오 작가이다. 핸드헬드(handheld) 카메라를 사용하고, 역사적 사건을 주 소재로 삼는 것으로 널리 알려져 있다.

켄 로치 Ken Loach
사회 비판적인 연출 스타일과 사회주의적 이상으로 유명한 영화감독이다. 칸영화제에서 황금종려상을 두 차례 수상한 바 있으며, 그의 영화 〈케스〉는 영국영화협회(BFI) 여론조사에서 '20세기 가장 위대한 영국 영화' 7위로 선정되기도 했다.

싯다르트 로이 카푸르 Siddharth Roy Kapur
영화 제작자이며 '로이 카푸르 필름'의 창립자 겸 사장이다. 현재 '인도 영화 및 TV제작자 연합회'의 회장이다.

리테쉬 시드와니 Ritesh Sidhwani
인도의 영화 제작자이자 기업인이며, 파르한 악타르(Farhan Akhtar)와 함께 '엑셀엔터테인먼트(Excel Entertainment)'를 공동 설립했다.

나는 개인적으로 영화를 빼놓고 문화를 논할 수 없다. 아마도 많은 사람이 그렇지 않을까. '움직이는 형상'은 인류가 예술을 창작하기 시작한 이래 늘 함께해왔다. 선사시대의 '그림자놀이'부터 '그림자 인형극'과 카메라 옵스큐라(camera obscura)[4]에 이르기까지 우리는 인생의 문화적·사회적으로 중요한 단면을 움직이는 형상으로 창작하고 이를 관찰하는 매력에 사로잡혔다.

기술이 충분히 발전한 1800년대 중반이 되어서야 오늘날 우리가 아는 형식의 영화가 제작되기 시작했고, 단순히 삶을 기록하는 것을 넘어 이야기를 전달하기 위한 전략으로서 내러티브도 생겨났다. 2002년 〈블러디 선데이〉로 베를린국제영화제 황금곰상을 받은 잉글랜드의 영화감독 폴 그린그래스와 "영화가 문화에서 중요한 위치를 차지하게 된 배경이 무엇인지"에 관해 의견을 나누었다.

폴 그린그래스 ———————— 영화는 상품이자 예술입니다. 초창기 형태의 극장이 출현하던 때부터 그랬습니다. 영화가 문화에서 중심적인 위치를 차지하는 이유는 누구나 접근하고 이해할 수 있는 대중 예술이기 때문입니다. 즉시 접근할 수 있으며 무의식적인 마음을 파고들기도 하죠. 영화 관람이라는 집단적 경험에는 미학이 있습니다. 영화계 거장 데이비드 린(David Lean) 감독은 어린 시절 영화관에 가면 스크린에 비치는 광선에서 마치 성당 창문으로 들어오는 햇살 같은 기운을 느꼈다고 말했습니다. 영화관 스크린에서 신성함이 깃든 감동을 맛본 것이죠. 그뿐이 아니에요. 영화에는 신비와 마법이 있습니다. 다른 예술 형식보다 더 좋다 나쁘다를 평가할 순 없지만, 영화에는 감상자의 어떤 감정을 자아내고 새로운 추억을 생성하는 정서적 효과가 있습니다. 이런 영화의 힘 때문에 관객들은 흥분하고, 감동하고, 눈물 흘리고, 자신과 비슷하거나 닮고 싶은 등장인물에게 감정 이입을 합니다.

우리가 움직이는 형상에 공감하는 것은 아마도 태생적이면서 위안이 되는 무언가가 있기 때문일 것이다. 모든 인간은 주위에서 움직이는 것을 감지하고 이에 반응하는 특성을 내재하고 있지 않은가. 그렇다면 움직이는 형상에 대한 인간의 자연스러운 감정적 반응에서 영화의 힘과 기능을 추측해볼 수 있지 않을까. 〈나, 다니엘 블레이크〉 등의 영화를 연출하고, 칸영화제에서 황금종려상을 두 차례 수상한 영국의 영화감독 켄 로치에게 "표현 양식으로서 영화의 역할은 무엇인지"에 관해 질문했다.

켄 로치 ———————— 영화는 이미지, 음향, 드라마, 기록 등의 측면에서 거의 무한한 가능성을 제공하는 매체입니다. 소설과 연극처럼 내러티브를 사용하는 동시에 소리와 음악도 사용하는데, 이 모든 요소들이 편집을 통해 잘 버무려지면 우리가 말하고자 하는 대부분을 표현할 수 있게 됩니다. 이처럼 표현 양식으로서 영화의 가능성은 매우 깊고 넓어요. 그런데 영화는 그와 동시에 상업적 비즈니스의 영역이기도 합니다. 영화는 아주 오래전부터 오락적 성격이 컸어요. 지금 영화는 산업이자 엔터테인먼트가 되었죠. 거대 기업들의 이윤 추구 수단 중 하나가 되었고요. 그런 까닭에 상업적인 요소가 크지 않은 영화는 점점 더 성공하기 어려워지고 있습니다. 창의적이고 예술적인 영화를 만들고 싶어 하는 사람은 많지만, 그것을 대중에게 선보일 기회가 별로 없다는 것이 문제죠.

이어서 켄 로치는 영향력 있는 영화를 만드는 가장 중요한 조건은 '스토리'라고 하면서 좋은 스토리의 조건에 관해서도 이야기를 해주었다.

켄 로치 ———————— 저는 항상 작가들과 직접 소통하면서 작업하는 편입니다. 이러한 소통, 즉 세계관의 공유를 통해서 아이디어가 탄생하고 좋은 스토리가 만들어지거든요. 제가 생각하는 좋은 스토리의 조건은 사회 전반에 대한 진실을 드러낼 수 있어야 한다는 겁니다. 스토리는 관객과의 대화와도 같습니다. 관객은 대화에 담긴 통렬한 비판, 풍부한 상상력, 독특한 재미에 끌립니다. 제 개인적 목표는 사회 곳곳에 깊숙이 감춰진 갈등을 드러내서 사람들이 관심을 기울이도록 해주는 이야깃거리를 찾는 것입니다. 제게 영화는 이 거대한 세계의 축소판이에요.

영화는 틀림없이 강력한 매체이고, 특히 인도에서는 이를 더 확실히 체감할 수 있다. 인도인 대부분에게 영화는 정체성과 불가분의 관계가 되었다. 매년 1,000편 이상 개봉되는 인도 영화는 수십억 인도인이 사회와 문화의 이슈들에 대해 성찰하는 대형 콘퍼런스와도 같다. 인도에서 스크린 스타들은 우상처럼 숭배되며 놀라운 힘과 영향력을 지니고 있다. 인도계 이민 가정에서 자란 나는 이것을 직접 확인했다. 우리 부모님에게 인도 영화는 향수를 불러일으키는 '고국'과의 연결고리일 뿐 아니라 시간의 흐름에 따른 인도 문화의 흥망성쇠를 이해하는 방법이기도 했다. 인도의 영화 제작자인 싯다르트 로이 카푸르에게 인도 문화에서 영화의 의미와 역할이 무엇인지에 관해 물었다.

싯다르트 로이 카푸르 ———— 인도 영화의 역사는 100년이 넘으며, 그 시기의 대부분에 오락성 짙은 대중문화의 역할을 담당했습니다. 인도는 오랫동안 최빈국에 속했다가 최근 15년 사이에 비로소 국민 상당수를 최저빈곤선에서 끌어올릴 수 있었습니다. 하지만 아직 갈 길이 멉니다.

이런 환경에서 영화는 사람들이 현실의 괴로움을 잊게 하는 도피처가 되어주었습니다. 인도 영화의 대부분이 현실 도피성 오락물이었던 이유가 여기에 있지요. 인도의 관객들은 이미 삶을 살아내는 것만으로도 충분히 고단해서 스크린에서 벌어지는 가혹한 현실에까지 몰입할 여력이 없었거든요. 영화는 인도 문화의 필수 요소이고 일상생활에 깊은 뿌리를 두고 있습니다. 극장에서 디지털 플랫폼으로 옮겨가는 변화와 상관없이 여전히 사람들에게 큰 울림을 전하고 커다란 영향을 미치고 있죠.

인도 영화가 인도인의 정체성과 사회적 특성을 강하게 반영하고 있다면, 다른 국가의 관객들에게도 여전히 보편적인 공감을 이끌어낼 수 있을까? 나는 또 다른 인도의 영화 제작자인 리테쉬 시드와니에게 인도 영화가 '문화적 다양성'을 얼마나 반영하는지에 대해 질문을 던졌다.

리테쉬 시드와니 ―――――― 웹영화 〈메이드 인 헤븐Made in Heaven〉을 촬영할 당시, 인도의 형법 제377조는 '합의에 따른 동성애 행위'를 위법으로 간주했습니다. 영화에서 동성 관계를 묘사하는 것 역시 법적으로 허용되지 않았죠. 이런 판결은 우리가 옹호하는 자유주의 가치와 대치되었습니다. 그러나 2018년 촬영이 끝날 무렵 제377조가 위헌이라는 대법원 판결이 났고, 이는 표현의 자유에 있어서 커다란 전환점이 되었습니다. 인도 관객은 전 세계의 문화에 노출되어 있습니다. 다른 나라의 콘텐츠도 인도의 문화 그리고 그 문화와 상호 관계에 있는 스토리에 영감을 주고 영향을 미칠 수 있습니다.

싯다르트 로이 카푸르에게 같은 질문을 던졌고, 그는 인도 영화의 발전과 주제의 다양성에 관해 설명했다.

싯다르트 로이 카푸르 ———— 최근 인도 영화는 훨씬 더 다양한 주제를 다루고 있습니다. 전통적으로 인도 영화는 누구나 좋아할 수 있도록 만들어야 했습니다. 그래서 로맨스, 희극과 비극, 멋진 노래와 춤, 인상적인 악역, 화려한 스타, 근사한 장소 등의 조건을 모두 갖춰야 했습니다. 흥행에 성공하려면 이 모든 것을 영화에 집어넣어야 했지요. 그런데 사람들의 취향이 다양해지고 더 많은 해외 영화를 접할 기회가 생기면서 변화가 일어났어요. 인도인들은 단순한 현실 도피 이상의 것을 즐기고자 하는 수준으로 옮겨갔습니다. 현실 도피성 영화도 여전히 대중에게 인기를 끌지만 사회적 이슈를 다룬 영화도 늘어났습니다. 이제는 불과 몇 년 전이었다면 독립 영화관에서나 상영되었을 법한 주제를 다룬 상업 영화도 즐길 기회가 늘어났습니다.

인도 영화는 음악을 매우 폭넓게 활용한다. 활용 방식은 변했을지 몰라도 음악은 여전히 인도 영화에서 스토리를 전달하는 중요한 장치로 사용된다. 리테쉬 시드와니에게 인도 영화에서 음악의 역할에 대해 질문했다.

리테쉬 시드와니 ———— 음악은 인도인의 삶 깊숙이 뿌리를 내리고 있습니다. 영화도 예외가 아니어서 축하, 애도, 슬픔 등 어떤 상황에서든 음악으로 생동감을 불어넣습니다. 인도에서 음악이 차지하는 비중은 중국 문화에서 무술이 차지하는 비중 못지않게 크고 중요합니다. 초기에는 배우들이 느닷없이 노래 부르며 튀어나오기도 했지만 최근의 인도 영화에는 음악이 매끄럽게 녹아들어 있죠.

사진이 지닌 예술적 가치는 무엇인가

데이비드 베일리 David Bailey
1960년대 역동적이었던 런던의 모습을 가리키는 '자유분방한 런던(Swinging London)'이라는 이름의 문화 운동에 앞장섰으며, 영화 〈욕망Blow-Up〉의 주인공에게 영감이 된 패션 및 인물 전문 사진작가이다. 대영제국훈장(CBE)을 수훈했다.

랭킨 Rankin
인물 및 패션 전문 사진작가이자 연출가이다. 〈데이즈드 앤 컨퓨즈드Dazed and Confused〉의 공동 창간자이자 〈헝거Hunger〉의 창간자이며, 랭킨필름의 창립자이기도 하다. 케이트 모스(Kate Moss), 데이비드 보위(David Bowie), 엘리자베스 2세 여왕 등 여러 유명인의 인물 사진을 촬영했다.

트레이시 에민 Tracey Emin
예술가이자 영국왕립미술원의 회원으로 회화, 조각, 영상, 네온 텍스트를 포함한 다양한 매체에 자전적 특성을 담은 작품으로 유명하다. 대영제국훈장(CBE)을 수훈했다.

예술 형식의 하나로서 사진은 독특한 느낌을 전달할 수 있다. 문자 언어와 마찬가지로 이야기를 들려주는 시간과 공간의 한순간을 포착한다. '사진 기법(photography)'이라는 단어가 그리스어인 '빛(phos)'과 '글쓰기(grapho)'에서 유래한 것도 우연은 아닐 것이다. 다만 사진은 훨씬 더 깊은 문화적 의미를 지닌다. 체코슬로바키아 출신의 미디어 철학자인 빌렘 플루서(Vilém Flusser)는 사진이 인식적 경험에 새로운 형태를 부여함으로써 우리가 세상을 바라보는 방식을 근본적으로 변화시켰다고 주장하면서 이렇게 말했다. "인간이 세상을 이해하려면 이미지라는 매개물이 필요하다."

그렇다면 영국에서 가장 존경받는 사진작가 중 한 명인 데이비드 베일리는 문화의 형식으로서 사진의 역할에 대해 어떻게 생각할까. 그는 순간을 포착하는 데 있어 사진이 영화보다 훨씬 더 훌륭한 장치라고 말했다.

데이비드 베일리 ———————— 사진은 사람들이 어떤 일의 순간을 포착할 수 있는 최초의 훌륭한 기록 수단이었습니다. 우리가 대화를 나누는 지금도 금세 과거가 되는데, 사진만이 지금을 '영원한 순간'으로 만들어 줄 수 있죠. 일단 예술이니 뭐니 시답잖은 것은 생각하지 말자고요. 사람들은 그저 추억을 간직하려고 사진을 찍고 앨범에 넣습니다. 우리 뇌는 모든 기억을 감당할 수 없잖아요. 나이가 들수록 우리 뇌의 하드드라이브는 과부하가 걸리니까요. 가령 1970년대에 찍은 스냅 사진을 보면서 "아, 이때 기억난다!"라고 할 수 있는데, 사진이 없다면 그 순간은 영원히 사라져 아무도 기억하지 못할 거예요. 사진은 순간을 포착하고 간직하기에 영화보다 훨씬 더 훌륭한 장치입니다.

사진작가이자 출판인이며 영화감독이기도 한 랭킨은 "사진이란 하나의 도구"이며, 이 도구를 잘 사용할 책임이 우리 각자에게 있다고 말했다.

랭킨 ———————————— 제가 생각하는 사진이란 하나의 도구이며, 따라서 다른 도구들과 마찬가지로 좋은 용도로도 나쁜 용도로도 쓰일 수 있습니다. 저는 우리가 카메라를 집어 들면 그때부터 책임을 져야 한다고 생각합니다. 저는 다큐멘터리, 패션, 예술 등 모든 장르를 통틀어

가장 좋은 용도로 사용된 최고의 사진은 사회를 비추는 거울이 되어 우스꽝스럽고 황당하고 놀라운 민낯을 드러내고 이목을 집중시키는 사진이라고 생각합니다. 최악의 경우 사진은 순전히 악을 위해 이용될 수도 있어요. 사진의 가장 진부한 용도는 무언가를 팔아먹기 위한 거예요. 저는 셀카가 이상적으로 위조된 자기 모습을 자신에게 '팔아먹으려는' 시도라고 생각해요. 정말 슬픈 일이죠.

위대한 작가 대부분은 시를 포함해 훌륭한 문학 작품이 사회를 변화시키는 데 일정한 기여를 해왔다고 주장한다. 그렇다면 사진은 어떨까? 데이비드 베일리에게 먼저 물었다.

데이비드 베일리 ——————— 1960년에 시작된 끔찍한 베트남 전쟁을 종식시킨 건 다름 아닌 사진 한 장이었어요. 저는 그렇게 생각합니다. 네이팜탄의 폭격에 옷을 벗어 던지고 알몸으로 뛰쳐나오는 한 소녀의 사진이었죠. 사실 그 사진은 보도용이었습니다. 참혹한 현실을 고스란히 포착한 것이지 예술 작품은 아니에요. 사진을 찍는(taking) 것과 사진을 제작하는(making) 것은 별개입니다. 사진을 찍는 것이 중요하지 않다는 의미는 아닙니다. 때와 장소를 적절히 선택해 찍은 사진은 중요한 의미가 있으니까요. 하지만 그 사진을 예술 작품이라고 할 수는 없습니다. 만일 500명의 사진작가가 당신 옆에 나란히 서 있다면, 그들은 하나같이 똑같은 사진을 찍을 겁니다. 그걸 예술이라고 볼 수 있을까요?
베트남 전쟁과 관련해 전 세계적인 파문을 일으켰던 또 다른 사진이 있죠. 무장한 베트남 군인이 민간인 남자에게 총을 겨누는 모습을 찍은 사진이었는데, 나중에 사진 속의 남자가 무고한 시민이 아니라 많은 사람을 죽인 악질이라는 게 밝혀졌잖아요. 종군기자였던 애디 애덤스(Edie Adams)는 당시 상황을 오해한 상태에서 사진을 찍었고 사람들에게 의도치 않은 영향을 미친 것에 대해 평생을 후회했다고 알려졌죠.

"사진이 사회 변화에 어떻게 관여하는가"라는 질문에 랭킨은 이미지로서의 사진이 '대중의 인식'에 미치는 영향에 초점을 두고 설명을 해주었다.

랭킨 ———————— 저는 광고 역사상 가장 대담한 표현 방식을 선보인 올리비에로 토스카니(Oliviero Toscani)를 무척 존경합니다. 그는 기존 상식을 뒤엎고 허를 찌르는 접근법으로 사람들을 멈춰 세우고 자기 자신과 삶에 대해 곰곰이 생각하도록 만들었죠. 그가 주도한 '컬러스 오브 베네통(Colors of Benetton)' 캠페인은 극단적인 단순함을 통해 사람들을 놀라게 했죠. 누군가는 '이미지'가 역동적이지 않은 재미없는 장르라고 생각할 수 있죠. 하지만 저는 올리비에로의 작업이 이미지를 통해 사람들의 생각을 바꿀 수도 있다는 걸 보여준 좋은 예라고 생각합니다. 여론이나 대중의 인식을 바꾸는 데는 단 하나의 '이미지'이면 족합니다. 앞서 말했듯이, 저는 사람들이 전에 본 적 없던 어떤 것을 세상에 드러내는 이미지, 사회를 비추는 거울이 되어 비판적이거나 아이러니하거나 혹은 재미있는 측면을 보여주는 이미지가 훌륭한 이미지라고 생각합니다.

영국의 아티스트 트레이시 에민은 다양한 매체를 사용해 고백적이고 자전적인 주제를 주로 표현한다. 자신의 침대를 고스란히 옮겨온 듯한 〈나의 침대My Bed〉라는 작품은 1998년 발표되어 영국의 터너상(Turner Prize) 후보에 오르기도 했다. "나의 삶이 곧 예술이고, 나의 예술이 곧 나의 삶이다"라고 말하는 그녀에게 '예술의 힘'이 어디에 있는지 질문했다.

트레이시 에민 ———————— 미친 소리처럼 들리겠지만 이번만큼은 그냥 제 말을 믿으세요. 비록 증명할 수는 없지만 저는 진정한 예술, 즉 신념과 감정이 담긴 예술은 대상의 무게, 감정의 무게와 같은 일정량의 무게를 지니고 있다고 생각합니다. 지옥 같은 절망, 절규, 열정 등 모든 감정이 예술 작품으로 빨려들어가 캡슐 터지듯 분출되면 그 안에서 살아 숨 쉬고 호흡하며 존재감을 자아냅니다. 예술은 긴장감, 압박, 두려움, 욕망을 모두 빨아들입니다. 그것은 마치 미세한 입자들 같은 겁니다. 모든 감정이 그림에서 물감의 입자들로 서로 엉겨 붙어 있어요. 폭발하거나 미치지 않고 그저 벽 위에서 아슬아슬하게 흔들리며 살아 있습니다. 이것이 예술의 존재 이유입니다. 또 좋은 작품과 그렇지 않은 작품을 구분하는 저만의 기준이기도 해요. 저는 제 혼이 모두 담길 때까지 칠하고 또 칠합니다. 저도 그 망할 놈의 멋진 그림 그릴 줄 알아요. 누워서 떡 먹기죠. 하지만 그건 그림 찍어내는 사람이 할 일이고, 저는 그림 찍어내는 사람이 아닙니다. 저에게 예술은 다른 어떤 것입니다. 제가 정말 표현하고 싶은 것을 드러낸 작품이 아니라면, 그건 제게 아무 의미가 없어요.

음식은 어떻게 문화가 되었는가

헤스턴 블루먼솔 Heston Blumenthal
영국의 유명 셰프이자 방송인이다. 그가 운영하는 레스토랑 '팻 덕(The Fat Duck)'은 미슐랭 3스타를 받았으며, 2005년에는 세계 1위 레스토랑으로 선정되었다.

알랭 뒤카스 Alain Ducasse
프랑스의 셰프로 미슐랭 3스타를 받은 세 곳의 레스토랑을 포함해 전 세계에서 스무 곳 이상의 레스토랑을 운영하고 있다.

문화에 대한 고찰에서 음식 이야기를 빼놓을 수는 없을 것 같다. 음식은 공기나 물처럼 모든 생명체의 생존을 위한 필수 조건 중 하나인 동시에 그 이상의 의미를 지니고 있다. 음식은 우리의 영양 공급원이면서 사회적 선행이고, 자연·문화·영성과 연결되어 있으며, 심미적 대상이자 예술의 한 영역이기도 하다. 동시에 가장 사회적이고 사교적인 활동이며, 우리 삶의 다른 활동으로는 거의 충족되지 않는 특유의 방식으로 우리의 오감을 끌어들인다.

세계의 문화는 대부분 음식과의 관계로 규정할 수 있다. 음식은 정체성과 유산을 전달하는 방법일 뿐 아니라 여러 의식과 행사에서 상징적이고 중심적인 역할을 한다. 힌두교 가정에서 자란 나는 음식의 문화적 중요성을 단 한 번도 의심한 적이 없다. 음식에는 모든 것이 들어 있다.

헤스턴 블루먼솔과 알랭 뒤카스는 이 시대의 내로라하는 셰프이지만, 그보다는 철학자이자 르네상스 사상가에 훨씬 더 가깝다. 문화에서 음식의 역할을 이해하려면 이 두 사람이야말로 최적의 인터뷰이라 생각했다. 먼저 헤스턴 블루먼솔과 "음식이 우리에게 그토록 중요한 이유는 무엇인가"라는 질문으로 대화를 시작했다.

헤스턴 블루먼솔 ――――――― 인간에게는 존재하지 않는 것을 상상할 수 있는 고유한 능력이 있고, 덕분에 우리는 공동의 신념과 문화를 창조할 수 있습니다. 예컨대 언어, 종교, 과학, 수학, 음악, 농업, 춤, 소셜미디어, 국가, 민족, 축구팀 등은 모두 공동의 신념에 해당하죠. 물론 공동의 신념 가운데 대표적인 두 가지는 돈과 시간이고요. 이 모든 것의 이면에는 의식이 있고, 이 의식의 진화는 식량을 구하는 능력의 발달과 밀접하게 연결됩니다. 우리에겐 공기도 필요하고 음식과 물도 필요합니다. 인생의 여행을 떠나려면 어쨌든 먹고 마시는 것부터 해결해야 합니다.

그런데 오늘날 우리는 가족을 먹여 살리기 위해 산을 오르며 살생할 필요가 없습니다. 음식을 구하기 쉬워졌어요. 수렵 채집인이었던 초기의 인류는 서로를 안전하게 지키기 위해 작은 무리를 지어 음식을 찾아다녀야 했습니다. 수렵과 채집을 통해 식량을 마련해서 먹었고, 호르몬과 본능에 이끌려 행동했습니다. 숲속에서 버섯을 캐러 다니는 초기 인류의 모습을 상상해봅시다. 그 집단에서 누군가는 그 버섯을 제일 먼저 먹어야 했고, 버섯을 먹은 사람이 죽지 않았다면 다른 사람들에게도 "저건 괜찮아, 먹어도 돼"라고 알렸습니다. 그리고 수천 년 동안 이런 식으로 식량을 거르고 걸러서 서로의 생명을 지켰지요. 그로부터 다시 수천 년이 흘러 인류는 농업의 출현을 맞이했습니다. 땅을 경작하고 작물을 재배했으며, 나중에는 잉여 작물을 남들과 거래하기도 했습니다. 또 수천 년이 지나 현재에 이르렀습니다. 과거 가장 흔했던 질병이 거의 근절된 지금 우리는 대신 외로움, 당뇨, 알츠하이머, 치매, 파킨슨병 등이 그 자리를 차지한 사회에 살고 있습니다. 하지만 우리는 대체로 과거 인류보다 더 오래, 더 편안하게 살고 있습니다. 그리고 지금과 같은 삶을 잃게 될까 두려워합니다.

헤스턴 블루먼솔은 우리 문화에서 음식의 역할이 무엇인지, 왜 우리가 음식에 대해 배워야 하는지에 대해 차분하게 이야기를 이어갔다.

헤스턴 블루먼솔 ———— 음식에는 물리학, 화학, 생물학, 언어, 수학, 음악, 무용, 철학, 심리학, 지질학, 지리학 등 모든 것이 담겨 있습니다. 그러나 대부분 학교에서 음식에 관해 배우지 않습니다. 음식이 교육의 대상이라는 점도 별로 인정하지 않죠. 우리에겐 미래를 이끌어갈 아이들에게 음식에 대해 교육할 책임이 있습니다. 그래야 아이들이 음식을 통해 자기 자신에 대해, 그리고 자신과 세상의 관계에 대해 더 잘 이해하도록 배울 기회가 생기거든요. 자신이 먹는 음식에 관심을 더 많이 쏟을수록 먹는 순간에 더 집중하게 됩니다. 그러면 그 음식이 더 소중하게 느껴져서 덜 먹게 되고요. 마음챙김(mindfulness)을 하는 것과 비슷해요. 건포도가 담긴 그릇을 들고 한 움큼씩 먹어 치워도 되지만 건포도를 한 알씩 꺼내어 구조와 질감을 보고 느끼고 맛보면서 맛과 풍미, 감각, 건포도와 나의 관계까지 천천히 음미할 수도 있습니다. 음식과 친밀감을 쌓는 거예요. 저희는 이걸 당연한 과정으로 생각합니다.

다음은 알랭 뒤카스가 우리에게 음식이 왜 중요한지, 문화에서 음식이 어떤 역할을 하는지에 대해 간결하면서도 깊은 통찰이 배어나는 의견을 들려주었다.

알랭 뒤카스 ———————— 음식은 인간의 삶에서 중심 역할을 합니다. 미식가로 유명한 프랑스의 정치가 브리야 사바랭(Brillat-Savarin)은 "당신이 무엇을 먹는지 알려주면, 나는 당신이 어떤 사람인지 알 수 있다"라고 말했습니다. 우선 음식은 인간과 자연의 연결고리입니다. 음식을 먹으려면 먼저 식용으로 간주되는 농산물을 선택해야 합니다. 여기에는 '식사'가 어떠해야 하는지에 대한 문화적 관점, 즉 상황에 따라 먹어야 할 음식, 요리를 준비하는 방법, 그리고 가장 중요하게는 그 순간을 다른 사람과 공유하는 법이 담겨 있죠. 식탁에는 인간의 특성이 집약되어 있으며, 그곳은 세상에서 가장 문명화한 공간입니다.

"식탁에는 인간의 특성이 집약되어 있으며,
그곳은 세상에서 가장 문명화한 공간입니다."

- 알랭 뒤카스

여러분이나 나의 삶에서 겪는 괴로움을 과소평가하려는 뜻은 없지만, 특히 초기 인류가 겪었던 생존에 관한 공포에 비견할 때 오늘날의 우리가 겪는 일들은 대체로 수월한 편에 속한다고 봐야 할 것이다. 인류 역사의 오랜 기간에서 인간의 평균 수명은 현대 의학에서 말하는 통상적인 수명의 3분의 1밖에 되지 않을 만큼 매우 짧았다. 그리고 (지금의 관점에서 보자면 야생에 가까운) 삶의 대부분을 오직 생존을 위한 투쟁으로 보내야 했다.

오늘날의 인간이 갖게 된 대부분의 놀라운 능력은 누구나 머릿속에 가지고 다니는 1.7킬로그램짜리 흐물흐물한 슈퍼컴퓨터에서 비롯된다. 이 장치는 우리에게 의식 작용이 가능하게 해줄 뿐만 아니라, 시간과 장소에 맞는 행동을 할 수 있게 해준다. 우리는 개인 또는 집단으로서 우리에게 과거, 미래, 죽음의 운명이 있음을 알고 있고, 이것은 문화에 반영된다. 얀 마텔이 말했듯이 동물과 달리 인간은 "자신이 누구인지"에 관해 이해하고자 끊임없이 노력하고 탐구한다. 마야 안젤루도 같은 맥락에서 우리 모두 내면에 예술, 사랑, 글쓰기를 통해 다른 사람에게 자신을 알려주고 싶어 하는 욕구를 가졌다고 설명했다. 이것이 바로 인간을 다른 생명체와 구별하게 하는 지점이자, 인간에게 주어진 가장 큰 선물일지도 모른다.

예술은 의미를 추구하는 행위이다. 가장 초창기 인류의 흔적과 더불어 발견되는 상형문자와 그림 등은 인간이 아주 오래전부터 지식, 정보, 아름다움, 심지어 존재감에 대한 소소한 과시(지금으로 치면 돌에 '아무개 다녀감'이라고 새기는 것과 같은 수준)까지 표현하고 공유했다는 것을 알게 해준다. 인간은 거듭 진화했고, 이에 따라 이야기, 지식, 역사, 미래를 공유하는 더욱 정교한 방법으로서 더 세련된 언어, 예술, 시, 음악, 영화를 개발했다. 문화로서 예술은 언제나 우리가 자기 자신과 타인을 그리고 세상의 이치를 더 잘 이해하도록 돕는 거대한 변화의 원동력이자 공통분모였다.

문화는 우리 인생을 둘러싼 커다란 울타리이며, 그 안에서 만물을 이해할 수 있도록 시야를 밝혀주는 렌즈이기도 하다. 얀 마텔의 말처럼 우리에게 문화와 이야기가 없다면 "어디로 가는지 왜 가는지도 알지 못한 채 대지를 배회하는 고독한 동물"에 불과할 것이다. 문화적 인공물로 만들어진 모든 이야기는 "우리가 누구인지", "우리가 어디로 여행하는지"에 대한 답을 알려준다. 문화는 추상적인 동시에 실체적이다. 문화가 무엇으로 이루어져 있는지 질문한다면, 그 답은 간단하다. 바로 인간의 '진실성'이다.

PART 3

리더십

우리의 힘을 모으는 비전

"지금 세상은 그 어느 때보다 빠르게 변하고 있습니다.
리더십은 사람들에게 더 나은 상황을 위해 변화하도록,
멈추지 않고 계속 앞으로 나아가도록 요청하는 것입니다."

— 존 코터

한 가지 분명히 밝혀두고 싶은 것이 있다. 타고난 리더라고 할 수 있는 사람이 있다면 나는 그런 부류의 사람은 확실히 아니라는 점이다. 사실 나는 수줍음 많고 인기 없는 아이였다. 여럿이 하는 스포츠에 참여하거나 교내 활동을 주도한 적도 없었고, 꽤 점잖은 분위기의 가정과 문화에서 자랐다. 나를 가르친 선생님 중 아무나 붙잡고 학급 아이들 30명 중에서 타고난 리더를 뽑아달라고 한다면, 내 순위는 29번째나 30번째쯤 될 것이다. 처음 사업을 시작했을 때도 기업의 리더가 되겠다는 목표는 없었다. 그저 열심히 돈을 모아서 항공조종사라는 어릴 적 꿈을 실현하려고 시작한 일이었다. 그때까지만 해도 나는 기업을 운영하고, 토론과 협상을 하고, 고객에게 제품과 서비스를 제공하고, 인재들과 함께 일하며 성장하는 과정에서 우리가 얼마나 뜨거운 열정을 느낄 수 있는지 알지 못했다. 나는 창업 이후에야 '현장 실습'을 하듯 일을 하는 과정에서 스스로 리더십을 익혀야 했다. 다행히 나는 내게 주어진 임무를 비교적 빨리 깨달을 수 있었다. '유럽 최고의 웹 디자인 에이전시로 성장하여 우리 고객에게 가장 스마트한 소프트웨어 솔루션을 제공하겠다'는 공동의 미션을 실현할 수 있도록 팀을 이끄는 것이 리더로서 내가 맡은 가장 시급한 임무였다.

리더로서 나의 강점과 약점을 파악하는 것도 중요했다. 나는 전략 수립에는 소질이 있었지만, 상시적인 일을 규칙적으로 해내는 건 젬병이었다. 자신감도 중요하지만 지나치면 독이 된다는 것을 깨달았을 때, 수줍음이 많은 내 성향도 장점이 될 수 있겠단 생각이 들었다. 나는 리더십에 최종 단계는 없다고 생각한다. 리더십은 결코 완성될 수 있는 성질의 것이 아니다. 매일매일 배울 것이 있고, 어떤 위기에서도 배울 것이 있다. 내 리더십 이력은 중소기업 세계에 국한되어 있다. 수천 명의 직원을 둔 대기업의 이사직으로 일한 적도 있었지만, 그 직원들은 내가 직접 책임져야 할 대상이 아니었다. 그래서 나는 세계 최대 규모의 조직을 이끌어 가는 데 필요한 리더십은 어떤 것인지 늘 궁금했다. 나 같은 우물 안 리더가 최고의 리더들에게 반드시 배워야 할 리더십의 이론과 스킬에도 늘 관심이 있었다. 운 좋게도 나는 세계에서 가장 성공적이고 영향력 있는 리더들을 만날 수 있었다.

리더가 된다는 것은 어떤 의미인가

스탠리 매크리스털 Stanley McChrystal
전 미 육군 장군이자 매크리스털그룹의 창립자이다. 퇴역 이후 예일대학교에서 국제관계학을 가르쳤다.

리처드 마이어스 Richard Myers
미 공군에서 퇴역한 4성 장군이며, 현재 캔자스주립대학교의 14대 총장직을 맡고 있다. 이전에 합동참모본부 의장으로서 미군 최고 계급의 장교였다.

리처드 슈레프 Richard Shirreff
퇴역한 영국 육군 장교로 2011~2014년에 유럽동맹군사령부(SACEUR) 부사령관으로 복무했다.

크리스 해드필드 Chris Hadfield
퇴역한 우주비행사이며, 우주 유영에 성공한 최초의 캐나다인이다. 미국항공우주국(NASA) 러시아지국장을 지냈다. 우주탐사 임무를 세 차례 수행했으며, 국제우주정거장(ISS)의 사령관을 역임했다.

나는 군대가 리더십의 정수를 배울 수 있는 조직 중 하나라고 생각한다. 현역 장군이든 퇴역한 장군이든 그들 모두 내게 탁월한 리더십의 조건에 대한 매우 사려 깊은 조언을 들려주었다. 합동특전사령부 사령관이었고, 리더십에 관한 훌륭한 책들을 쓴 작가이기도 한 스탠리 매크리스털은 '리더가 된다는 것'의 의미에 관해 이렇게 말했다.

스탠리 매크리스털 ———— 리더라고 하면 다른 사람들이 어떤 일을 하도록 권력을 행사하는 사람을 연상할 수 있는데, 제 생각은 그렇지 않습니다. 리더의 가장 중요한 역할은 여러 동료와 서로 협력해 일함으로써

토니 셰이 Tony Hsieh
기업가이자 벤처자본가로 온라인의류회사 재포스(Zappos)의 CEO다. 인터넷광고업체인 링크익스체인지(LinkExchange)를 공동 설립했으나, 25세이던 1998년 2억 6,500만 달러에 마이크로소프트(Microsoft)에 매각했다.

스튜 프리드먼 Stew Friedman
와튼스쿨 리더십프로그램과 '일과 삶의 통합 프로젝트(Wharton's Work & Life Integration Project)'를 창립해 이끌고 있으며 현재 펜실베이니아대학교 교수이다.

카를로 안첼로티 Carlo Ancelotti
전 이탈리아 프로축구 선수이며, 현재는 스페인 프로축구 레알 마드리드의 감독을 맡고 있다. 유럽축구연맹(UEFA) 챔피언스리그에서 세 번 우승한 세 명의 감독 중 한 명이고, 결승전에 네 번 진출한 두 명의 감독 중 한 명이다. 이탈리아 친선훈장(OSI)를 수훈했다.

게리 하멜 Gary Hamel
미국의 강연자이자 베스트셀러 작가이며, 저명한 비즈니스 사상가이다. 런던비즈니스스쿨에서 30년 이상 재직했다.

더 좋은 결과를 낼 수 있는 환경을 조성하는 것입니다. 다시 말해 리더십이란 조직 구성원이 각자의 능력을 발휘하기 좋은 문화를 만드는 것입니다. 사람들이 하는 일에 일일이 간섭해야 한다는 의미가 아니고, 그렇다고 사람들을 친절하게 대해야 한다는 것도 아닙니다. 그들이 조직의 목표 달성을 위해 자신의 몫을 다하도록 돕는 것이 핵심입니다.

미국 합동참모본부 의장이었던 리처드 마이어스는 좋은 리더의 조건으로 설득과 협력을 꼽았다. 그의 조언은 군대 조직이 아닌 일반 기업 조직에도 충분히 적용할 수 있는 것이었다.

리처드 마이어스 ──────── 우리 사회에는 모두를 위해 의미 있는 일을 하고자 솔선수범하고 사람들을 조직하는 누군가가 꼭 필요합니다. 그런 사람이 바로 리더입니다. 제가 생각하는 리더는 특정 미션이나 목표를 달성하기 위해 팀을 꾸리는 사람입니다. 주어진 미션을 완수하기 위해 구성원들이 한 방향으로 움직이며 협력할 수 있도록 해야 하고요. 특히 군대 지도자는 고함을 지르거나 명령을 내리는 사람이라고 생각하는 분들이 많은데, 만일 합참의장으로 일할 때의 저를 지켜봤다면 그것이 사실이 아니란 점을 알게 될 겁니다. 저는 누구에게도 명령하지 않고도 모든 설득과 협력으로 성과를 이뤄냈습니다.

유럽동맹군사령부 부사령관을 지낸 리처드 슈레프는 훈련을 통해 리더십을 쌓을 수 있지만, 리더로서의 잠재력을 내재하고 있느냐도 중요하다는 의견을 피력했다.

리처드 슈레프 ──────── 리더의 역할은 다른 사람들에게서 기대하는 어떤 일을 그들이 훌륭히 수행할 수 있도록 하는 것입니다. 제가 37년 동안 직업 군인으로 복무해보니, 리더십은 병사를 통솔하고 명령을 내리는 데 있어 절대적인 핵심 요소였습니다. 군대에서의 리더십에는 다른 많은 측면도 중요하지만, 무엇보다 병사들을 지휘할 수 없다면 군인이나 장교로서 자질이 있다고 볼 수 없습니다. 육군 장교를 선발하는 과정에서 가장 중요한 것은 그 사람이 리더가 될 만한 잠재력이 있는지를 판단하고 그들의 타고난 재능을 육성하고 훈련해서 잠재력을 실현할 방법을 정립하는 것입니다.

국제우주정거장의 사령관이었던 크리스 해드필드는 "리더의 자질은 선천적으로 타고나는가, 후천적으로 개발되는가"라는 질문에 "리더십은 위기 상황에서 우연히 발휘되기도 한다"면서 이런 답변을 들려주었다.

크리스 해드필드 ——————— 진화의 무작위성은 모든 생명체가 강점과 약점을 지니고 태어났다는 것을 의미합니다. 인간, 개, 나무 등 모든 개체가 마찬가지예요. 어디에나 리더 역할을 맡고 싶은 사람이 있는가 하면 그렇지 않은 사람도 있을 거예요. 하지만 완벽한 리더십을 가진 사람은 없고, 리더로 정해져서 태어나는 사람도 없습니다. 인간은 다듬어지지 않은 원석 같은 존재로 태어나죠.
이건 누구나 노력하면 훌륭한 리더가 될 수 있다는 걸 의미하기도 합니다. 우리는 종종 화재가 일어나거나 응급 환자가 발생하는 극단적인 상황을 경험하죠. 그러한 상황에서 우리는 자신도 결코 알지 못했던 리더십 기술을 발견하곤 합니다. 리더십은 변화를 기꺼이 실천하는 것입니다. 즉 "좋아, 내가 책임지고 이걸 바꾸겠어"라고 말하는 것입니다. 그 변화는 자신의 삶에 국한된 것일 수도 있고, 혹은 수많은 사람에게 영향을 미치는 것일 수도 있습니다.

이어서 크리스 해드필드는 자신이 어떻게 임무를 완수하는 리더가 될 수 있었는지에 관한 소중한 경험을 들려주었다.

크리스 해드필드 ———————— 제가 처음 리더십에 관심을 갖게 된 건 10대 시절입니다. 그때 저는 리더십이 '리더가 원하는 방식으로 임무를 완수하기 위해 다른 사람의 행동에 영향을 미치는 기술'이라는 것을 깨달았습니다. 저는 아무리 봐도 리더 체질은 아니었습니다. 다른 사람들처럼 저도 원석 상태로 태어났고, 독서와 관찰로 열심히 경험을 쌓았습니다. 유능한 리더와 무능한 리더를 찾아 관찰하기도 했습니다. 또 인생에서 내 고집을 관철할 만한 일이 무엇인지 결정할 수 있는 자기 성찰의 시간을 많이 가지려고 노력했습니다. 저는 이러한 후천적 훈련을 통해 리더가 되었습니다. 우리는 모두 리더가 될 능력을 내면에 갖추고 있어요. 리더십의 좋은 점은 8세든 88세이든 나이 제한 없이 언제든 배울 수 있다는 겁니다.

온라인의류회사 재포스의 CEO 토니 셰이는 '리더십'이라는 단어 자체를 가능한 사용하지 않으려 한다고 말했다. 그러면서 리더는 설계자이며 조력자이지, 맨 앞에 서서 사람들을 이끄는 주인공 같은 사람이 아니라고 덧붙였다.

토니 셰이 ———————— 전형적인 기업의 모습을 온실에 비유하자면, 온실 속 식물은 직원이고 모든 직원이 우러러보는 가장 훤칠하고 튼튼한 식물이 바로 CEO라고 생각하기 쉬운데요. 하지만 저는 제 역할을 그렇게 생각하지 않습니다. 제 역할은 온실의 설계자로서 식물이 무럭무럭 잘 자라는 환경을 만드는 것입니다. 직원들이 최고의 역량을 발휘할 수 있도록 적절한 환경, 여건, 시스템을 마련하고, 또 그들이 열정을 보이는 일과 잘하는 일의 교집합을 찾는 게 바로 제 역할이지요. 저는 최고의 경영 기법을 일부러 배우려고 노력한 적은 없습니다. 대신 제 성향과 관심사에 부합하는 경영법에 초점을 맞추었죠. 제가 생각하기에 저는 파티에서 흥을 돋우거나 관심을 끄는 주인공 역할에 그다지 적합하지 않아요. 뒤로 물러서서 파티장을 지켜보며 이런저런 아이디어를 떠올리는 것을 더 좋아하죠. 아마도 지금 제가 회사를 경영하는 방식도 이와 비슷할 거예요.

그렇다면 리더십의 전문가가 생각하는 리더는 어떤 모습일까? 1984년부터 와튼스쿨에서 리더십을 강의해온 스튜 프리드먼의 이야기를 들어보았다.

스튜 프리드먼 ———————— 제가 보기에 리더의 자질은 누구에게나 있습니다. 부하직원을 거느리고 조직을 책임지는 자리에 있는 사람만이 리더는 아닙니다. 제 방식대로 리더십을 간단히 정의하자면, 진정한 리더십은 가치 있는 목표를 향해 구성원과 함께 가고자 그들을 이끄는 것을 말합니다.

따라서 리더는 자기 자신을 포함해 모두와 함께 더 높은 위치로 올라가는 사람이 되어야 합니다. 이러한 역할은 조직 계층의 가장 아래에 있는 팀원들도 아주 잘 수행할 수 있는가 하면, 조직 계층의 가장 높은 곳에 있는 사람이라도 형편없이 할 수 있답니다.

스포츠 세계의 지도자들은 '리더의 자질'에 대해 어떻게 생각할까? 세계에서 가장 성공한 축구 감독 중 한 명인 카를로 안첼로티에게 물었다.

카를로 안첼로티 ―――――― 리더십은 팀에 비전과 목표를 전달하고 팀원이 그 비전을 수용하고 이해하도록 하는 것입니다. 한 개인의 리더십 스타일은 그 사람의 성격에 따라 달라집니다. 리더십 스타일은 학습에 따른 것이 아니라 그 사람 본모습의 연장선이기 때문이죠. 리더십은 자신의 본모습과 다르게 꾸며낼 수 있는 것도 아니고 다른 사람의 흉내를 내서 할 수 있는 것도 아닙니다. 팀원들은 자기 리더가 어떤 사람인지, 그리고 평소 모습이 그의 진짜 모습인지 아닌지 금세 알아봅니다.

런던비즈니스스쿨에서 30년 이상 경영 전략을 강의해온 게리 하멜은 뜻밖에도 '리더십에 관한 공통된 정의' 같은 것은 없다고 못을 박았다.

게리 하멜 ―――――― 저는 리더십이 무엇인지에 대해 정의를 내리는 것은 어렵다고 생각합니다. 산업혁명 시기에 많은 사람이 공장에 몰려들었는데, 대부분 교육 수준이 낮았지요. 이 모든 직원과 말싸움을 해서 이기려면 '직원들의 우두머리'라는 새로운 계층이 필요했고, 그렇게 해서 '관리자'라는 직책이 탄생했습니다. 이렇게 등장한 관리자라는 신진 세력을 양성하기 위해 1881년 와튼스쿨, 1908년 하버드경영대학원이 각각 설립되었고요. 당시 관리자의 역할은 지금의 데이터 과학자나 인공지능 엔지니어, 유전학자처럼 낯설고 특이하고 복잡했답니다.

현대 사회에 들어서며 대부분 헛소리로 포장한, 거대한 리더십 비즈니스 분야가 생겨났습니다. 하지만 리더십 훈련이 기업에 뚜렷한 경제적 성과를 가져다준다는 통계적 증거는 아직까지 찾아보기 어렵습니다.

"리더십이란 조직 구성원이 각자의 능력을 발휘하기 좋은 문화를 만드는 것입니다. 사람들이 하는 일에 일일이 간섭해야 한다는 의미가 아니고, 그렇다고 사람들을 친절하게 대해야 한다는 것도 아닙니다. 그들이 조직의 목표 달성을 위해 자신의 몫을 다하도록 돕는 것이 핵심입니다."

— 스탠리 매크리스털

이 시대에 필요한 리더십은 무엇인가

게리 하멜 Gary Hamel
미국의 강연자이자 베스트셀러 작가이며, 저명한 비즈니스 사상가이다. 런던비즈니스스쿨에서 30년 이상 재직했다.

재클린 노보그라츠 Jacqueline Novogratz
빈곤층의 생활개선에 기여하는 리더와 기업에 투자하는 비영리단체 어큐먼(Acumen)의 창립자이자 CEO이며, 베스트셀러 작가이다. 〈포브스Forbes〉가 선정한 '위대한 100명의 경영인'에 이름을 올렸다.

로버트 라이시 Robert Reich
미국의 경제학자이자 정치평론가이며, 베스트셀러 작가이다. 제럴드 포드(Gerald Ford), 지미 카터(Jimmy Carter), 빌 클린턴(Bill Clinton) 대통령 행정부에서 일했으며, 버락 오바마(Barack Obama) 당선인의 대통령직인수위원회에서 경제자문위원으로 활동했다.

시대가 변화함에 따라 리더십에 대한 요구도 달라진다. 전염병으로 인한 재난이 전 세계를 덮쳤을 때 필요한 리더십과 그렇지 않을 때의 리더십은 다를 수밖에 없다. 게리 하멜은 리더십에 관한 공통의 정의란 없다고 했다. 그렇다면 오늘날에 필요한 리더십 유형은 구체적으로 어떤 것일까? 세계 최고의 비즈니스 전략 전문가로 꼽히는 게리 하멜에게 질문을 던졌다.

게리 하멜 ———————— 리더십의 개념은 획기적인 재검토가 절실히 필요한 상황입니다. 리더는 집단적 성취에서 촉매제 역할을 하는 사

스탠리 매크리스털 Stanley McChrystal

전 미 육군 장군이자 매크리스털그룹의 창립자이다. 퇴역 이후 예일대학교에서 국제관계학을 가르쳤다.

리처드 마이어스 Richard Myers

미 공군에서 퇴역한 4성 장군이며, 현재 캔자스주립대학교의 14대 총장직을 맡고 있다. 이전에 합동참모본부 의장으로서 미군 최고 계급의 장교였다.

리처드 슈레프 Richard Shirreff

퇴역한 영국 육군 장교로 2011~2014년에 유럽동맹군사령부 부사령관으로 복무했다.

마크 큐반 Mark Cuban

미국의 기업인이자 방송인이다. 리얼리티 TV시리즈 〈샤크 탱크Shark Tank〉에 출연한 주요 투자자 중 한 명이며, 미국프로농구(NBA) 댈러스 매버릭스(Dallas Mavericks)의 구단주이다.

람입니다. 우리는 내부로부터 시스템을 바꿔야 합니다. 세상을 더 나은 곳으로 만드는 사람, 무언가를 변화시키는 사람을 떠올려보세요. 높은 지위나 권력을 등에 업고 세상을 바꾼 사람은 거의 없습니다.

스무 살이 채 되지 않은 스웨덴의 환경운동가 그레타 툰베리(Greta Thunberg) 역시 마찬가지죠. 그녀에게 어떤 지위나 권력이 있습니까? 대신 그녀에게는 커다란 문제를 해결하려는 용기가 있습니다. 또 그녀는 기존의 낡은 사고 체계로는 중대한 문제를 해결할 수 없다는 것, 그렇기에 우리에게 역발상의 새로운 관점이 필요하다는 것을 알고 있어요. 훌륭한 리더에게는 동정심과 공감 능력이 있습니다. 자기 자신을 위해서 싸우지 않고, 비겁하게 숨는 법도 없습니다. 권위를 앞세워 상대를 압박하는 것도 그들의 방식이 아니에요. 그들이 행동하는 이유는 변화를 만들어내기 위한 것이고, 공동체와 상생해야 한다는 윤리적·도덕적 책임을 느끼기 때문입니다.

관료제는 하향식으로는 타파될 수 없습니다. 관료제가 조직을 운영하는 최선의 방법이 맞는지 사람들이 의문을 제기하기 시작할 때 그것은 아래에서부터 떨어져나갈 것입니다. 누군가 무기력하다면, 그것은 그 사람이 선택한 것입니다. 우리는 무기력을 선택하지 않을 수 있습니다. 관료적인 조직에서 우리는 의문을 제기하는 법을 배우지 못했습니다. 변화는 아래에서부터 일어난다는 것도 알지 못했죠. 그런 까닭에 몸은 매일 직장에 출근하지만, 열정과 창의성과 진취성은 모두 집에 두고 오는 사람이 그토록 많은 겁니다.

세계에서 가장 선구적인 소셜임팩트(social impact)[5] 투자자 중 한 명인 재클린 노보그라츠와도 '이 시대에 필요한 리더십'에 관해 의견을 나누었다. 그는 우리가 분열에서 화합으로 나아가기 위해서는 새로운 유형의 리더십이 필요하다고 말했다.

재클린 노보그라츠 ———— 저는 정치·금융·사회 등의 영역에서 활동하는 리더들 대부분이 '분열' 중심의 세계관으로부터 영향을 받으며 성장했다는 점이 우려스럽습니다. 젠더 불평등, 경제적 양극화, 이념의 대립 등이 모두 그런 것이죠. 그러니 우리가 흔히 보는 리더십이 협업·공감·단결이 아닌 명령·통제·분할에 토대를 두고 있는 건 당연한 현상일지도 모릅니다. 오늘날 전 세계는 보건적·사회적 위기에 직면해 있으며, 이를 해결할 유일한 방법은 취약층을 보호하고 서로 협력하는 것입니다. 우리에게는 희망에 관한 이야기, 그리고 다 같이 잘살 수 있도록 독려하는 새로운 유형의 리더십이 필요합니다. 진실하고 도덕적인 리더는 투명성·정직·신뢰로 조직을 이끄는 리더입니다.

미국 행정부에서 공직자로 일한 경험이 있는 로버트 라이시와도 '이 시대에 필요한 리더십'에 관해 이야기를 나누었다. 그는 공공의 이익을 위해 사회 문제 해결에 나서는 리더십이 필요하다고 강조했다.

로버트 라이시 ——————— 지금 이 시대에는 불평등과 부패의 위험성을 잘 아는 리더가 필요합니다. 특히 정치 세계와 공공 영역에서 그렇습니다. 부가 최상위층에 과도하게 집중되는 불평등은 거의 예외 없이 부패를 낳습니다. 권력을 위해 돈줄이 동원되고 남용되면서 정치 문화는 무너지기 시작합니다. 불신은 더욱 커지고 최상위 부유층은 사회에서 더 분리됩니다. 이렇게 되면 공공의 이익이 위협을 받습니다. 사회적 신뢰가 붕괴되고, 경제적 부를 가진 사람들에게 부가 더욱 심하게 편중되면 더 이상 공공의 이익도, 복지도 존재할 수 없습니다.

사회 전반에 불신이 고조되고, 사는 것이 힘들어진 사람들이 자신을 상대로 누군가 게임을 조작하고 있다고 느끼기 시작하면 어떤 일이 일어날까요. 문제의 근본 원인과 상관없는 만만한 표적을 희생양 삼아 분노와 불안을 전가하려는 선동 세력이 등장하고, 대중은 그 선동에 쉽사리 넘어가게 되겠죠.

사람들이 협력해서 더 높은 목표를 성취하도록 만드는 것이든, 위기 상황에서 변화를 이끌어내는 것이든, 어쨌든 리더십에는 다른 사람들에게 미치는 영향력이 수반되기 마련이다. 그렇다면 리더에게 '권력'은 어떤 의미가 있는 것일까? 앞서 리더의 역할을 조직 구성원이 각자의 능력을 발휘하도록 돕는 것이라고 말했던 스탠리 매크리스털의 이야기를 들어보았다.

스탠리 매크리스털 ———— 지위, 평판, 재력과 그 밖의 다른 것들도 권력이 될 수 있지만, 리더에게 주어지는 가장 중요한 권력은 '영향력'입니다. 권력은 리더에게 임무를 완수할 능력과 더 많은 사람이 모여들고 따르도록 만드는 어떤 힘을 부여합니다. 오늘날의 세상에서 권력을 가진 사람은 어떤 사람인가요? 월등한 재력을 가진 사람도 있을 테고, 소셜네트워크에서 엄청난 수의 팔로워를 가진 사람도 있을 테고, 많은 사람이 닮고 싶어 하는 아름다운 개성을 지닌 사람도 있을 겁니다. 이처럼 권력은 단순히 사람들 위에 군림하거나 명령을 내리는 힘이라고 하기엔 훨씬 더 미묘한 성질의 힘이에요. 리더들은 공감대를 바탕으로 하는 공동체의식을 창출하는 능력을 갖고 있습니다. 이것이 리더가 가지는 가장 강력한 힘이자 권력이 아닐까요.

다음은 리처드 마이어스가 들려준 "리더에게 권력은 어떤 의미인가"에 대한 이야기이다. 미군에서 가장 높은 지위에 있었던 사람으로서 지위에 기대지 않고 임무를 완수함으로써 리더십을 지키려고 했다는 말이 매우 인상적이었다.

리처드 마이어스 ———— 저는 사람들이 '권력의 꼭대기'라고 생각하는 자리에 있었습니다. 하지만 저는 권력에 대해 생각해본 적이 없고, 그걸 바란 적도 없습니다. 제 임무는 국가 안전을 책임지는 것이었습니다. 미국뿐 아니라 주변국들의 안전도 함께요. 따라서 저 혼자 꼭대기에서 지휘하는 것보다는 더 많은 협력을 이끌어내는 것이 훨씬 더 중요했습니다. 저는 제 지위 때문이 아니라 임무를 완수함으로써 사람들의 지지와 존경을 받고자 했습니다. 권력을 지나치게 강조하면 가장 중요한 인간관계를 포함해 효과적인 리더십 발휘에 필요한 많은 것을 망각하기 쉽습니다. 권력 놀이에 심취한 리더를 누가 따르고 싶겠습니까. 훌륭한 리더라면 자존심을 제쳐두고 관계, 신용, 신뢰를 쌓도록 노력해야 합니다.

리처드 슈레프는 오늘날 훌륭한 리더의 특성으로 '진정성(integrity)'을 꼽았다. 그는 진정성을 설명할 때 '도덕적 용기'라는 표현도 사용했다. 그가 직접 언급하진 않았지만, 여기에는 리더로서 감수해야 할 불편함도 포함되어 있다는 느낌이 들었다.

리처드 슈레프 ———— 훌륭한 리더의 조건이 무엇이냐고 할 때 사람들은 저마다 다른 특성을 떠올릴 겁니다. 군대 같은 곳이라면 분명히 몸을 사리지 않는 용기가 중요한 특성이 되겠지요. 개인적으로 저는 어려운 결정을 내리고, 진실을 말하는 것을 두려워하지 않으며 주변 사람들을 보살필 수 있는 도덕적 용기도 함께 강조하고 싶습니다.
리더에게는 카리스마 못지않게 '진정성'도 매우 중요합니다. 진정성이란 직관, 공감, 감성 지능을 통해 구성원들과 소통하고 그들의 생각, 걱정, 욕구를 이해하는 능력이라고 보면 됩니다. 리더는 구성원들의 애로사항을 살피고 문제를 해결할 수 있다는 믿음을 줌으로써 결과적으로 구성원들이 자신을 따르도록 해야 합니다. 이때 가장 필요한 것이 바로 진정성입니다.

미국프로농구 댈러스 매버릭스의 구단주이며 스포츠와 영화에도 관심이 많은 억만장자 기업가 마크 큐반은 리더십에 관해 어떤 생각을 갖고 있을까? 그는 리더에게 중요한 능력으로 '협상력'을 꼽았고, 자신의 협상 노하우에 대해서도 이야기해주었다.

마크 큐반 —————— 저는 협상할 때 상대방을 이기려 하기보다 목표 달성에 집중합니다. 가장 좋은 협상은 참여하는 모든 사람이 선택지가 열려 있다고 느낄 수 있는 협상입니다. 그게 제 특기이기도 하고요. 저는 협상할 때 주로 이런 생각을 합니다. '내가 저 사람들이라면 나한테 무엇을 기대할까? 저들은 어떤 조직 문화에서 일하고 있을까? 내게 중요한 것은 무엇일까? 그들이 제시하는 수치는 내게 어떤 의미일까?' 등.

최대한 그들의 위치에서 문제를 바라보려고 애쓰는 게 중요합니다.

제가 잘하는 것 중 하나가 문제의 핵심을 빨리 파악하는 것입니다. 〈샤크 탱크〉[6]에서도 어떤 유형의 사업이든 몇 가지 질문만으로 그 사업의 성격을 파악하고 뭘 개선해야 하는지 알아챌 수 있었습니다. 저는 그들이 어떤 사람인지, 무엇이 필요한지, 무엇을 중요시하는지, 어떤 관점으로 세상을 보는지 등을 이해해야 한다고 생각합니다. 그런 것들을 알고 나면 참가자들의 잠재력이나 한계가 각각 무엇인지 파악할 수 있죠. 모든 협상에서도 마찬가지입니다. 상대의 입장에서 생각하고 판단하되 내 목표를 잊지 않는 것, 그것이 가장 중요합니다.

탁월함은 어떻게 문화가 되는가

스티븐 슈워츠먼 **Stephen Schwarzman**
미국의 사업가이자 투자자, 자선사업가이다. 글로벌 사모펀드 기업 블랙스톤그룹(Blackstone Group)의 회장이자 CEO이며, 〈포브스〉가 발표한 세계 억만장자 순위에서 100위를 차지했다.

니코 로스베르크 **Nico Rosberg**
독일의 카레이서이자 기업인으로 2016년 포뮬러원(F1) 월드챔피언십에서 우승했고, 2017년 국제자동차연맹(FIA)의 '명예의 전당'에 입성했다.

함디 울루카야 **Hamdi Ulukaya**
지난 10년간 가장 급성장한 식품기업 중 하나인 초바니(Chobani)의 설립자이자 CEO이며, 자연식 캠페인에도 앞장서고 있다.

작은 조직의 리더라면 구성원들과 소통하는 데 별 어려움이 없겠지만, 조직의 규모가 커질수록 비전과 미션을 전달하는 매개체가 되어줄 문화가 필요하다. 기업문화는 모든 구성원이 자신의 일을 제대로 해내기 위해 참조하는 전술지침서와 같다. 세계에서 가장 성공한 기업들은 예외없이 그 중심에 기업문화가 있다. 어떤 기업의 문화는 업계에서 매우 상징적인 의미를 지니기도 하는데, 넷플릭스(Netflix)가 바로 그런 경우이다. 넷플릭스가 그들의 자유와 책임에 관한 기업문화를 체계화한 지침서인 '컬처 데크(culture deck)'는 사실상 그들이 내리는 모든 의사결정의 체크포인트이며, 전 세계 기업의 필수 참고 자료이기도 하다. 나는 넷플

재클린 노보그라츠 Jacqueline Novogratz

빈곤층의 생활개선에 기여하는 리더와 기업에 투자하는 비영리단체 어큐먼의 창립자이자 CEO이며, 베스트셀러 작가이다. 〈포브스〉가 선정한 '위대한 100명의 경영인'에 이름을 올렸다.

존 코터 John Kotter

하버드대학교 경영대학원의 교수이자 베스트셀러 작가로, 경영컨설팅회사 코터인터내셔널(Kotter International)을 설립했다.

릭스처럼 "탁월함이 기업문화의 일부분이 되게 하려면 어떻게 해야 하는지"를 세계 최대 사모펀드 운용사 블랙스톤의 최고경영자인 스티븐 슈워츠먼에게 물었다.

스티븐 슈워츠먼 ———— 블랙스톤에서는 주요 그룹들과 매주 회의를 합니다. 직접적인 연관이 있든 없든 전체 팀을 한자리에 모으는 대규모 그룹 회의가 주중에 열리는데, 이는 고위 경영진이 주도합니다(다만 저희끼리는 경영진이 아니라 선수와 코치 관계로 여깁니다). 어느 때는 수백 명이 참여하는가 하면, 때로는 전 세계에 연결해 화상으로 회의하기도 합니다. 누구든 의견을 내놓고, 질문도 받고, 경제에서 국정, 홍보, 법률에 이르기까지 주요 분야 전문가들의 브리핑을 들을 수 있는 자리입니다. 여기서 각 그룹이 서로를 동반자 관계로 여기면서 어떤 기회나 어려움도 같은 방향에서 바라보는 연대감을 느끼도록 해야 합니다.

탁월함을 문화의 일부로 만들기 위해선 '모든 구성원이 그 문화에 연결되도록' 해야 합니다. 저희는 실제로 이렇게 하고 있어요. 또 모든 사람을 동등하게 대해야 합니다. 이것은 모든 사람이 올바른 일을 하는 데 필요한 정보에 똑같은 수준으로 접근할 수 있어야 한다는 의미이기도 합니다. 예를 들어, 문화 안에서 생활하고 생각하고 행동하는 방법, 옳고 그름의 가치를 실천하는 방법, 리스크를 관리하는 법 등을 구체적인 사례와 함께 모든 사람이 알 수 있도록 해야 합니다.

22세의 젊은 직원이 25년 이상 근속한 50세의 임원과 동일한 정보 접근성을 갖고 있다면 상당한 권한을 위임하고 있는 셈입니다. 나이가 젊다고 해서 능력이나 통찰력도 미숙하다는 의미는 아닙니다. 나이를 먹으면 경험이 조금 더 쌓일 뿐이에요. 우리가 규모에 따라 문화도 함께 성장시킬 수 있었던 것은 이와 같은 원칙들 덕분입니다.

독일의 카레이서로 월드챔피언십 우승까지 차지했던 니코 로스베르크는 자신의 전담팀을 운영했던 경험을 바탕으로 고성과(high-performance) 조직을 구성하고 이끄는 방법에 관해 설명해주었다.

니코 로스베르크 ———— 무엇보다도 팀이 개인보다 항상 강하다는 것을 알아야 합니다. 기량이 뛰어난 레이서라고 해서 우승이 보장되는 건 아닙니다. 뒤에서 훌륭한 팀이 받쳐줘야 하죠. 이것은 모든 비즈니스에서 동일합니다.

지난 1년 동안 저는 약 20명의 종신 직원으로 구성된 제 전담팀을 꾸렸고 그 과정에서 다양한 기술, 혁신적 사고방식, 틀을 깨는 사고력을 갖춘 청년들을 선발하려고 세심한 주의를 기울였습니다. 저는 매일 그들에게서 뭔가를 배우고 중요한 교훈도 얻습니다. 리더는 전지전능하지 않아요. 특정 영역에서는 전문적 지식이 부족하다는 것을 스스로 인정하고 대신 팀원들의 지식에 의존할 줄 알아야 합니다. 이렇게 하면 더 큰 그림을 볼 수 있는 마음의 여유도 생깁니다.

세계적인 요구르트 회사 초바니의 최고경영자인 함디 울루카야의 전술 지침서는 이미 TED를 비롯해 널리 공개되었지만, 내가 알기로 그는 '사람 중심'의 경영을 강조하는 것으로 유명하다. 그에게 "리더가 중요하게 생각하는 가치가 조직 내부에 깊숙이 스며들게 하는 비결"에 관해 물었다.

함디 울루카야 ———————— 처음 사업을 시작할 당시 저는 아웃사이더나 마찬가지였어요. 어디에 소속되어 일한 적이 없었고, 알고 지내는 창업 동지도 한 명 없었어요. 친분이 있는 CEO도, 이렇다 할 인맥도, 비즈니스를 공부한 경험도 없었죠. 저는 성공한 기업이니 CEO니 하는 것과는 거리가 먼 삶을 살던 평범한 사람이었습니다. 그런 제가 창업을 하면서 스스로 명심했던 건 딱 한 가지였습니다. 어렸을 때 내가 싫어하던 사람처럼 되지 말자는 것이었죠.
또 제게는 버려진 공장을 다시 살려내고자 하는 진정한 열정이 있었습니다. 저는 한 거대 식품회사로 인해 그 공장이 문을 닫았을 때 일터에서 버림받은 사람들이 겪는 고통을 직접 목격했습니다. 아무렇지 않은 듯 지역사회를 파괴해버린 그 공룡기업의 경영 방식은 제가 싫어하는 것들을 모아놓은 듯했어요. 공장을 되살리되 그 대기업처럼 하지는 말자고 다짐했죠. 지역사회를 살리는 일을 해야겠다고 생각했습니다. 그래서 아무도 관심을 기울이지 않는 상황에서 저 혼자만의 힘으로 새로운 방식과 전술을 찾아야만 했고요.
처음에는 중고 책상 몇 개를 들여놓은 작은 기업이었고 전망도 불투명했어요. 제가 한 일은 사람들을 서로 연결하는 것이었어요. 저는 인간의 본성을 믿었습니다. 우리는 서로를 신뢰할 수 있고, 든든하게 지켜줄 수 있고, 같은 마음으로 함께할 수 있다고 믿었습니다. 사업을 시작한 지역사회 공동체는 제가 어린 시절을 보낸 곳과 비슷해서 동질감이 느껴졌어요. 저는 모두가 자기 역할의 중요성을 인식하고 편안함을 느끼는 그곳에서 비즈니스의 여정을 시작하고 싶었습니다.

함디 울루카야가 '사람을 연결하는 것'에 관해 이야기했을 때, 그렇다면 함께 일하는 사람들 간에 신뢰를 쌓는 것이 중요하겠다는 생각이 들었다. 나는 그것이 당연한 일이면서도 쉽지 않은 일이란 걸 알고 있었다. 이에 관해선 명망 높은 자선사업가인 재클린 노보그라츠와 대화를 나누었다.

재클린 노보그라츠 ──────── 신뢰는 우리가 가진 가장 귀하고 소중한 자원입니다. 하지만 신뢰를 쌓는 방법을 터득하기란 쉽지 않아요. 꾸준한 실천이 필요합니다. 저는 2001년 4월에 어큐먼을 설립했는데, 그로부터 6개월 후에 9·11테러가 일어났습니다. 저는 함께 일하던 팀원 4명에게 "우리 이제 어쩌죠?"라고 물었습니다.
당시 저는 세계화 흐름이 주춤하면서 각국이 각자도생의 길로 가게 되리란 생각이 들었습니다. 저는 일단 탈레반, 극단주의, 테러리즘에 관한 최고의 전문가들을 수소문해 한자리에 모았습니다. 그날 한 분이 제게 이렇게 물었습니다. "만약 대표님에게 뭐든지 할 수 있는 능력이 있다면 어떻게 하시겠습니까?" 저는 그럴듯하게 둘러댔습니다. "이슬람 세계로 가서 지역 내부에 신뢰를 쌓고 기회를 만들어내는 시민사회를 건설하기 위해 애쓰는 사람들을 찾아내겠습니다. 그리고 그들이 무엇을 할 수 있는지 외부 세계에 알리겠습니다." 그러자 한 투자자가 100만 달러짜리 수표를 내놓더군요. 그래서 저는 우리 팀에 바로 달려가서 이렇게 말했습니다. "자, 뭐부터 시작하면 될까요?"

상대방에게 존중받길 원한다면 내가 먼저 상대방을 존중해야 한다. 이것은 인간관계의 기본이다. 조직 내부에 신뢰를 구축하고 싶다면 리더가 먼저 조직 구성원들을 신뢰해야 한다. 변화를 일으키는 것 역시 마찬가지가 아닐까. 리더가 앞에서 나아갈 길을 제시하든 모범을 보이든 어떤 방식으로든 먼저 변화하는 모습을 보여야 구성원들의 행동이 바뀐다. 이에 관해 하버드경영대학원 교수이자 리더십 및 변화관리 분야의 세계적인 권위자인 존 코터와 깊이 있는 대화를 나눌 수 있었다.

존 코터 ———————————— 지금 우리가 살고 있는 세상은 그 어느 때보다 빠르게 변하고 있습니다. 어떤 기업이든 내부적으로 외부의 변화 속도를 따라잡지 못하면 위기를 맞이할 수 있어요. 조직은 변화해야 합니다. 가장 복잡하고 어려운 변화는 직원들의 행동을 바꾸는 겁니다. 기업들은 대개 복잡한 계급 구조, 정책, 절차를 갖추는 경향이 있는데, 그 목표는 '정시에 열차를 운행하는 것'입니다. 이러한 문화에 익숙한 우리로서는 열차 운행시간 변경 같은 단순한 변화에서 우버(Uber)처럼 모든 일상을 바꾸는 변화에 이르기까지 다양한 변화를 수용하고 적응하기가 쉽지 않습니다.

이어 존 코터에게 '리더는 어떠한 방향으로 나아가야 하는가'에 대해 물었다.

존 코터 ———————————— 리더십은 사람들에게 더 나은 상황을 위해 변화하도록, 멈추지 않고 계속 앞으로 나아가도록 요청하는 것입니다. 리더는 미래를 향한 대담한 비전을 수립하고 이 비전을 향해 사람들이 한 방향으로 움직이도록 해야 합니다. 그리고 사람들이 외부 세계의 변화와 보조를 맞출 수 있도록 기회를 주고, 권한을 위임하고, 동기를 부여해야 합니다. 제시간에 열차가 운행하도록 하는 과정과 절차, 즉 목표를 수립하고, 조직 구조를 설계하고, 예산 시스템을 정비하고, 인적 자원을 확보하는 활동들은 리더십보다는 '관리'의 영역입니다. 오늘날 기업들이 외부 세계의 변화에 따라 민첩하게 내부 전략을 수정하는 데에 어려움을 겪는 이유는 조직 전체에 영향을 미치며 제대로 된 리더십을 발휘할 리더가 많지 않기 때문입니다.

실패 경험은 리더십에 어떤 영향을 미치는가

마크 큐반 Mark Cuban
미국의 기업인이자 방송인이다. 리얼리티 TV시리즈 〈샤크 탱크〉에 출연한 주요 투자자 중 한 명이며, 미국프로농구 댈러스 매버릭스의 구단주이다.

스탠리 매크리스털 Stanley McChrystal
전 미 육군 장군이자 매크리스털그룹의 창립자이다. 퇴역 이후 예일대학교에서 국제관계학을 가르쳤다.

크리스 해드필드 Chris Hadfield
퇴역한 우주비행사이며, 우주 유영에 성공한 최초의 캐나다인이다. 미국항공우주국 러시아지국장을 지냈다. 우주탐사 임무를 세 차례 수행했으며, 국제우주정거장의 사령관을 역임했다.

경영자에게는 하루하루가 모험의 연속이다. 똑같은 날이 이틀 연속 이어지는 법이 없고, 언제 어떤 기회들이 찾아오고 어떤 선택을 하게 될지 예측하기도 어렵다. 기업을 운영하는 것은 세상에서 가장 외롭고, 가장 도전적이며, 심지어 영혼이 파괴될 만큼 스트레스를 받는 일이기도 하다. 사업이 실패했을 때는 말할 것도 없다. 내 경우를 보자면 성공한 프로젝트보다 실패한 프로젝트가 확실히 더 많다.

그렇다면 기업 경영자에게, 조직의 리더에게 실패는 어떤 의미일까? 실패 경험은 리더십에 어떤 영향을 미칠까? 마크 큐반에게 먼저 질문을 던지고 의견을 들었다. 실패 자체보다 실패로 인한 심리적 위축이 더 문제

니코 로스베르크 Nico Rosberg

독일의 카레이서이자 기업인으로 2016년 포뮬러원 월드챔피언십에서 우승했고, 2017년 국제자동차연맹의 '명예의 전당'에 입성했다.

카를로 안첼로티 Carlo Ancelotti

전 이탈리아 프로축구 선수이며, 현재는 스페인 프로축구 레알 마드리드의 감독을 맡고 있다. 유럽축구연맹 챔피언스리그에서 세 번 우승한 세 명의 감독 중 한 명이고, 결승전에 네 번 진출한 두 명의 감독 중 한 명이다. 이탈리아 친선훈장를 수훈했다.

재클린 노보그라츠 Jacqueline Novogratz

빈곤층의 생활개선에 기여하는 리더와 기업에 투자하는 비영리단체 어큐먼의 창립자이자 CEO이며, 베스트셀러 작가이다. 〈포브스〉가 선정한 '위대한 100명의 경영인'에 이름을 올렸다.

일 때가 있다. 마크 큐반은 그런 문제를 지적했다.

마크 큐반 ———————— 실패는 누구에게나 고통스러운 것이지만, 그래도 우리는 실패에서 배워야 합니다. 저는 제가 좋아했던 직장보다 해고당한 직장에서 배운 게 더 많았습니다. 제가 실패한 모든 회사에서도 배울 점이 있었고요. 실패 횟수는 중요하지 않습니다. 자신이 옳다는 것을 한 번만 증명할 수 있으면 돼요. '자고 일어나니 성공했더라' 하는 경우도 사실은 여러 번의 실패를 거쳐서 그렇게 된 겁니다.

실패를 경험했을 때 비난받을까 두렵고 사람들 시선이 신경 쓰여서 밖으로 나가지 못한 적이 있나요? 하지만 의외로 사람들은 당신의 실패를 잘 기억하지 못합니다. 친구를 비롯해 다른 이해당사자들이 당신의 실패에 관해 어떻게 생각할지 솔직히 말씀드릴게요. 신께 맹세하건대 그들은 한 달도 안 돼서 잊어버립니다. 당신의 친구나 지인 중에 실패를 경험했던 사람이 있을 텐데, 그들의 경험을 지금 와서 떠올려보면 기억나는 게 별로 없을 거예요. 우리 모두 똑같아요. 다른 사람의 실패 따위 아무도 신경 쓰지 않는다고요! 연인과의 이별과도 비슷합니다. 언젠가는 분명히 괜찮아집니다.

기업가라면 누구나 큰 성공을 해서 그동안의 실패를 상쇄하고도 남을 보상을 얻기를 희망할 것이다. 이는 기업가뿐만 아니라 모든 리더에게 해당하는 말이기도 하다. 하지만 높은 지위에 오를수록 의사결정에 미치는 조건과 환경은 복잡해진다. 주주를 비롯한 이해관계자들이 늘어나고 각종 변수가 생기면서 의사결정에 따르는 부담감도 더 커지기 마련이다. 이것은 실패할 가능성이 더 커진다는 의미도 된다. 그렇다면 실패에 대한 두려움이 의사결정에 부정적 영향을 미치지는 않을까? 리더십에는 어떤 영향을 미칠까? 스탠리 매크리스털이 이에 관한 의견을 들려주었다.

스탠리 매크리스털 ——————— 저는 최근에 한 단체를 만나 "전시 상황에서 사람들은 실패를 두려워하나요?"라는 질문을 받았는데요. 이 질문의 답을 듣고 놀라는 사람들이 종종 있습니다. 전시 상황에서 사람들은 신체적 상해보다 실패를 훨씬 더 두려워합니다. 때문에 리더 입장에서 실패에 대한 두려움을 조절하는 것이 굉장히 중요합니다. 많은 조직과 구성원들의 부정적인 행동은 대개 실패의 두려움 때문에 책임과 결정을 회피한 결과로 나타나거든요. 실패에 대한 두려움은 조직에서 커다란 제약으로 작용합니다. 물론 약간의 두려움은 창의적인 긴장감을 불러일으키고 업무에 더욱 집중하게 하는 순기능을 갖고 있지요. 하지만 성공에 대한 기대보다 실패에 대한 두려움이 더 지배적일 때, 두려움은 큰 문제가 됩니다.

조직은 구성원들에게 실제 당면한 위기가 무엇인지, 그 위기에 대한 두려움을 어떻게 극복할지 알려주고 훈련시켜야 합니다. 리더는 위기를 개인, 팀, 조직의 차원에서 각각 바라볼 수 있어야 합니다. 구성원들이 실패를 두려워하지 않도록 해야 하며, 조직에서 누가 몇 번 실패했는지 목록을 작성하고 있다는 느낌이 들지 않도록 하는 것도 중요합니다. 대신 좋은 성과를 낸 사람이라 할지라도 그 성과에 도달하기까지 실패가 어느 정도 비중을 차지했음을 깨닫도록 해야 합니다.

우주탐사 임무를 세 차례나 수행한 크리스 해드필드에게 실패의 의미에 대해 물었다. 그는 뜻한 대로 일이 되지 않았을 때의 상황을 반드시 '실패'라고 규정할 필요는 없다는 의견을 들려주었다. 그리고 그런 상황을 스스로 단련할 기회로 삼아야 한다고 말했다.

크리스 해드필드 ———————— 팀의 목표가 무엇인가에 따라 실패의 의미도 달라집니다. 당신이 체스팀에 속해 있다면 경기에서 지는 것이 실망스러운 일이긴 해도 비극적인 사건까지는 아닐 겁니다. 반면 우주정거장에 도킹하려는 우주비행사팀에 있다면, 당신의 실패는 곧 죽음을 의미할 수도 있습니다. 막대한 금전적 손실이나 임무의 실패 정도로 끝나면 그나마 양호한 실패라고 봐야 할 겁니다. 성공했을 때의 보상이 큰 경우일수록 실패 가능성 또한 크다는 사실을 염두에 두는 것이 좋습니다. 그럴 때일수록 위험에 대비하고 리스크를 최소화할 수 있도록 해야 합니다. 그렇더라도 실패는 피할 수 없으며, 실패할 일이 없다면 리더도 필요하지 않을 겁니다.

일이 뜻한 대로 되지 않은 상황에서 사용하는 언어를 살펴보는 것도 중요합니다. 저는 '실패했다'라고 말하는 대신 '일이 잘 풀리지 않았다'라고 말하는 것이 더 적합하다고 생각합니다. 실패를 받아들인다는 것은 자기 자신을 단련하는 것이기도 합니다. 예를 들어 소방관이 화재를 진압할 때 일이 잘 풀리지 않으면 인명 피해가 발생할 수 있습니다. 그런 실패를 염두에 두기 때문에 소방관들은 매일 끊임없이 훈련하면서 최대한 오류를 예방하기 위해 노력합니다. 물론 아무리 노력하고 훈련을 반복해도 완벽할 수는 없습니다. 그래도 성공할 가능성이 현저히 커지는 것은 사실입니다.

나는 리더로서가 아니라 개인적인 삶에서 실패가 어떤 의미인지도 궁금했다. 카레이서로서 절정기에 이르렀을 때 돌연 은퇴를 선언했던 니코 로스베르크에게 "당신에게 성공과 실패는 무엇을 의미하는지" 물어보았다.

니코 로스베르크 ―――――― 제 인생의 절반은 성공이었고 절반은 실패에 대한 두려움이 지배했습니다. 성공은 마약과도 같습니다. 한번 맛보면 더 원하게 돼요. 반면에 두려움은 자신감과 창의력을 앗아가고 정신건강에도 해로운 영향을 미치죠. 그래서 저는 F1 현역 시절에 명상과 심리 코칭으로 감정을 다스리는 법을 배웠습니다. 심리적 균형을 찾고, 부정적인 생각 패턴을 자각하며, 마음을 주도적으로 통제하는 것이 중요합니다. 지금은 마음을 다스리는 일에 비교적 숙달했고, 성공이 무엇인지에 관한 생각도 달라졌습니다. 저는 F1 월드챔피언십에서 우승할 수 있다는 것을 증명했고, 그때의 기분은 영원히 잊지 못할 것입니다.

카를로 안첼로티에게도 같은 질문을 던졌다. 그는 축구감독으로서 팀의 화합이 성패를 가름하는 요건이라고 하면서, 어떤 실패든 빨리 인지할수록 더 강해질 수 있다고 말했다.

카를로 안첼로티 ―――――― 경기에서 협동 플레이가 잘된 경우는 제 전략이 선수들에게 잘 전달되었다는 뜻이기도 합니다. 그럴 때 저는 성공했다고 말합니다. 하지만 축구에서 좋은 성적을 내는 데는 외부적 요소도 많이 작용하고, 승리가 최우선인 상황에서는 협동 플레이가 덜 중요할 수도 있습니다. 어쨌든 저는 선수들이 각자 기대하는 바가 무엇인지 파악하고 그것을 팀 공동의 목표로 수렴되도록 한다면 협동 플레이를 하는 데에 도움이 되고 이길 가능성도 한층 커질 거라고 봅니다. 실패는 아이디어나 프로세스를 재평가하고 재구성할 수 있게 하는 중요한 도구입니다. 이 도구는 한 발짝 물러서서 자신의 방식과 능력을 의심하는 데에도 활용되어야 합니다. 겉으로 드러나는 실패이든 안으로 감춰진 실패이든, 우리가 실패를 일찍 인지할수록 결국에는 훨씬 더 강해질 수 있습니다.

대개의 실패는 성공하지 못했다는 것을 의미한다. 실패의 의미에 관한 성찰에서 성공에 대한 정의를 다시 고민해봐야 하는 이유이다. "자본과 네트워크를 이익을 얻기 위한 수단이 아니라 빈곤 문제를 해결하기 위한 수단으로 본다"라고 말하는 재클린 노보그라츠에게 지금 이 시대에 필요한 성공의 정의가 무엇인지 질문했다.

재클린 노보그라츠 ――――― 부모님, 가족, 친구, 교사들이 정해준 성공의 개념은 오히려 우리에게 제약으로 작용할 수 있습니다. 전 세계는 돈, 명성, 권력을 성공으로 정의해왔습니다. 하지만 소수의 사람만 부와 명예, 권력을 쌓았을 뿐 대부분 사람에게는 해당 사항이 아니었죠. 1990년대 후반에 저는 방글라데시에 있었는데요. 나이 지긋한 남자분과 여러 비즈니스 수단이 얼마나 많은 변화를 만들어낼 수 있는지 이야기하고 있었습니다. 그랬더니 그분이 "이거 도전 정신이 생기는데요. 저는 시인 집안 출신이라서요"라고 말씀하시더군요. 당시 사회에서 추앙받는 사람들은 시인, 작가, 지식인이었죠. 비즈니스에 종사하는 사람들은 고상하지 못하다는 인상을 줬고요. 그런 인식과 문화를 바꾸는 건 쉽지 않은 일이었습니다.

그런데 오늘날 코로나19 시대에, 그것도 비즈니스가 모든 걸 지배하는 이곳에서 우리는 시와 예술의 부활을 목격하고 있습니다. 흔히들 잊고 있는 사실이지만, 시스템이란 뭔가 거창한 게 아닙니다. 우리가 시스템을 결정할 수 있고, 그렇기에 우리가 바로 시스템입니다. 돈, 권력, 명성이 아닌 인류애와 지속가능성의 관점에서 성공의 의미를 재정의할 때 비로소 우리는 모두가 함께 번영할 시스템을 만들 수 있을 겁니다.

"일이 뜻한 대로 되지 않은 상황에서
사용하는 언어를 살펴보는 것도 중요합니다.
저는 '실패했다'라고 말하는 대신
'일이 잘 풀리지 않았다'라고 말하는 것이
더 적합하다고 생각합니다.
실패를 받아들인다는 것은
자기 자신을 단련하는 것이기도 합니다."

— 크리스 해드필드

리더십에서 회복탄력성은 왜 중요한가

조코 윌링크 Jocko Willink

미 해군의 퇴역 장교로, 엘리트 특수부대인 네이비씰(Navy SEALs)에서 20년간 복무했다. 〈뉴욕타임스〉가 선정한 베스트셀러 작가이며, 매주 〈조코 팟캐스트Jocko Podcast〉를 진행하고 있다.

프로페서 그린 Professor Green

영국의 래퍼이자 작곡가, 방송인으로 〈립싱크 배틀Lip Sync Battle UK〉을 공동 진행했고, 자서전을 집필해 베스트셀러 반열에 올렸다. 현재 자살예방 자선단체인 캄(Calm)을 후원하고 있다.

요즘은 괜찮은 편이지만, 나는 수십 년간 불안과 우울증에 시달렸다. 가끔은 모든 것을 끝내고 싶다는 생각, 그리고 그것을 실행에 옮길 생각까지 진지하게 할 만큼 심각했던 적도 있었다. 하지만 나는 주변 사람들에게 그 사실을 털어놓지 못했다. 한 기업을 이끄는 CEO로서 초인에 가까운 힘과 인내, 그리고 불굴의 정신을 보여줄 것으로 기대되는 위치에 있는 사람으로서 그런 말을 하기가 쉽지 않았다(적어도 내 생각에는 그랬다). 그러다가 너무 늦었다 싶었을 때 겨우 손을 내밀어 도움을 요청했고, 이미 10년 전에는 시작했어야 할 치료의 여정에 들어설 수 있었다.

내가 가르치는 경영대학원 학생들에게도 늘 하는 말이지만, 우리 인생

아리아나 허핑턴 Arianna Huffington
작가이며 칼럼니스트이다. 허핑턴포스트(The Huffington Post)의 창립자이며, 행동변화기술 분야의 선도적 기업인 스라이브글로벌(Thrive Global)의 창립자 겸 CEO이다.

니코 로스베르크 Nico Rosberg
독일의 카레이서이자 기업인으로 2016년 포뮬러원 월드챔피언십에서 우승했고, 2017년 국제자동차연맹의 '명예의 전당'에 입성했다.

셰릴 샌드버그 Sheryl Sandberg
페이스북(Facebook)의 최고운영책임자이자 최초 여성 이사이다. 비영리조직 린인(LeanIn.Org)의 창립자이며, 자선사업가이기도 하다. 〈타임〉에서 선정한 '세계에서 가장 영향력 있는 100인'에 이름을 올렸다.

에서 가장 중요하고 필요한 자질 중 하나는 '회복탄력성'이다. 미 해군 퇴역 장교이면서 《네이비씰 승리의 리더십》 등 베스트셀러를 집필한 작가이기도 한 조코 윌링크에게 리더십에서 회복탄력성이 중요한 이유에 대해 물었다.

조코 윌링크 ——————— 리더에게 회복탄력성이 중요하냐고요? 물론입니다. 리더라면 누구나 실패할 것이고, 심지어 처참히 실패할 때도 있을 테니까요. 때로는 거절을 당하고 항로를 이탈하기도 할 겁니다. 이러한 일들을 겪어내야 하는 리더에게 회복탄력성이 없다면 목표가 무엇이 됐든 그것을 이루기 위한 일을 해내기 어렵겠죠. 사실 저는 아무것도 잘하는 게 없었습니다. 운동도 공부도 소질이 없었습니다. 그래서 특수부대에 들어갔을 때 주어진 임무를 잘해내는 유일한 방법은 열심히 하는 것뿐이었습니다. 어차피 실패할 일이더라도 계속 노력하고 열심히 해야 했습니다. 그것이 지금 제가 하고 싶은 것을 뭐든 할 수 있게 만들어준 습관이었습니다.

회복탄력성을 구축하려면 결단을 내려야 합니다. 당신이 거절을 당했다고 칩시다. 어떤 결정을 내리겠습니까? 다른 문을 두드리거나 쪼그리고 앉아 울거나 둘 중 하나를 선택할 수 있겠죠. 이왕이면 다른 문을 두드려서 다시 도전해보는 게 좋지 않을까요. 울고 싶을 때는 마음껏 울어도 괜찮습니다. 하지만 울고 난 후에는 일어나서 다른 문을 두드리고 계속 전진하세요. 이것이 바로 회복탄력성입니다. 훌훌 털고 일어나 지금 당장 임무를 마치기 위한 행동에 착수하세요.

영국의 래퍼 프로페서 그린은 자살예방 자선단체 캄의 후원자이기도 하다. 그는 스트레스가 많을 수밖에 없는 현대인의 삶을 언급하며 스트레스를 관리하지 않으면 심각한 건강 문제를 초래할 수 있다고 말했다.

프로페서 그린 ―――――― 인생 자체가 스트레스잖아요. 점점 더 많은 스트레스가 우리를 궁지로 몰아넣고 있죠. 인간은 태생적으로 스트레스에 '투쟁' 아니면 '도피'라는 두 가지 반응을 보이게끔 되어 있습니다. 수렵 채집인 조상에게서 그런 특성을 물려받고 진화했으니까요. 지금 우리는 인간관계, 직장, 친구, 가족, 돈, 식생활 등 각종 이유로 스트레스를 받습니다. 하지만 사람들은 당장 신경 써야 할 문제가 너무 많아서 이를 해소하는 데 시간을 할애하지 못하고 있죠. 하지만 스트레스를 관리하지 않으면 조만간 심각한 건강 문제를 초래할 수 있어요. 스트레스는 생각보다 독성이 강하답니다.

가까운 지인의 죽음 같은 심각한 고통을 겪은 사람에게만 회복탄력성이 필요한 것은 아니다. 스트레스는 우리가 생각하는 것보다 훨씬 더 건강에 악영향을 미친다. 수면 역시 마찬가지다. 성공한 리더 중에는 하루에 서너 시간만 자는 것을 당연하게 생각하는 사람이 많다. 왜 그런 걸까? 허핑턴포스트의 창립자인 아리아나 허핑턴과 "특히 비즈니스 문화에서 수면의 중요성을 경시하는 이유"에 관해 의견을 나누었다.

아리아나 허핑턴 ———— 비즈니스 세계에는 수면 부족을 좋게 포장하고 심지어 찬양하는 문화가 사방에 널려 있어요. 많은 사람이 "성공하려면 잠을 적게 자야 한다"고 말하죠. 원하는 대로 잠을 자다간 기회를 놓칠 거라고요. 심지어 "잠은 무덤에서 자면 된다"고 자랑스럽게 얘기하는 번아웃증후군 환자도 있습니다. 요즘 세상에서 성공하려면 피로와 스트레스는 당연하게 받아들여야 한다는 왜곡된 인식, 여기에 인터넷을 통해 24시간 사람들과 연결되는 산만하고 분주해지기 쉬운 삶의 방식이 맞물리면서 우리의 수면은 과거에 볼 수 없던 수준의 위험 수위에 이르렀습니다. 수면이 가능한 한 착취되어야 할 대상으로 변질돼

버린 거죠.

직장에서 특히 오후가 되어 에너지가 고갈된 상태가 되면 생존 본능이 작동하기 시작합니다. 퇴근 전까지 회의, 이메일, 해야 할 일의 목록 등지뢰로 가득한 적진에서 버텨내기 위해 안간힘을 쓰는 거죠. 비상식량(대개 건강에 안 좋은 음식)을 몰래 비축하고, 마치 중독자처럼 이따가 또 뭘 먹으며 카페인과 당을 충전할까 생각하고요. 하지만 다른 방법도 있습니다. 점심식사 후 나른한 오후를 버티기 위해 커피를 연거푸 마시는 것보단 20~30분 낮잠을 자는 편이 낫습니다.

수면을 게으름이나 노력 부족과 동일시하는 비즈니스 세계 종사자들에게 스포츠 세계의 실상을 들여다보라고 권하고 싶습니다. 스포츠 세계도 승리와 성적이라는 결과가 모든 것을 말해주는, 비즈니스 세계 못지않게 실용주의를 앞세우잖아요. 그런데도 운동선수들은 모두 충분한 수면을 중요하게 여깁니다. 프로 운동선수가 충분히 잠을 자는 이유는 영성, 일과 삶의 균형, 심지어 건강이나 웰빙과도 거리가 멉니다. 오직 좋은 성적을 위해서입니다. 그들은 승리 가능성을 높이기 위해 가능한 모든 수단을 동원해서 효과적인 수면 루틴을 찾으려 합니다.

니코 로스베르크에게 F1 선수 생활을 하면서 회복탄력성, 집중력, 경쟁, 성공에 대해 배운 점은 무엇이며, 그것을 비즈니스 세계에 어떻게 적용할 수 있었는지를 물었다.

니코 로스베르크 ―――――― 선수 생활을 통해 비즈니스 세계에도 적용할 만한 많은 점을 배웠습니다. 특히 잠재력을 끌어내고 제 능력의 최대치에 도달하는 법을 배울 수 있었죠. 저는 선수로 활동하는 동안 멘탈 트레이닝, 영양 섭취, 명상, 피트니스 등 제 나름의 방법으로 역량을 개발하고 최적화하기 위한 노력을 기울였습니다. 이것들은 경기 외적인 측면에서도 매우 유용합니다.

예컨대 저는 은퇴하고 나서 명상의 장점을 재발견했습니다. 명상은 제가 월드챔피언 타이틀을 딸 때 큰 도움이 됐는데 은퇴 후에는 필요를 못 느껴서 그만뒀거든요. 그런데 명상을 그만두자 확실히 집중력이 흐트러지는 걸 많이 느꼈어요. 명상을 일상 루틴에 가져오기 시작하면서 그 장점을 더 확실히 체감할 수 있었습니다. 명상이 좋다는 건 다들 알잖아요. 저는 현역 시절 극도로 규칙적인 생활을 했고 지금도 마찬가지입니다. 오늘 아침에는 8시 30분에 한 시간 동안 딸의 과제를 도와주었는데, 그에 앞서 한 시간 동안 명상과 운동을 했습니다. 이런 것들이 제가 F1 선수 생활에서 배운 교훈들입니다.

회복탄력성은 역경과 시련과 실패를 도약의 발판으로 삼아 앞으로 계속 나아가게 하는 마음의 근력을 의미한다고 할 수 있다. 페이스북의 COO로서 가장 성공한 여성 리더 중 한 명인 셰릴 샌드버그에게 역경과 난관에서 교훈을 얻으려면 어떻게 해야 하는지 물었다.

셰릴 샌드버그 ———————— 역경을 인정하고, 과감히 문제를 제기하고, 문제가 있음을 받아들여야 합니다. 고난과 시련을 절대 입 밖에 내지 않는다면 거기서 어떤 교훈도 얻지 못할 거예요. 기업에서 일이 틀어지는 경우는 비일비재합니다. 이때 쉬쉬하며 넘어가려는 사람이 많고, 발전된 기술 문제를 더 쉽게 은폐하도록 일조하고 있죠. 하지만 문제를 해결하려면 감추는 것이 아니라 오히려 밖으로 드러내야만 합니다.

셰릴 샌드버그는 이어서 '외상후성장(post traumatic growth)'의 관점에서 마음 근육을 단련해야 하는 이유에 관해서도 설명했다.

셰릴 샌드버그 ———————— 저는 강연할 때마다 청중에게 '외상후스트레스장애(PTSD)'라는 단어를 들어본 사람은 손을 들어보라고 말합니다. 그러면 모든 사람이 손을 들어요. 하지만 '외상후성장'에 대해 들어보았냐고 물으면 손을 드는 사람이 없습니다. 그런데 통계에 따르면, 외상후스트레스보다 외상후성장의 사례가 더 많다고 해요. 이건 우리가 진지하게 생각해봐야 할 문제입니다.

회복탄력성은 절대적으로 필요합니다. 누구나 살면서 크고 작은 어려움에 직면하니까요. 심지어 기업들도 모든 면에서 변화를 요구받고 있기 때문에 회복탄력성이 더욱 중요해졌어요. 진짜 문제는 우리 자신의 내면, 그리고 다른 사람과의 관계에서 회복탄력성을 위한 마음 근육을 어떻게 단련할 것인가 하는 점입니다. 우리는 할 수 있고, 반드시 해야 하는 일입니다. 기업들도 모든 구성원이 회복탄력성을 단련해야 한다는 점을 인식하고 행동에 나서야 합니다.

위기에 대처하는 리더십은 어떤 것인가

조코 윌링크 Jocko Willink
미 해군의 퇴역 장교로, 엘리트 특수부대인 네이비씰에서 20년간 복무했다. 〈뉴욕타임스〉가 선정한 베스트셀러 작가이며, 매주 〈조코 팟캐스트〉를 진행하고 있다.

크리스 해드필드 Chris Hadfield
퇴역한 우주비행사이며, 우주 유영에 성공한 최초의 캐나다인이다. 미국항공우주국 러시아지국장을 지냈다. 우주탐사 임무를 세 차례 수행했으며, 국제우주정거장의 사령관을 역임했다.

이 글을 쓰는 현재 세계는 유례를 찾아볼 수 없을 만큼 심각한 경제적·사회적 위기인 코로나19 팬데믹을 겪고 있다. 국경에 빗장이 걸렸고 시장은 마비되었으며 대부분 기업은 불확실성, 외부 압력, 이례적인 변동성에 직면해 있다. 이러한 위기 상황에서 장기적인 전략적 결정을 내리는 것은 불가능하다. 그보단 위기에 대처하는 유연한 리더십을 발휘하고, 팀을 위한 전략적 최선책보다 팀과 함께할 수 있는 차선책을 찾아야 한다. 조코 윌링크는 '위기에 대처하는 리더십'과 관련해 작고 사소한 결정부터 잘 내릴 수 있어야 한다고 조언했다.

리처드 슈레프 **Richard Shirreff**
퇴역한 영국 육군 장교로 2011~2014년에 유럽동맹군사령부 부사령관으로 복무했다.

스티븐 슈워츠먼 **Stephen Schwarzman**
미국의 사업가이자 투자자, 자선사업가이다. 글로벌 사모펀드 기업 블랙스톤그룹의 회장이자 CEO이며, 〈포브스〉가 발표한 세계 억만장자 순위에서 100위를 차지했다.

함디 울루카야 **Hamdi Ulukaya**
지난 10년간 가장 급성장한 식품기업 중 하나인 초바니의 설립자이자 CEO이며, 자연식 캠페인에도 앞장서고 있다.

조코 윌링크 ——————— 저는 어떤 크고 중대한 결정을 내리려 애쓰기보다 옳은 방향으로 가기 위한 가장 작은 결정부터 내리려고 합니다. 예컨대 문 뒤에 누군가가 숨어 있는지 확인하기 위해 문을 폭파하는 대신 한걸음 뒤로 물러나서 문을 살짝 열고 손전등을 비추어 살펴보는 겁니다. 만일 인기척이 느껴지지 않는다면 문을 좀 더 열어보겠지요. 그런 다음 덫이나 함정은 없는지 확인하고, 할 수 있는 일을 모두 끝내고서 안에 무엇이 있는지 확인하기 위해 방으로 들어갑니다. 아주 작은 결정부터 하나씩 내리면서 앞으로 나아가는 것인데, 이런 방식은 제가 과감한 의사결정을 하는 것처럼 보이게도 합니다. 어쨌든 미루지 않고 계속 결정하면서 한 발씩 앞으로 나아가니까요.

비즈니스 세계에서도 마찬가지입니다. 새로운 시장을 개척하고 싶다고 해서 처음부터 건물을 사고 수십 명의 사람을 고용해선 안 됩니다. 우선은 가판대에서 시작해 차츰 작은 건물부터 사고 큰 건물을 산 다음 한 채씩 늘려나가는 방식이어야 합니다. 무작정 과감하게 뛰어든다고 성공할 수 있는 건 아니에요. 성공적인 의사결정을 위해서는 반복적이고 사소한 결정을 내리는 것부터 시작해야 합니다. 사소한 결정들이 모여 사업의 향방을 결정하니까요.

크리스 해드필드는 정보가 불충분하고 불완전한 상황에서도 의사결정을 내려야 하는 순간이 언제든 올 수 있다며, 그런 위기에 대비해 리더로서 자기계발을 게을리해서는 안 된다고 강조했다.

크리스 해드필드 ——————— 리더는 불충분하고 불완전한 정보만 가진 상황에서도 의사결정을 내려야 합니다. 사실 결정에 필요한 모든 정보를 확보할 수 있는 경우는 별로 없어요. 그래서 리더의 판단력이 중요하죠. 항공모함의 선장을 예로 들어봅시다. 어떤 시점에서든 필요한 정보를 완벽하게 갖추는 것은 불가능하지만, 그렇다고 해서 아무렇게나 지휘를 해서도 안 됩니다. 수많은 생명이 승선한 수십억 달러 규모의 항공모함을 지휘할 리더라면 필요한 때 방향 선회, 군함의 복귀, 주위의 위협 여부 등을 판단할 수 있는 실용적·기술적·학문적 경험을 이미 오랫동안 쌓아온 사람일 겁니다.

리더라면 자신의 역량을 냉정하게 평가하고 끊임없이 배우려는 자세로 자기계발에 대한 의욕을 지녀야 합니다. 우리는 누구나 시험에서 100점을 받을 수 있습니다. 하지만 똑같은 시험을 6개월 후에 치르면 100점을 받지 못할 가능성이 큽니다. 배운 내용을 잊기도 하고 시스템이 변하기도 하며 규칙이 달라지기도 하고 혹은 자기 자신에게 변화가 일어났을 수도 있기 때문입니다. 어떤 시스템도 고정되어 있지 않아요. 계속 변화하고, 그 속도가 더 빨라지기도 하죠. 리더일수록 전문 지식과 리더십 역량을 중심으로 자기계발을 게을리해선 안 되는 이유입니다.

우주정거장에 있을 때 액체 암모니아가 우주로 빠르게 유출된 사건이 기억나는군요. 우리는 우주선에 필요한 냉각수가 고갈되기 전에 여러 가지 결정을 내리고 비상조치를 취해야 했어요. 시간이 촉박한 데다 정보도 많지 않아서 수년간의 준비와 경험을 믿고 서둘러 계획을 세워야 했습니다. 우주선 선원들은 전부 우주 유영의 자격 조건을 갖추었고, 모든 경력을 우주 비행 연구에 바쳐온 사람들이었습니다. 우리는 중대한 문제를 해결하는 데 필요한 전문 지식과 정교한 기술을 총동원했습니다. 그간 온갖 훈련으로 대비를 해왔지만 그 위기를 해결할 수 있다는 보장은 없었습니다. 시뮬레이션을 해본 문제도 아니었고요. 그런데도 우리가 기록적인 시간 내에 수리를 마칠 수 있었던 것은 그간의 훈련과 전문적인 준비 과정 덕분이었습니다.

영국의 퇴역 장교로서 경영컨설팅회사 스트래티지아 월드와이드(Strategia Worldwide)의 공동 설립자이기도 한 리처드 슈레프는 위기 상황에서 올바른 결정을 내리는 능력은 훈련과 경험을 통해 개발할 수 있다고 말했다.

리처드 슈레프 ———————— 군대 조직에서 통솔력의 핵심 원칙 중 하나는 불완전한 정보만 가진 상황에서도 적시에 올바른 결정을 내리는 것입니다. 이것은 리더로서 훈련과 교육을 통해, 그리고 중요하게는 경험을 통해 개발할 수 있는 능력입니다. 경험이 쌓이면 지금이 바로 적기라는 직감, 즉 본능적 판단력이 생깁니다.

군대에서는 자신의 능력이 하급 간부의 능력치를 넘어섰음을 증명해야만 다음 단계의 통솔과 책임을 맡을 수 있습니다. 장교로서 첫 번째 직무는 30여 명의 남녀 대원으로 구성된 부대를 지휘하는 것입니다. 그다음 더 많은 경험과 훈련이 쌓이고 나면 4개의 소대로 이루어진 중대를 지휘할 수 있습니다. 시간이 더 지나면 4~5개의 중대가 모인 대대 또는 연대를 지휘할 수 있습니다. 여기서 능력을 입증한다면 4~5개의 연대를 거느리는 여단장이 될 수 있습니다. 이처럼 각 단계에 올라설 때마다 항상 자신을 증명해야 합니다. 리더로서 우리는 사고력을 갖추고 지속적인 훈련을 해야 하지만, 더 중요한 것은 실전에서의 행동력입니다. 이는 군대 조직뿐 아니라 비즈니스 세계에서도 마찬가지입니다.

'사모펀드의 제왕'이라 불리기도 하는 스티븐 슈워츠먼은 한 사람의 리더가 대부분의 의사결정을 책임지는 구조는 허점이 많을 수밖에 없으므로 집단 지성을 활용해야 한다는 점을 늘 강조하는 것으로 유명하다. 리더십에 관한 인터뷰에서는 위기 상황에서든 정보가 부족한 상황에서든 객관적 프로세스를 거쳐 리스크를 최소화하는 것이 성공의 관건이라고 설명했다.

스티븐 슈워츠먼 ―――――― 신규 투자든 조직 편성이든 무슨 일을 처음 시작할 때는 항상 리스크가 따릅니다. 정보도 경험도 충분하지 않을 테니까요. 이러한 리스크를 파악하고 관리하는 것이 아마도 성공의 관건이 되겠죠. 보통 기업가는 위험을 감수하는 사람이라는 오해 섞인 통념이 있습니다. 하지만 정작 기업가들의 대답은 다릅니다. 그들은 성공하지 못할 일에 왜 굳이 위험을 감수하느냐고 되묻습니다. 현명한 기업가라면 리스크를 감당할 수 있는 범위로 줄일 수 있는 프로세스를 마련할 겁니다.

많은 조직에 이런 사람이 한 명씩 있죠. 조직의 어떤 목표가 추구할 가치가 있는지 판단하고 의사결정을 내리는 아주 유능한 사람 말입니다. 이게 무슨 문제냐고 하겠지만, 이런 사람의 존재는 한 사람의 견해에 다른 구성원들이 모두 갇혀버리는 결과를 불러올 뿐만 아니라 많은 리스크를 안고 있습니다.

블랙스톤에서는 리스크를 관리하는 데 최적화된 의사결정 프로세스를 구축했습니다. 저희는 투자 제안이 있을 때 이를 검토하기 위해 8명 정도로 구성된 팀을 불러 회의를 엽니다. 그들은 투자 제안 관련 구체적인 상황 정보와 리스크에 관한 설명이 담긴 자료를 모두 갖고 있으며, 각각의 발언은 모두 같은 비중을 갖습니다. 기본 원칙은 모든 참석자의 참여를 독려하고 어느 한 사람이 회의를 장악하지 않게 하는 것입니다. 회의 참석자들은 모두 예상되는 손실 리스크를 분석하고 평가해서 그 리스크를 줄일 수 있는지에 대해 의견을 제시해야 합니다. 의견을 제시할 때는 리스크를 제거하거나 줄이는 데만 초점을 맞추며, 다른 사람의 의견을 비난하지 않도록 되어 있습니다. 프로젝트의 성패에 대한 책임은 팀 자체에 있지 않습니다. 즉, 팀은 프로젝트의 성공이나 실패에 책임을 지지 않습니다. 모든 사람이 다 같이 논의했고, 리스크를 인식하고 있었으므로 뭔가가 잘못됐다면 십중팔구는 이미 논의에 올랐던 리스크 중 하나일 겁니다. 그렇다면 모든 사람이 그 리스크를 잘못 평가했다는 얘기가 되지요. 이처럼 객관적인 프로세스를 거쳐야 직원들이 비난을 두려워하지 않으면서 정보와 분석에 근거해 의사결정에 참여하는 안전한 환경을 제공할 수 있습니다.

우리 인생에서도 실패에 대한 대응이 성공에 대한 대응보다 훨씬 더 중요합니다. 직관에 반하는 것처럼 들리겠지만 사실이 그렇습니다. 경영자나 리더의 임무는 무엇이 잘못되었는지 파악하고 개선해서 문제가 재발하지 않도록 하는 것입니다. 실수든 실패든 그냥 묻어두지 말고 공개적으로 이야기해야만 탁월한 조직을 만들 수 있습니다.

리더십에 관한 인터뷰를 마무리하며 나는 함디 울루카야에게 기업의 사회적 책임에 대해 물었다. '사회적 책임' 역시 오늘날과 같은 불확실성의 시대에 꼭 필요한 리더십의 요소라고 생각했기 때문이다.

함디 울루카야 ———————— 저는 기업의 역할이 인류애를 한 단계 끌어울리고 앞으로 나아가게 하는 것이라고 생각합니다. 진심으로 그렇게 믿습니다. 기업이 창출하는 혁신과 생산하는 제품뿐 아니라 해당 기업의 영향을 받는 지역사회, 기업과 상호작용하는 주민들, 기업이 존재하는 환경을 생각해도 그렇습니다. 저는 기업이 주주에게 돈을 벌어다 주는 곳일 뿐이며, 그로 인해 직원들과 지역사회, 환경이 고통을 받는다고 생각하며 자랐습니다. 저는 그러한 기업의 행태에 거부감을 느꼈고, 내가 싫어하는 기업가처럼 되지 않겠다고 다짐했습니다. 하지만 지난 10~12년의 제 경험에 따르면, 기업은 모든 면에서 세상을 더 나아지게 하는 놀라운 플랫폼입니다. 기업의 리더는 '사회적 책임'을 통해 세상에 긍정적인 영향을 미치는 리더십을 발휘할 수 있습니다.

"역경을 인정하고,
과감히 문제를 제기하고,
문제가 있음을 받아들여야 합니다.
고난과 시련을 절대 입 밖에 내지 않는다면
거기서 어떤 교훈도 얻지 못할 거예요."

- 셰릴 샌드버그

●

맨 앞에 나서서 큰 소리로 명령하는 것을 리더십이라고 생각한다면 그건 오산이다. 팀에 권한을 부여하고 성장을 돕는 것이 리더십의 핵심이다. 리더는 팀이 공동의 목표와 목적을 향해 나아가고 위기를 함께 돌파해가도록 팀을 하나로 묶는 접착제 역할을 한다. 또 최고의 리더는 겸손함과 자기 인식 수준이 높고, 자신의 강점과 약점을 잘 이해하며, 실패에 적극적으로 대응한다. 그리고 아마도 이것이 가장 중요할 텐데, 팀이 회복탄력성을 가질 수 있도록 돕는다.

존 코터가 설명했듯이, 리더십의 본질은 사람들을 한데 모으고 힘을 합쳐 하나의 비전을 향해 나아가도록 하는 것이다. 단순해 보이지만 이는 사실 매우 놀라운 것이다. 인간이 자신을 이끌어줄 소수를 믿고 따른다는 사실은 놀라운 진화의 산물이며, 이러한 진화가 없었다면 우리는 작은 유목민 집단에서 문명사회로 발전할 수 없었을 것이다. 리더십을 진정으로 이해하려면 우리가 매우 지능이 높은 한편 여전히 부족을 이루어 살아가는 동물이라는 점을 깨달아야 한다. 인간은 스스로 행동하고 자기 행동 방향을 결정할 능력을 가졌지만, 때로는 집단의 협동심을 발휘해야 하는 복잡한 구조의 사회에 살고 있다.

3장에서 이야기를 들려준 몇몇 군사 전문가는 가장 극단적인 환경인 전쟁터에서 필요한 리더십의 사례를 보여주었다. 그리고 리더십이 우리 삶의 조건에서 매우 필수적이란 점을 알려주었고, 리더는 자신이 책임지는 팀과 구성원을 깊이 이해함으로써 그들과 명확하게 커뮤니케이션할 수 있고 그들이 다음에 해야 할 일이 무엇인지 분명하게 알 수 있다고 설명했다.

모든 사람이 각자 자기 목적을 추구함으로써 발생할 수 있는 분열에 대응하기 위해 우리가 찾은 가장 효과적인 방법이 바로 리더십이다. 리더십은 주체적 개인이면서 사회적 동물이라는 인간의 두 특성 사이의 모순을 해결해주는 역할을 수행하기도 한다. 과학과 문화의 비약적 발전에서 전쟁과 온갖 잔학 행위에 이르기까지 인류의 모든 주요 발전과 퇴보 단계에는 조직을 결성하고 이끌고 지시하는 인간의 본질적 능력, 즉 리더십이 그 중심에 있었다. 우리가 달 위를 걷고, 질병과 싸우며, 수십억 인구의 생활 수준을 향상할 수 있었던 토대에는 모두 리더십이 있었던 것이다.

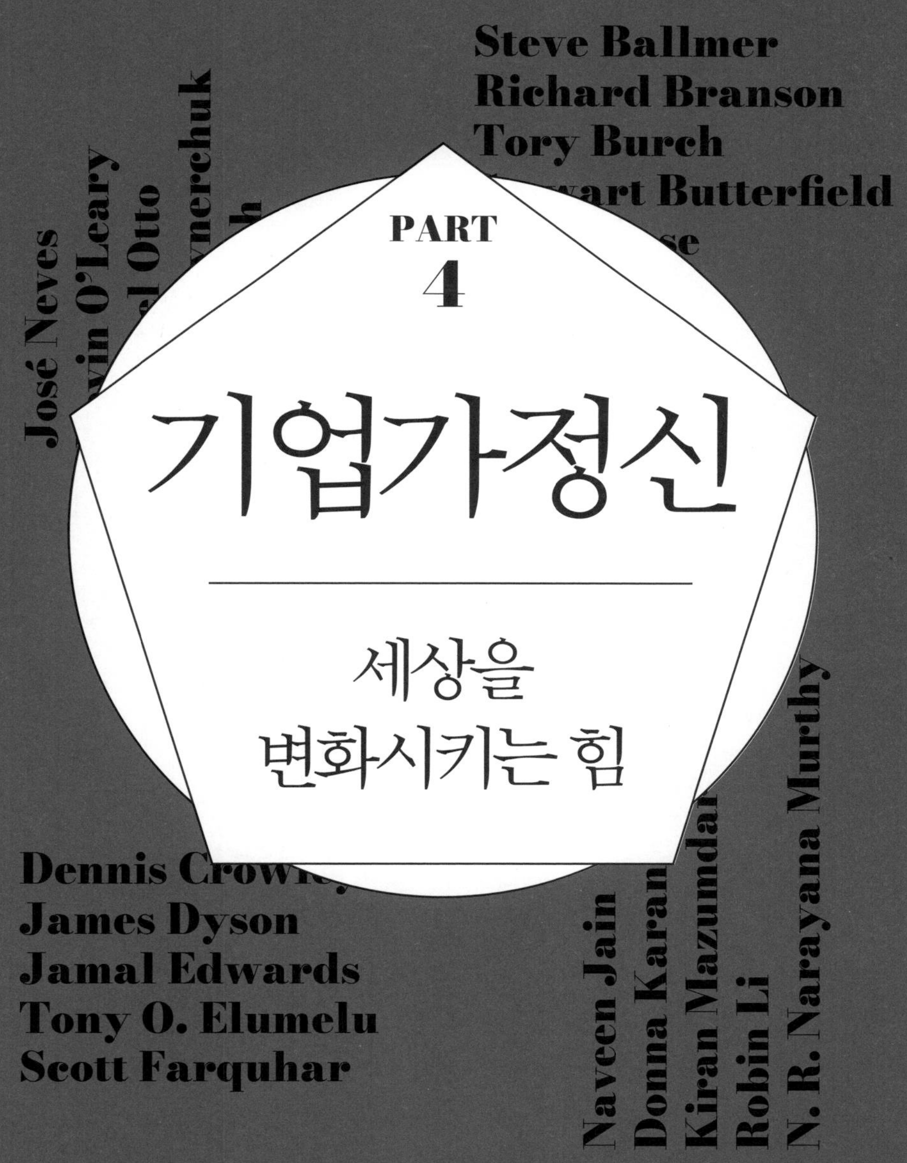

PART 4

기업가정신

세상을 변화시키는 힘

"저는 모든 사람이 본질적으로 기업가라고 믿습니다.

기업가정신은 우리의 DNA에 있으니까요."

— 무하마드 유누스

열다섯 살에 되던 해의 어느 날 나는 학교 교무실에 불려가 앉았다. 꾸중을 들을 줄 알았는데, 뜻밖에도 선생님은 지역신문 기자한테 연락이 왔으니 잠시만 기다리라고 하셨다. 내가 열네 살 때부터 남몰래 사업을 하고 있다는 사실을 알게 된 학교 측에서 전화 통화를 주선한 것이었다. 기자가 "어린 나이에 기업가가 되니 기분이 어때요?"라고 물었을 때 나는 당황했다! 기업가(entrepreneur)라니? 그게 무슨 뜻이지? 다행히 선생님이 내 앞에 놓인 종이에 "그냥 사업가(businessperson)란 뜻이야"라고 써주셨다.

사실 기업가정신을 한마디로 정의하기는 어렵다. 내가 생각하는 기업가와 사업가의 차이는 사업상의 모험 정신, 규모와 영향력이다. 백열전구에서 스마트폰에 이르기까지 우리 일상생활의 대부분은 기업가의 훌륭한 아이디어에서 탄생했다. 가령 마이크로소프트는 모든 가정에 컴퓨터를 보급해야 한다는 생각에서 설립되었고, 이를 실현하기 위해 글로벌 기업으로 성장했으며, 그 결과 우리 삶의 거의 모든 부분에서 혁신을 일으켰다. 마이크로소프트의 운영체제(OS)는 사실상 초기 기술 혁명의 기반이 된 플랫폼이었다.

기업가는 항해사이기도 하다. 그들은 순풍과 역풍이 부는 경로를 찾을 수 있다. 인터넷 서비스를 주력 사업으로 하는 AOL의 공동 창립자인 스티브 케이스는 인터넷 연결 비용을 줄이고, 수요를 늘릴 순풍을 파악하고, 규제와 경쟁자라는 역풍을 뚫고 나가면서 1990년대 인터넷 연결성의 진정한 '파괴적 혁신'을 이룩한 AOL을 설립했다. 오늘날은 순풍이 그 어느 때보다 강하게 불고 있다. 정보 처리, 소프트웨어, 하드웨어, 연결성이 모두 기하급수적으로 발전해 기업가들이 그 어느 때보다 빠르게 규모를 확장할 수 있다.

이러한 흐름의 가속화로 가장 큰 수혜를 본 '5대 기업'은 페이스북, 애플(Apple), 구글, 아마존(Amazon), 마이크로소프트이다. 2010년부터 2020년까지 10년 사이 직원 수는 19만 6,000명에서 125만 명 이상으로 증가했다. 여기서 아마존만 놓고 봐도 2020년 3월 기준 시가총액이 약 1조 달러인데, 이는 월마트(Walmart), 베스트바이(Bestbuy), 메이시스(Macys), 타깃(Target), 코스트코(Costco), 갭(Gap), 홈디포(Home Depot), 스타벅스(starbucks), 풋로커(Foot Locker), 오피스디포(Office Depot), JC페니(JC Penney)의 시가총액을 합산한 수치보다 크다.

기술의 발전으로 이제 기업들은 인류 역사상 그 어느 때보다 빠르고 크게 몸집을 키울 수 있다. 예전 같았으면 한 세대가 걸렸을 성과를 요즘 기업들은 단 10년 만에 이뤄내고 있다. 백열전구에서 스마트폰에 이르기까지, 그리고 필수불가결한 의약품에서 일상용품에 이르기까지 우리 주변에 있는 거의 모든 것의 저변에는 아이디어를 현실화하기 위한 비전, 끈기, 실천력을 갖춘 창의적이고 진취적인 기업가들의 노력, 즉 기업가정신이 버팀목으로 자리잡고 있었다.

4장에서는 세계에서 가장 흥미롭고 영향력 있고 진취적인 기업가들을 만날 것이다. 그들은 기술에서 유통, 의학, 엔지니어링에 이르기까지 수십억 달러 규모의 기업을 설립해 경영하고, 막대한 부를 쌓고, 수만 개의 일자리를 창출하고, 세상에 발자취를 남겼다. 이 중에는 누구나 다 아는 기업도 있고 거의 알려지지 않은 기업도 있지만 모두가 불가능하다고 여길 법한 업적을 일궈냈다는 공통점이 있다.

기업가정신의 진정한 의미는 무엇인가

리처드 브랜슨 Richard Branson
영국의 기업가이자 투자가로, 다양한 분야에서 400개 이상의 자회사를 거느린 버진그룹(Virgin Group)을 설립했다.

키란 마줌다르 쇼 Kiran Mazumdar-Shaw
인도의 기업가로 생명공학회사인 바이오콘(Biocon)의 회장 겸 상무이사이며, 인도경영대학원의 원장으로 재직했다. 2019년 〈포브스〉가 선정한 '세계에서 가장 영향력 있는 여성'에서 65위를 차지했다.

나는 세계 유수의 기업가들을 인터뷰할 때마다 매번 기업가정신이 실제로 무엇을 의미하는지에 대한 근본적인 문제를 제일 먼저 묻고 싶었다. 나는 무슨 일이든 시작하는 것 외에 방도가 없었던 불황기에 성공적으로 사업을 일군 기업가들을 만났고, '불현듯 떠오른 영감'을 놓치지 않고 추진력 있게 실행한 기업가들도 만났다. 가장 창조적인 경영자 중 한 명인 버진그룹의 회장 리처드 브랜슨에게 첫 번째로 기업가정신의 의미에 관해 물었다.

리처드 브랜슨 ———— 기업가정신은 위험을 감수하고, 영역을 확

토리 버치 Tory Burch
미국의 패션 디자이너이자 사업가이며 자선사업가이다. 패션 브랜드 토리버치의 회장 겸 CCO(최고크리에이티브책임자)이다.

스티브 케이스 Steve Case
미국의 기업가이며 투자자로 AOL(America On-Line)의 전 CEO이자 회장이다. 이민정책 개혁을 옹호한 것으로 유명하다.

제리 양 Jerry Yang
기업가이자 컴퓨터 프로그래머로 야후(Yahoo)의 공동 창립자이며 전 CEO이다. AME클라우드벤처스(AME Cloud Ventures)의 설립자이기도 하다.

스티브 발머 Steve Ballmer
사업가이자 투자자이며, 2000~2014년 마이크로소프트의 CEO를 지냈다. 현재 미국프로농구 LA클리퍼스(LA Clippers)의 구단주이다.

장하며, 실패를 두려워하지 않는 것입니다. 저는 직감과 개인적 경험을 믿고 가는 경향이 있습니다. 제가 무언가 결정할 때 회계 장부를 먼저 보는 쪽이었다면 항공업이나 우주산업에는 발을 들이지 않았을 겁니다. 아마 지금 버진그룹의 자회사 대부분이 탄생하지 않았겠죠. 돌이켜보면, 저 자신을 믿었던 것이 결과적으로는 옳은 결정이었던 것 같습니다.

인도의 생명공학회사 바이오콘의 회장 키란 마줌다르 쇼는 '불평등 해결을 위한 선한 자본주의' 정신을 강조하는 여성 기업가이다. 키란 마줌다르 쇼가 생각하는 기업가정신이 무엇인지 질문했다.

호세 네베스 José Neves

포르투갈의 사업가로 글로벌 명품패션 플랫폼인 파페치(Farfetch)의 창립자이다.

칩 윌슨 Chip Wilson

기업인이자 자선사업가이다. 운동경기를 의미하는 애슬레틱과 레저를 합친 스포츠웨어 '애슬레저(athleisure)' 트렌드를 유행시킨 룰루레몬 애슬레티카(Lululemon Athletica)를 창립했다.

무하마드 유누스 Muhammad Yunus

사회적 기업가, 은행가, 경제학자로 2006년 방글라데시에 그라민은행(Grameen Bank)을 설립하고 소액대출과 소액금융이라는 혁명적인 개념을 도입하여 노벨평화상을 비롯한 여러 상을 받았다.

키란 마줌다르 쇼 ———— 기업가정신은 독자적으로 사업을 운영하며 자신이 가야 할 방향을 정하고 길을 개척하는 것입니다. 기업가정신은 어떤 것을 사업화할지에 대한 아이디어에서 출발하고, 한편으론 앞으로 험난한 과정이 기다리고 있으리란 걸 깨달으면서 시작되기도 합니다. 우리는 모두 마음속에 기업가정신의 씨앗을 심을 수 있고, 이 씨앗은 사람들이 열광하는 커다란 열매로 자랄 수 있습니다. 기업가는 타고나는 것이 아닙니다. 저 역시 제가 사업을 할 거라곤 한 번도 생각해보지 않았거든요! 양조업 분야에서 일하려던 제가 우연히 기업가가 된 것처럼 어떤 사람은 주변 환경의 영향으로 기업가가 되기도 합니다.

"기업가정신은 상상력, 꿈, 과단성, 희생정신, 열정을 펼쳐 사회에는 일자리를, 자신과 동료에게는 부를, 국가에는 번영을 창출하는 것입니다. 한마디로 '세상을 바꾸는 것'이지요." 나는 인도의 거대 IT 기업 인포시스의 창립자 나라야나 무르티의 이야기를 들으며 기업가정신의 경험과 본질이 기업이 속한 산업과 배경에 따라 가변적일 뿐만 아니라 주관적이기도 하다는 생각이 들었다. 패션 디자이너에서 백만장자 기업가가 된, 자신의 이름을 딴 브랜드로 세계적인 패션기업을 일군 토리 버치에게도 기업가정신의 의미에 대해 물었다.

토리 버치 ―――――――――― 기업가정신은 시장의 틈새를 찾아내고 이를 비즈니스로 키워내는 능력을 말합니다. 저는 제 브랜드로 회사를 설립하기로 한 후에야 스스로 기업가라는 인식을 갖게 되었는데, 나중에 돌이켜보니 이때까지 제가 해온 일들이 모두 기업가적 행동이었다는 사실을 깨달았습니다. 또한 기업가정신은 자신의 강점과 약점을 파악하고, 함께할 훌륭한 팀을 꾸리는 것이기도 합니다.

초기 인터넷 시대 개척자이자 AOL 전 회장인 스티브 케이스는 기업가정신의 중심에는 '혁신'과 '사람'이 있다고 강조했다.

스티브 케이스 ―――――――――― 넓게 봤을 때 기업가정신이란 세상에 긍정적인 영향을 미치는 것입니다. 기업가는 변화, 혁신, 영향력을 이끌어내는 핵심 주체입니다. 그들은 현실에 안주하지 않고, 제품이나 서비스를 개선할 방법을 찾아내며 아이디어를 중심으로 팀을 구성하여 긍정적인 영향력을 행사합니다. 기업가정신은 물론 비즈니스에 관한 것이지만 그 중심에는 혁신과 사람이 있습니다.

중국계 미국인 기업가 제리 양은 검색엔진 야후의 창립자이다. 그는 기업가정신과 관련해 '목표에 도달하는 과정'이 가장 중요하다고 말했다.

제리 양 ——————————— 저에게 기업가정신은 세상을 변화시키거나 영향을 미칠 어떤 것을 개발하겠다는 강력한 미션을 찾는 것을 의미합니다. 훌륭한 제품을 만들거나 기업을 세우겠다는 목표도 중요하지만, 제가 가장 중요하게 생각하는 것은 목표에 도달하는 과정입니다. 제가 기업가로 일하면서 가장 즐거웠던 시간은 열정과 신념을 공유하는 팀을 꾸리고, 그들과 함께 모든 성공과 시련을 겪어가는 과정이었습니다. 저는 선천적으로 위험을 감수하는 성향을 타고났는데, 기업가에겐 팀과 함께 열심히 배우고 노력하는 과정 역시 매우 중요하다는 것을 알게 되었습니다.

전 마이크로소프트 CEO 스티브 발머는 마이크로소프트에 30번째 직원으로 입사했다. 빌 게이츠(Bill Gates)가 처음으로 채용한 경영자였으며, 매우 유능한 기업가이기도 했다. 그가 설명하는 기업가정신은 다음과 같다.

스티브 발머 ────── 소위 말하는 기업가정신에는 두 가지 종류가 있습니다. 새로운 회사를 만들면서 시작할 수도 있고, 기존의 조직에서 새로운 일을 하면서 시작할 수도 있습니다. 저는 큰 회사이든 작은 회사이든, 혹은 영리를 추구하는 조직이든 비영리조직이든 기업가정신의 본질은 같다고 생각합니다. 즉 다른 사람들 눈에는 보이지 않는 기회를 발견했다는 확신이 들었을 때 자신의 에너지와 지적 능력 그리고 다른 사람의 도움까지 동원해서 그 기회를 구체적으로 현실화하는 것입니다. 그러기 위해 리스크를 감수하는 것도 기업가정신의 일부입니다. 회사를 설립하지 않더라도 기업가정신을 실현할 방법은 아주 많습니다.

온라인 럭셔리 브랜드 쇼핑몰 기업 파페치는 럭셔리 산업계의 넷플릭스라는 평을 받는다. 코로나19 위기가 전 세계를 덮친 2020년에 파페치는 오히려 높은 수익성장률을 보여주었다. 파페치의 창립자인 호세 네베스는 기업가정신의 가장 중요한 요소로 '열정'을 꼽았다.

호세 네베스 ────── 기업가정신은 언제나 제 안에 있었습니다. 저는 여덟 살 때 크리스마스 선물로 컴퓨터를 받았습니다. 그런데 비디오게임기가 아닌 프로그래밍 설명서만 있더군요. 그때부터 코딩을 시작했고 소프트웨어 개발에 흥미와 열정을 느꼈습니다. 그리고 19세가 된 1993년에 첫 사업을 시작했습니다. 기업용 소프트웨어를 만드는 회사였는데, 제가 포르투갈 북부 지역의 '신발 장인' 집안 출신이라 그런지 자연스럽게 패션회사들이 제 고객이 되었습니다. 그러면서 패션에서 저의 두 번째 열정을 발견했습니다. 창의성, 장인정신, 훌륭한 디자인 등 패션업의 매력에 푹 빠졌지요. 이것이 제가 기업가정신에 관해 들려드리고 싶은 이야기입니다.

명품 요가복 브랜드로 유명한 룰루레몬의 창립자인 칩 윌슨은 "실패에서 무언가를 배워야 한다"는 점을 강조하며 기업가정신의 의미에 관한 생각을 들려주었다.

칩 윌슨 ——————— 제 원래 목표는 50세가 됐을 때 불황이 찾아와도 문제가 없을 만큼 충분히 건강을 유지하고 경제적 성공을 거두는 것이었습니다. 18년 동안 서핑, 스케이트, 스노보드 사업을 했지만 돈도 별로 벌지 못했고 만족스럽지도 않았습니다. 계속 모험을 했고 위험을 감수했지만, 도매 유통이 무너지는 바람에 결국 회사를 매각하고 처음부터 다시 시작해야 했습니다. 하지만 저는 이 모험과 도전이 없었다면 세계 최초로 완전한 수직계열화를 이룬 소매회사인 룰루레몬의 성공도 없었을 것으로 생각합니다.
우리는 실패의 정의를 다시 내려야 합니다. 실패를 절망의 이유로 삼지 말고 무언가를 배울 교육의 기회로 삼아야 합니다. 기업가정신에는 많은 실패와 좌절이 포함되어 있습니다. 그것이 제가 경험한 현실에서 배운 것입니다.

무하마드 유누스는 사회적 기업 분야의 선구자이다. 그는 2006년 그라민은행을 설립하고 수백만 명에게 대출을 제공해 빈곤 퇴치의 구심점 역할을 한 공로로 노벨평화상을 수상했다. 그라민은행은 사회적 목적을 강력히 지향하면서도 영리를 추구하는 기업이다. 많은 기업의 전통적인 모델은 일단 이윤을 획득하고 나중에 사회에 환원하는 것이었지만, 이제는 이윤 추구와 사회적 책임이 분리되어 있지 않다는 인식이 점점 확산되고 있다. 이와 관련해 무하마드 유누스는 기업가정신에 대한 매우 흥미로운 관점을 제시했다.

무하마드 유누스 ———————— 저는 이윤 추구를 목표로 하는 기업의 맥락에서만 '기업가정신'이라는 단어를 사용합니다. 사회적 기업에는 '사회적 기업가정신'이라는 말을 사용하는 것이 맞습니다. 둘은 성격이 다르며, 지향하는 결과도 다르기 때문입니다. 전자는 이기적인 기업가정신이고, 후자는 이타적인 기업가정신입니다. 이타적인 기업가정신은 사회, 경제, 환경의 지속가능한 발전과 개발을 이끌고 현재 세대와 미래 세대 간의 균형 잡힌 새로운 문명을 창조하는 것입니다.

"기업가정신의 본질은
다른 사람들 눈에는 보이지 않는 기회를
발견했다는 확신이 들었을 때
자신의 에너지와 지적 능력
그리고 다른 사람의 도움까지 동원해서
그 기회를 구체적으로 현실화하는 것입니다."

— 스티브 발머

기업가로서의 정체성이 존재하는가

무하마드 유누스 Muhammad Yunus
사회적 기업가, 은행가, 경제학자로 2006년 방글라데시에 그라민 은행을 설립하고 소액대출과 소액금융이라는 혁명적인 개념을 도입하여 노벨평화상을 비롯한 여러 상을 받았다.

잭 웰치 Jack Welch
1981~2001년 제너럴일렉트릭(General Electric)의 회장 겸 CEO를 지냈다. 화학엔지니어이자 베스트셀러 작가였다.

흔히들 위대한 예술가는 타고나는 것이라고 믿듯이, 기업가정신도 타고나는 것이라 믿는 사람이 많다. 나도 성공한 기업가들과 다양한 대화를 나누면서 그들에게 자기효능감, 혁신성, 통제력, 성취욕, 개방성, 외향성, 친화력 같은 공통적인 특성이 있다는 것을 발견할 수 있었다. 하지만 나는 기업가에게 이런 특성 못지않게 뜻밖의 아이디어, 타이밍, 시장 상황, 자본 접근성, 문화적 환경 같은 외부 요인이 중요하게 작용한다고 생각하는 쪽이다. 이것이 우리가 실제로 만나는 기업가들이 그토록 같은 듯 다르게 느껴지는 이유이지 않을까.

나는 기업가들 스스로, 기업가의 고유한 특성 혹은 정체성이라고 생각

데니스 크롤리 Dennis Crowley
인터넷 기업가이다. 문자 메시지 애플리케이션 닷지볼(Dodgeball)과 위치기반 SNS인 포스퀘어(Foursquare)의 공동 창립자이다. 뉴욕의 세미프로 축구팀 킹스턴스톡에이드FC(Kingston Stockade FC)를 창단했다.

게리 바이너척 Gary Vaynerchuk
벨라루스계 미국인 기업가이자 베스트셀러 작가로, 레스토랑 예약 앱 레지(Resy)와 엠퍼시와인(Empathy Wines)의 공동 창립자이기도 하다. 바이너엑스(VaynerX)의 회장, 바이너미디어(VaynerMedia)의 CEO를 맡고 있다.

제임스 다이슨 James Dyson
다수의 수상 경력이 빛나는 영국의 발명가 및 기업가이며 가전 브랜드 다이슨(Dyson)의 창립자이다. 진공청소기를 혁신한 업적으로 잘 알려져 있으며, 자사 제품으로 디자인상을 여러 차례 수상했다. 대영제국훈장(CBE)을 수훈했다.

하는 요소가 있는지 궁금했다. 무하마드 유누스는 기업가정신에 대한 설명에 이어 기업가를 "이윤을 추구하면서도 인류의 문제를 해결하고자 나설 수 있는 사람"이라고 설명했다.

무하마드 유누스 ———— 기업가는 사업을 기획하고, 결과물을 산출하며, 위험을 감수하고, 조직을 구성하는 사람입니다. 그리고 자신의 성공에 확신을 가진 사람입니다. 전통적인 관점에서 기업가는 이윤을 추구하는 사람이지요. 이윤이 성공의 척도라는 사고방식이 기존 기업들의 통념이었고요. 반면 사회적 기업들은 이윤을 희생하지 않으면서도 지속가능한 방식으로 인류의 문제를 해결하려고 합니다. 그들은 사업이 성공하면 투자금을 돌려주지만 초과 이윤은 배당하지 않아요. 이윤은 회사의 성장을 묵묵히 돕는 역할에 머무릅니다. 저는 모든 사람이 본질적으로 기업가라고 믿습니다. 기업가정신은 우리의 DNA에 있으니까요.

제너럴일렉트릭의 최연소 CEO였으며, '세기의 경영인'으로 불릴 만큼 탁월한 경영 능력과 리더십을 보여줬던 잭 웰치는 "기업가정신은 이미 우리 DNA에 있는 것"이라고 말했다.

잭 웰치 ———————— 기업가에게는 특유의 정신과 DNA가 있어요. 아이디어를 성공적으로 실현하기 위해 오르막길이든 내리막길이든 상관없이 세상 끝까지라도 밀고 가는 사람이 기업가입니다. 저는 기업가정신이 의사나 변호사와 같은 '직업'을 지칭한다고 생각하지 않습니다. 여행하다 보면 사람들을 수없이 만나는데, 그들에게 무엇이 되고 싶냐고 물어보면 많은 이가 '기업가'라고 대답합니다. 그런데 기업가는 직업으로 분류되는 것이 아닙니다. 기업가정신은 우리의 DNA에 있는 어떤 특성이에요. 성공을 위한 아이디어와 열정이 있다면 당신도 이미 기업가입니다.

닷지볼과 포스퀘어의 창립자인 데니스 크롤리에게도 기업가의 특성에 관해 질문했다. 그는 "기업가가 되겠다는 열망이 타고난 것이든 후천적으로 생겨난 것이든, 중요한 것은 자신이 좋아하는 일과 잘하는 일 사이의 접점을 찾아서 그곳에 씨앗을 뿌려야 한다는 점이다. 그래야 결실을 볼 수 있다"라고 설명했다.

데니스 크롤리 ———————— 저는 기업가라는 용어를 별로 좋아하지 않는데, 그 이유는 회사를 차리는 것 자체가 목적이라는 의미가 연상되기 때문입니다. 저는 "세상에 존재하지 않는 것 중 직접 눈으로 보고 싶은 것이 있다면 그것을 만들어라"라고 이야기하고 싶습니다. 저는 평소 강연을 할 기회가 많은데 그때마다 사회자가 무대에서 저를 기업가로 소개합니다. 그래서 저는 강연의 첫 번째 슬라이드에 소셜뉴스미디어 레딧(Reddit)의 공동 창립자인 알렉시스 오해니언(Alexis Ohanian)의 말을 인용하곤 합니다. "기업가는 '아이디어가 있으면 실행하라'라는 의미의 프랑스어이다." 엄밀히는 '착수하라'는 의미이지만, 저는 이 해석이 맘에 듭니다.

뉴욕에 기반을 둔 기업인 바이너엑스와 바이너미디어를 통해 디지털 마케팅과 소셜미디어 산업에서 선도적인 위치를 차지하고 있는 게리 바이너척은 기업가에게 필요한 자질을 이렇게 설명했다.

게리 바이너척 ———————— 기업가가 되려면 과정을 즐길 수 있어야 하고, 실패나 역경에도 익숙해져야 합니다. 결과 자체보다 그 여정을 더 좋아할 수 있다면 성공적인 기업가의 자질을 갖춘 셈입니다. 사람들은 기업가정신을 굉장히 대단한 것으로 생각하는 경향이 있습니다. 다들 기업가가 되고 싶어 하고요. 하지만 여러분이 알아두어야 할 건, 기업가 노릇은 매우 고달프고 성공보다는 실패를 더 많이 겪게 되리란 겁니다. 그래서 두들겨 맞거나 갈등 상황이 벌어지더라도 기꺼이 웃을 줄 알아야 해요. 여기엔 엄청난 인내심이 필요하죠. 그런데 이것이 바로 기업가가 되려면 꼭 필요한 자질입니다.

진공청소기의 혁신을 주도한 다이슨의 창립자이자 발명가이기도 한 제임스 다이슨은 기업가의 특성으로 아이디어를 실현하는 추진력과 실패와 위험을 감수하는 능력을 강조했다.

제임스 다이슨 ———————— 기업가나 발명가라면 아이디어가 떠올랐을 때 끝까지 승부를 보겠다는 집요함이 필요합니다. 발명가는 문제에 대한 해결책, 다시 말해 디자인보다 기능에 초점을 맞추고 아이디어를 구상해야 합니다. 다이슨에서 세계 최초로 먼지 봉투 없는 진공청소기를 개발했을 때 저는 제 아이디어가 근본적인 문제의 해결책이 될 수 있겠다는 생각이 들었습니다. 당연히 다른 유명 청소기업체들은 동의하지 않았지만요. 그러나 저는 어려움을 무릅쓰고 인내하면서 기술을 개발하고 제 이름을 건 청소기를 생산했습니다. 이처럼 자기 아이디어를 믿고 이에 전념할 수 있는 능력과 이를 실현하기 위한 추진력이 모든 기업가에게 필요한 특성입니다.
또 위험을 감수하는 것을 두려워하면 안 됩니다. 실패를 받아들이고 실수에서 배워야 합니다. 저는 먼지 봉투 없는 청소기를 개발하기 위해

5,127개의 프로토타입을 만들었고 그중 마지막 하나만 성공했습니다! 실패를 두려워하지 않는 용기는 성공한 기업가라면 누구에게나 해당하는 공통점이라고 생각해요. 또 기업가는 반대 의견에도 귀를 기울이고 받아들일 수 있어야 합니다. 이 생각은 직원 5명으로 다이슨을 시작했을 때나 직원이 5,000명이 된 지금이나 변함이 없습니다.

"자기 아이디어를 믿고 이에 전념할 수 있는 능력과 이를 실현하기 위한 추진력이 모든 기업가에게 필요한 특성입니다. 또 위험을 감수하는 것을 두려워하면 안 됩니다. 실패를 받아들이고 실수에서 배워야 합니다."

— 제임스 다이슨

기업가를 움직이는 원동력은 무엇인가

리처드 브랜슨 Richard Branson
영국의 기업가이자 투자가로, 다양한 분야에서 400개 이상 자회사를 거느린 버진그룹을 설립했다.

로빈 리 Robin Li
중국의 소프트웨어 엔지니어이자 기업가로 구글, 유튜브(YouTube), 티몰(Tmall), 페이스북에 이어 세계에서 다섯 번째로 인기 있는 웹사이트인 검색엔진 바이두(Baidu)의 공동 창립자이다. 본명은 리옌훙이다.

칩 윌슨 Chip Wilson
기업인이자 자선사업가이다. 운동경기를 의미하는 애슬레틱과 레저를 합친 스포츠웨어 '애슬레저' 트렌드를 유행시킨 룰루레몬 애슬레티카를 창립했다.

많은 기업가가 자신의 정체성을 "세상에 없던 뜻밖의 아이디어를 구체적으로 실현하는 사람"으로 설명했다. 이 과정에서 역경을 견딜 줄 알아야 하고, 이윤 추구와 사회적 책임의 균형을 이루어야 하며, 팀을 구성하고 그들에게 동기를 부여하는 것 등이 기업가에게 필요한 특성이자 자질로 언급되었다. 그리고 많은 기업가가 입을 모아서 기업가 노릇은 정말 고된 일이라고 주장했다.
그렇다면 기업가가 그렇게 힘든 길을 가려고 하는 이유는 무엇일까? 그들을 앞으로 나아가게 하는 원동력은 무엇일까? '괴짜 경영자'라는 별명을 가진 리처드 브랜슨에게 먼저 물어보았다.

나빈 자인 Naveen Jain

인포스페이스(InfoSpace)의 창립자이자 전 CEO이다. 문익스프레스(Moon Express)의 공동 창립자 겸 회장이고, 바이옴(Viome)의 창립자 겸 CEO이다.

스티브 케이스 Steve Case

미국의 기업가이며 투자자로 AOL의 전 CEO이자 회장이다. 이민정책 개혁을 옹호한 것으로 유명하다.

윌.아이.엠 will.i.am

미국의 래퍼이자 가수, 작곡가, 프로듀서, 배우이다. 힙합그룹 블랙아이드피스(Black Eyed Peas)의 멤버이며, 오디션프로그램 〈더 보이스The Voice〉의 심사위원으로도 유명하다.

도나 카란 Donna Karan

미국의 패션 디자이너로 도나카란뉴욕(Donna Karan New York, DKNY)을 만들었다. 2007년에 라이프스타일 브랜드인 어반젠(Urban Zen)을 론칭했다.

리처드 브랜슨 ——————— 저를 움직이게 하는 원동력이요? 그건 열정, 비전, 창의성, 모험심의 조합입니다. 저는 새로운 사업을 시작하는 이유가 돈을 벌기 위한 것이 아니어야 한다고 평소에도 여러 차례 강조했습니다! 프로젝트에 대한 열정과 변화를 일으키고자 하는 의욕이 필요합니다.

최근에 바이두는 중국 자동차 제조사 지리(Geely)와 전기차(EV) 제조회사를 설립한다고 밝혔다. 바이두는 소프트웨어에 집중하고 자동차 제조는 지리가 맡는다고 한다. 바이두의 경영책임자인 로빈 리는 더 높은 목표와 변화에 대한 열망이 자신에게 도전의식을 불러일으킨다고 밝혔다.

로빈 리 ———————— 오직 이윤 추구에만 목적을 두고 창업하려는 사람들은 성공하기 쉽지 않을 겁니다. 그런 경우라면 아침에 침대에서 벌떡 일어나 얼른 출근하고 싶다는 의욕이 생기지 않을 테고요. 저는 기업가의 목표는 훨씬 더 높고 진취적인 것이어야 한다고 생각합니다. 제 경우에는 제가 잘 알고 자신 있게 구현할 수 있는 기술을 활용해 사람들에게 훨씬 편리하고 광범위한 정보 접근성을 제공할 수 있다는 것을 알았습니다. 그리고 사람들이 좀 더 쉽게 정보와 연결된다면 세상에 엄청난 변화가 일어날 것이라 예상했습니다. 막연히 창업하고 싶다는 욕구가 아니었습니다. 돈 버는 것은 그저 차후에 생각할 일이었고요. 저를 움직인 힘은 변화가 절실히 필요한 분야에서 변화를 일으키고 싶다는 열망과 제가 그 도전을 잘 해낼 수 있다는 믿음이었습니다.

칩 윌슨 역시 돈만 생각하는 것은 재미가 없다고 못을 박으며, 자신은 늘 즐거우면서도 세상에 필요한 아이디어를 좇는다고 말했다.

칩 윌슨 ———————— 기업가들은 자신의 아이디어가 실현될 미래가 기다리고 있다는 것을 알기 때문에 매일 아침 의욕적으로 하루를 시작할 수 있습니다. 돈을 벌면 좋은 점은 시간을 아낄 수 있다는 겁니다. 일정 관리와 일상 업무는 비서에게 맡기고 자신은 더 효율적인 업무에 집중할 수 있죠. 대개 부자가 되면 전용기나 승용차 같은 것에 관심이

가겠지만, 제게 더 중요한 건 제가 기대하는 미래를 실현하는 데에 시간을 자유롭게 쓸 수 있는 겁니다.

바이옴은 인공지능 머신러닝 프로그램을 통해 개인별 유전자와 미생물 정보를 분석해 제공하는 일을 하는 벤처기업이다. 인공지능과 생명공학 기술을 이용해 바이옴이라는 모험적인 기업을 설립한 나빈 자인은 평소 "미쳤다는 소리를 듣지 못한다면 아직 꿈이 너무 작은 것이다"라고 자주 말한다. 또한 아이디어가 실패하는 것이지 사람이 실패하는 것이 아니라며 실패를 두려워하지 말라고 강조한다. 그에게 더 큰 꿈을 꾸도록 해주는 동력이 무엇인지 물었다.

나빈 자인 ——————— 빌 게이츠나 테레사 수녀 등 성공한 사람들의 공통점은 전 세계 수억 명의 사람에게 긍정적인 영향을 미칠 수 있는 능력이 있다는 점입니다. 성공의 척도는 은행에 얼마나 많은 돈을 쌓아놨는지가 아니라 얼마나 많은 사람의 삶에 긍정적인 영향을 미칠 수 있느냐에 있습니다. 저는 '사회적 기업가'라는 단어가 오히려 부작용을 낳을 수도 있다고 생각해요. 그 단어는 기업가들에게 뭔가 위안을 주려고 만든 것 같아요. 기업가정신은 그 자체로 '사회적'인 겁니다. 그러니 사회적 기업가가 따로 있는 게 아니죠. 우리는 모두 사회적 기업가입니다!

스티브 케이스 역시 '세상에 실질적인 영향을 미치는 것'이 기업가로서 커다란 동기부여가 된다고 말했다.

스티브 케이스 ———————— 어떤 아이디어에서 시작해서 규모와 영향력을 넓혀 모든 사람이 이용할 수 있도록 실용화한다는 것은 상상만 해도 큰 동기부여가 됩니다. 제가 걸어온 발자취를 더듬어보자면, 30년 전 AOL을 설립했을 때 오직 3퍼센트의 사람들만이 인터넷에 접속할 수 있었습니다. 하지만 우리는 '누구나' 인터넷에 접속할 수 있다면 세상이 더 편리해질 것이라고 생각했고, 그 생각을 실행에 옮기기 시작했습니다. 주목받기까지 10년이 걸렸지만, 우리는 더욱 디지털적이고 상호연결된 사회가 수많은 사람에게 유익함을 줄 것이란 생각으로 힘을 냈습니다. 기업가는 단순히 회사를 설립해서 경영하는 것을 넘어 세상에 실질적인 영향을 미칠 수 있어야 해요.

미국의 유명 힙합그룹 블랙아이드피스의 리더인 윌.아이.엠은 기업을 경영하지 않는 사람도 기업가정신을 가질 수 있다는 점을 보여준다.

윌.아이.엠 ———————— 저는 "그래, 우린 부자가 될 거야!"라고 말한 적이 없습니다. 돈은 제 마음을 움직이는 '당근'이 아니었으니까요. '현재에 안주하지 않고 계속 나아가려면 어떡해야 할까?' 그것이 저의 동기부여 요인입니다. 블랙아이드피스 활동을 하면서 제일 기운이 빠질 때는 공연을 끝낸 직후입니다. 멤버들에게 "자, 우리 이제 또 뭐 하지?"라고 물으면, 다들 "제발, 이제 좀 쉬자!"라고 하거든요. 저는 우리가 다음에 무엇을 할 수 있을지 쉬지 않고 생각합니다. 만약 저희 팀이 에베레스트산 정상에 오른다면 물집투성이에 탈수 상태가 되었어도 저는 "얘

들아, 여기에 쌈박한 로켓발사대를 지어서 달이나 한번 가보자! 거의 다 왔어!"라고 말할 겁니다.

패션 브랜드 DKNY를 만든 도나 카란은 창조적인 도전을 좋아하며, 자연에서 창조적 영감을 많이 얻는다고 밝혔다.

도나 카란 ———————— 저는 늘 제가 해보지 않은 것들을 하고 싶어요. 새로운 기술, 새로운 사업, 새로운 일을 하는 법을 배우는 창조적인 도전을 좋아합니다. 영감은 항상 어디에나 있습니다. 지금도 창밖의 하얀 나무 잎사귀를 바라보며 여기서 떠올릴 만한 아이디어가 없을까 생각하는 중이에요. 자연은 항상 저에게 창조적인 영감을 줍니다. 그러나 실용적인 측면에서 얘기하자면, 저에게 원동력은 빈틈을 채우는 것입니다. 뭔가 아쉽다는 생각이 드는 부분을 채움으로써 삶을 더 안락하게 해줄 답을 찾아내는 것이죠.

기업가는 세상을 바꿀 아이디어를 끊임없이 찾아다니는 사람이다. 그렇다면 그들에게 아이디어의 원천은 따로 있는 것일까? 리처드 브랜슨의 이야기를 들어보았다.

리처드 브랜슨 ———————— 기업가적 아이디어에 영감을 줄 수 있는 것은 많습니다. 예를 들어, 형편없는 고객 서비스를 경험했다면 이들보다 더 나은 서비스를 만들어야겠다는 것이 아이디어의 시작이 될 수 있겠지요. 친구와 가족도 귀중한 조언을 제공하는 훌륭한 아이디어의 원천입니다. 저는 항상 작은 노트를 가지고 다니며 다른 사람들의 생각, 아이디어, 대화를 바로바로 적어둡니다. 항공사를 시작하겠다는 아이디어는 제가 카리브해에 발이 묶여 전세기를 이용하기로 했을 때 나왔습니다. 그때 저는 전세기 비용을 지불하기 위해 발 묶인 다른 승객들을 모아 좌석을 판매했죠. 기회나 아이디어가 언제 나타날지 결코 알 수 없으니 마음을 항상 열어두세요.

바이두의 로빈 리 역시 기업가적 아이디어는 어디에서나 얻을 수 있다고 말했다.

로빈 리 ———————— 각종 문제점, 장애물, 비효율성이 어디서 비롯되는지 고민하다 보면 어디에서든 기업가적 아이디어가 튀어나올 수 있어요. 한밤중 친구와 대화하다가도 '유레카'를 외치는 순간이 올 수 있죠. 저와 바이두에 있어 기업가적 아이디어의 한 가지 원천은 기술 발전의 혜택을 받지 못하는 사람들에게 기술 서비스를 제공해야 할 필요성이었습니다. 이 필요성이 혁신을 위한 진정한 원동력이었습니다.
부유한 고학력 도시인들에겐 친숙한 기술이라도, 이런 기술을 낯설어하고 능숙하게 다루지 못하는 사람들이 있잖아요. 최소한의 기능을 탑재한 단순한 버전을 만든다고 해서 무조건 접근이 쉬워지는 건 아닙니다. 정말 많은 기술적 고민과 아이디어가 필요합니다.

무엇이 훌륭한 기업가를 만드는가

로빈 리 Robin Li
중국의 소프트웨어 엔지니어이자 기업가로 구글, 유튜브, 티몰, 페이스북에 이어 세계에서 다섯 번째로 인기 있는 웹사이트인 검색 엔진 바이두의 공동 창립자이다. 본명은 리옌홍이다.

칩 윌슨 Chip Wilson
기업인이자 자선사업가이다. 운동경기를 의미하는 애슬레틱과 레저를 합친 스포츠웨어 '애슬레저' 트렌드를 유행시킨 룰루레몬 애슬레티카를 창립했다.

키란 마줌다르 쇼 Kiran Mazumdar-Shaw
인도의 기업가로 생명공학회사인 바이오콘의 회장 겸 상무이사이며, 인도경영대학원의 원장으로 재직했다. 2019년 〈포브스〉가 선정한 '세계에서 가장 영향력 있는 여성' 에서 65위를 차지했다.

나라야나 무르티 N. R. Narayana Murthy
인도의 소프트웨어 기업가로 IT기업인 인포시스(Infosys)를 공동 설립했다. 〈포춘〉이 선정한 '이 시대의 기업가 12인'에 올랐다.

나의 아버지는 맨체스터에 사무실을 차리고 직물을 유통하던 소규모 기업가였다. 그래서 나는 어려서부터 비즈니스 세계를 생활밀착형으로 학습하며 자랐다. 인도계 이민 가정에는 기업가정신이 깊이 배어 있는 경우가 많아서 아이들도 어려서부터 비즈니스 메커니즘에 친숙해진다. 확실히 이런 경험은 내가 비즈니스 세계에 진입할 때 필요한 도구를 제공해주었던 것 같다. 하지만 이러한 성장 배경이 반드시 훌륭한 기업가를 만드는 것은 아니다. 수많은 기업가 중에서도 기술적 역량, 사회적 영향력, 지속가능한 성장 등 여러 면에서 탁월한 기업가에겐 무언가 남다른 요소가 있지 않을까. 의도적이든 의도적이지 않든 간에 그들의 성공 비

토리 버치 Tory Burch
미국의 패션 디자이너이자 사업가이며 자선사업가이다. 패션 브랜드 토리버치의 회장 겸 CCO이다.

윌.아이.엠 will.i.am
미국의 래퍼이자 가수, 작곡가, 프로듀서, 배우이다. 힙합그룹 블랙아이드피스의 멤버이며, 오디션프로그램 〈더 보이스〉의 심사위원으로도 유명하다.

리처드 브랜슨 Richard Branson
영국의 기업가이자 투자가로, 다양한 분야에서 400개 이상 자회사를 거느린 버진그룹을 설립했다.

스티브 케이스 Steve Case
미국의 기업가이며 투자자로 AOL의 전 CEO이자 회장이다. 이민정책 개혁을 옹호한 것으로 유명하다.

제리 양 Jerry Yang
기업가이자 컴퓨터 프로그래머로 야후의 공동 창립자이며 전 CEO이다. AME클라우드벤처스의 설립자이기도 하다.

결이 된 요인에 관해 질문을 던졌다. 로빈 리가 가장 먼저 대답을 들려주었다.

로빈 리 —————— 저는 성공에 필요한 모든 능력을 '태생적'으로 갖춘 기업가는 소수에 불과하다고 생각합니다. 대부분은 기업을 운영하는 과정에서 노하우를 쌓아가죠. 인터넷과 같은 역동적인 산업에서는 '파괴적 혁신가'라 해도 언제 다시 경쟁자에게 파괴를 당할지 알 수 없습니다. 따라서 변화를 수용하는 자세가 매우 중요합니다. 사업 측면은 물론이거니와 심리적 측면에서도 그렇습니다.

지속가능한 성장을 하려는 기업가라면 다가올 변화에 맞춰 감수성을 세밀하게 조정해야 합니다. 다음 모퉁이를 돌았을 때 무엇이 나타날지 미리 알 수 있을 정도의 예지력이 필요하고요. 불필요한 정보를 걸러내고 방해 요소를 제거함으로써 현재의 일에 집중할 수 있는 능력도 균형 있게 갖춰야 합니다.

저는 20년 넘게 한 우물만 파왔습니다. 저는 성실하고 끈기 있는 태도가 선천적 재능의 격차를 극복할 수 있다고 믿는 쪽입니다. 물론 인내심을 갖고 집중하는 일은 쉽지 않습니다. 사방에서 수많은 유혹이 들어오기 때문에 기업가는 이에 흔들리거나 다른 기회로 갈아타려는 욕구가 생깁니다. 바이두도 중대한 기로에 섰던 몇 년 동안 스마트폰 부가서비스나 게임과 같은 유혹과 싸워야 했고, 많은 동료 기업이 실제로 이런 유혹에 넘어갔어요. 단기적으로는 매출 증가에 도움이 됐을지 모르지만, 장기적으로는 그들의 미션에서 벗어남으로써 커다란 가치를 잃었죠.

애슬레저의 시대를 연 기업가 칩 윌슨은 어떤 산업에 진입해야 하는 타이밍 혹은 빠져나와야 하는 타이밍을 정확하게 판단하는 능력이 중요하다고 강조했다.

칩 윌슨 ———————— 남들보다 먼저 유리한 고지를 선점해야 합니다. 시장이 성숙기를 한참 지난 후에 창업하는 사람들이 꽤 있어 보입니다. 스노보드 용품 시장을 예로 들어볼까요. 처음엔 3개의 브랜드만 있다가 5년 안에 경쟁사 500곳이 생기고, 결국에는 각각 20개의 브랜드를 소유한 3곳의 회사로 합병됩니다. 초기에 진입할 수 있다면 폭발적인 성장 흐름에 편승할 수 있겠죠. 진정한 기업가라면 남들이 생각한 적 없는 아이디어를 떠올리고 실행하는 사람이라고 생각하기 쉽지만, 제 생각은 조금 다릅니다. 사실 진정한 기업가들은 대개 "오, 이제 모두가 슬슬 파산할 때가 됐네. 제품이 너무 많고 경쟁자도 포화 상태라서 가격이 많이 내려갔군. 50개 브랜드를 인수합병해서 초대형 브랜드를 만들어야지"라는 식으로 현재 산업의 성장 곡선을 확인하고 진입과 퇴출을 결정하는 판단력을 지닌 사람들입니다. 결국 탁월한 기업가가 되려면 아이디어를 떠올려서 제대로 구현하기까지 집중력을 유지하는 힘이 필요합니다. 열매가 맺히는 것을 확인하기까지 숨죽이고 기다리는 과정과 비슷하죠.

영국 런던에 본사를 둔 글로벌 회계법인 EY(Emst&Young)로부터 '2020년 EY세계최우수기업가'에 선정된 키란 마줌다르 쇼는 다른 사람이 발견하지 못한 기회를 찾아내는 '개척 정신'이 탁월한 기업가를 만든다고 설명했다.

키란 마줌다르 쇼 ———— 다른 성공한 기업들을 모방하는 것은 기업가정신이 아닙니다. 저는 진정한 기업가로서 성공하려면 '개척 정신'이 중요하다고 생각합니다. "나는 뭔가 색다른 일, 새로운 일, 남들이 생각하지 못한 일을 하고 싶다"라고 말할 수 있어야 합니다. 새로운 아이디어, 새로운 작업 방식, 또는 그 외 여러 새로운 것의 조합일 수도 있습니다. 남의 비즈니스 모델을 모방하거나 짜깁기하는 사람은 기업가라고 할 수 없습니다. 아무도 생각하지 못한 기발한 아이디어에는 엄청난 짜릿함이 있습니다! 제가 인도에서 바이오콘을 설립한 1978년에는 아무도 생명공학에 대해 생각하지 않았다는 점이 그 짜릿한 요소로 작용했지요. 또 새로운 기술이나 제품 아이디어가 생각날 때마다 짜릿한 전율이 몰려왔습니다. 그때 저는 다른 사람이 발견하지 못한 기회를 찾았다는 걸 깨달았습니다.

'인도의 빌 게이츠'라는 별명을 가진 나라야나 무르티는 '용기'와 더불어 '긍정과 희망'을 강조했다.

나라야나 무르티 ───── 위대한 기업가에게는 불가능한 것을 꿈꾸고, 남들이 가지 않은 길을 걷고, 대다수의 반대자에 맞서고, 내일은 더 나아질 것이란 희망으로 엄청난 희생도 마다하지 않을 용기가 있습니다. 용기와 더불어 중요한 것은 긍정과 희망입니다. 위험을 감수하고 남들이 덜 가거나 가지 않은 길을 걷더라도 긍정적이고 낙관적이어야 합니다.

토리 버치는 '열정'을 강조하면서도 변화에 유연하게 대처해야 한다고 설명했다.

토리 버치 ───── 무엇이 탁월한 기업가를 만드냐고요? 결론은 열정입니다. 열정을 달리 표현하면 혁신을 향한 비전을 끊임없이 제시하고 실행에 옮기는 겁니다. 훌륭한 기업가는 혁신을 멈추지 않습니다. 아직 실현된 적 없는 멋진 아이디어가 세상에는 많이 있답니다. 또 리스크를 기꺼이 수용해야 합니다. 다만 모든 리스크가 감수할 가치가 있는 건 아니므로 미리 철저하게 계산한 후에 신중하게 판단해야 합니다. 기업가의 환경은 끊임없이 변화하는데 모든 변화가 긍정적으로 작용하진 않아요. 그래서 자신의 페이스에 맞게 유연하고 차분하게 변화에 대처하는 능력도 필요합니다.

윌.아이.엠은 훌륭한 기업가의 특성으로 '사람을 모으는 능력'을 꼽았다. 그리고 기업가로서 개인적인 역량이 뛰어나다고 해서 다른 사람의 협력을 끌어내는 능력도 뛰어난 것은 아니라는 점을 지적했다.

윌.아이.엠 ——————— 훌륭한 기업가는 인맥이 탄탄합니다. 아이디어를 현실화하는 과정에서 도움을 받을 만한 사람들을 끌어모으는 능력이 있는 거죠. 세계 최고의 기타리스트나 피아니스트, 세계 최고의 그래픽 디자이너, 세계 최고의 육상선수 등 자신의 주특기가 독보적인 경지에 오른 사람들이 있잖아요. 이렇게 자기 분야에서 최고인 사람 중에 다른 사람을 내 편으로 끌어모으는 데는 그다지 능숙하지 않은 사람도 많아요. 반면에 인맥을 쌓는 데 아주 놀라운 소질을 보이는 사람도 있죠. 저는 주변 사람의 도움을 받지 않고도 성공할 수 있는 기업가는 없다고 생각해요. 따라서 좋은 인맥을 쌓는 건 정말 중요하죠.

400개가 넘는 계열사를 거느린 버진그룹의 리처드 브랜슨은 기업가의 혁신적인 아이디어를 실행에 옮기려면 '사람'이 가장 중요하다고 역설했다.

리처드 브랜슨 ——————— 훌륭한 기업가라면 우수한 제품이나 서비스를 제공해야 합니다. 그러려면 계획을 실행에 옮길 유능한 경영진과 경쟁사보다 우위를 차지할 훌륭한 브랜드가 필요하고요. 또 자기 일에 신념이 확고하고 역량이 뛰어난 사람들을 곁에 두어야 합니다. 버진그룹의 모든 계열사는 '사람을 중시하는 문화'가 그 중심에 있습니다. 훌륭한 기업가는 좋은 제품과 브랜드를 만들기 이전에 비전과 목표를 실행으로 옮길 수 있는 실력 있는 경영진을 잘 구성해야 합니다.

스티브 케이스는 아이디어 자체보다는 아이디어를 '실행'하는 것이 더 중요하다는 점을 강조하면서 그 일을 혼자서 하려고 하지 말고 적절한 팀을 구성하고 파트너십을 맺어야 한다고 덧붙였다.

스티브 케이스 ——————— 거시적 관점에서 아이디어의 구상도 분명 중요하지만, 그 아이디어를 실행하는 것이 더 중요하다는 사실을 깨닫지 못하는 기업가가 많습니다. 제가 자주 인용하는 토머스 에디슨(Thomas Edison)의 명언 중에 "실행하지 않는 목표는 허상이다"라는 말이 있습니다. 많은 기업가가 아이디어 자체를 돌파구로 여기곤 하죠. 하지만 좋은 아이디어를 구상하는 것도 필요하지만 더 중요한 건 실행입니다. 아이디어를 기반으로 세상을 혁신할 수 있는 제품, 서비스를 제공할 수 있어야 합니다.
그리고 그 일을 혼자서 다 하려고 하지 말고 적절한 팀을 구성하고 파트너십을 맺어야 합니다. '나 홀로' 경영을 고집하는 기업가가 의외로 많지만, 의미 있는 영향력을 창출하기 위해서는 정말 다양한 분야의 협력자들과 함께해야 합니다. 자신의 아이디어가 얼마나 독창적인지 떠벌이는 기업가도 많은데, 최종 승자가 되려면 반드시 실행이 뒷받침되어야 합니다.

스티브 케이스의 이야기는 기업가들이 흔히 저지르기 쉬운 실수나 착각에 대해서도 생각하게 만든다. 제리 양도 기업가들이 저지르는 가장 큰 실수에 관해 이야기하면서 기업가의 구체적인 계획에 도움이 되는 팀의 중요성을 강조했다.

제리 양 ——————— 기업가들이 저지르는 가장 큰 실수는 성공을 위한 계획을 충분히 세우지 않는다는 겁니다. 특히 창업한 지 얼마 안 된 기업가들은 살아남는 데 급급한 상황에 부닥칠 때가 많습니다. 그런 경우 하이퍼스케일(hyperscale)이라 불리는 대규모 데이터센터의 확장이나 사업 규모의 확장이 필요할 때 어떤 일이 벌어질지, 혹은 경쟁자들의 레이더에 포착되었을 때 그들이 어떤 대응으로 나올지까지는 예측하지 못합니다.
또한 기업가정신에 대한 흔한 오해 중 하나는 그것이 '기업가의 원맨쇼'

라는 생각입니다. 그러나 기업가 혼자서 모든 일을 하는 것은 불가능합니다. 탁월한 기업가에게는 뒤에서 든든하게 받쳐주는 훌륭한 팀이 반드시 필요합니다.

"무엇이 탁월한 기업가를 만드냐고요?

결론은 열정입니다.

열정을 달리 표현하면

혁신을 향한 비전을 끊임없이 제시하고

실행에 옮기는 겁니다.

훌륭한 기업가는 혁신을 멈추지 않습니다."

— 토리 버치

경제와 사회에서 기업가의 역할은 무엇인가

리처드 브랜슨 Richard Branson
영국의 기업가이자 투자가로, 다양한 분야에서 400개 이상 자회사를 거느린 버진그룹을 설립했다.

로빈 리 Robin Li
중국의 소프트웨어 엔지니어이자 기업가로 구글, 유튜브, 티몰, 페이스북에 이어 세계에서 다섯 번째로 인기 있는 웹사이트인 검색엔진 바이두의 공동 창립자이다. 본명은 리옌훙이다.

아프리카연합은행의 회장 토니 엘루멜루는 2020년 〈타임〉이 선정한 '세계에서 가장 영향력 있는 100인'에 이름을 올렸다. 그는 '아프리카 자본주의(Africapitalism)'를 경영 원칙으로 삼고 있다고 말했다. 아프리카 자본주의란 '경제적 번영과 더불어 사회적 부도 창출할 수 있는 장기적 벤처 투자를 통해 기업의 성장을 추구하는 자본주의'로 설명할 수 있다. 그는 성공하는 기업가는 이해관계자를 위한 가치를 창출하는 동시에 기업과 상호지원 관계에 있는 지역사회에도 지속가능한 공헌을 해야 한다고 강조했다.

토니 엘루멜루의 답변을 통해 최근 급성장 중인 남반부 신흥국에서 '포

나라야나 무르티 N. R. Narayana Murthy
인도의 소프트웨어 기업가로 거대 IT기업인 인포시스를 공동 설립했다. 〈포춘〉이 선정한 '이 시대의 기업가 12인'에 올랐다.

토니 엘루멜루 Tony O. Elumelu
나이지리아의 경제학자이자 기업가이며 자선가이다. 에어스홀딩스(Heirs Holdings), 아프리카연합은행(United Bank for Africa), 트랜스코프(Transcorp)의 회장이며 토니엘루멜루재단의 설립자이다.

용적 성장'에 동참하려는 기업들의 진정한 의지를 엿볼 수 있다. 이곳 출신 기업가들은 더블보텀라인(double-bottom-line)[7] 측면에서 볼 때 정확히 '사회적 기업가'라고 하긴 어렵다. 하지만 그들은 모두 자신을 사회적 기업가로 인식하고 있으며, 자국민에 대한 진지한 책임감을 느끼고 있다. 그들 대부분은 자신의 가족사에서 전쟁, 사회적 격변, 각종 위기가 삶의 일부를 차지했기 때문에 사회 문제를 쉽게 외면하지 못한다.

아프리카 대륙 출신이 아니더라도 기업가에게는 어느 정도 경제와 사회에 공헌하고 영향력을 미쳐야 하는 임무가 주어져 있다. 그렇다면 경제와 사회에서 기업가의 역할은 구체적으로 무엇일까? 리처드 브랜슨의 답변을 먼저 들어보았다.

리처드 브랜슨 ―――――――― 기업가는 사회에 도움을 줄 수 있습니다. 기업가들이 그렇게 할 수 있도록 권장하는 사회적 분위기도 중요합니다. 기업가는 인재를 육성하고, 통찰력을 공유하며, 필요한 분야에 투자해야 합니다. 대기업이 더 큰 이익을 위해 사회에 공헌해야 한다는 목소리가 점점 더 높아지고 있습니다. 모든 사람이 각자 해야 할 역할이 있으며 이는 기업들도 마찬가지입니다. 오늘날 소비자들은 기업이 책임 있게 행동하기를 요구합니다.

다음은 로빈 리의 의견이다. 그는 세상의 변혁을 이끄는 주체로서의 기업가 역할을 강조했다.

로빈 리 ―――――――――― 기업가는 우리가 사는 세상의 변혁을 이끄는 데 핵심적인 역할을 합니다. 그들은 새로운 비즈니스와 시장을 창출함으로써 진정한 변혁의 주체가 됩니다. 또한 미래에 어떤 기회가 기다리고 있는지 내다볼 수 있는 확실한 안목을 바탕으로 미래의 방향을 결정하는 주역입니다. 사람들이 미래에 무엇을 원할 것인지 꿰뚫어 보고, 그들이 생각하고 행동하는 방식으로 미래의 변화를 일으키는 거죠. 앞으로도 기업가는 미래 세계의 방향을 예측하고 만들어나가는 핵심 역할을 계속 수행해나갈 것입니다.

나라야나 무르티는 여러 개의 별칭을 갖고 있는데, 그중 하나가 '인도 IT 업계의 간디'이다. 마하트마 간디(Mahatma Gandhi)는 인도인들의 정신적 지주와도 같은 존재이다. 이러한 별칭에서도 나라야나 무르티가 인도 사회에서 지니는 영향력을 가늠해볼 수 있다. 그는 기업가의 역할을 세 가지로 나누어 제시했다.

나라야나 무르티 ―――――― 기업가는 다각도로 사회에 이바지합니다. 첫째, 아이디어의 힘으로 사회 발전을 돕는 다양한 가치를 창출합니다. 기업가의 아이디어는 비용을 절감하고, 작업 주기를 단축하며, 생산성을 향상하고, 삶의 질을 개선하며, 책·음악·비디오 등 취미용품을 통해 즐거움을 찾는 새로운 방법을 제시합니다.

둘째, 기업가는 일자리를 창출합니다. 그들은 자신의 아이디어를 실현함으로써 양질의 고임금 일자리를 창출합니다. 자신의 기업과 기업이 속한 산업 분야에서 추가적인 일자리를 만들어낼 뿐 아니라 이전에 없던 새로운 영역에서의 일자리를 만들어내기도 합니다. 이는 사회의 번영으로 이어집니다. 제가 알기로 기업가정신이 뒷받침되지 않은 채 번영을 이룩한 사회는 없습니다.

셋째, 기업가는 꿈을 꾸고, 용기를 보여주며, 위험을 감수하고, 세계에 변화를 일으키는 능력을 발휘함으로써 많은 사람의 롤모델이 되어줍니다.

아프리카 자본주의를 실현하는 엘루멜루재단을 설립한 토니 엘루멜루는 기업가들이 사회와 국가의 지속가능한 발전에 공헌해야 한다는 점을 지적했다.

토니 엘루멜루 ——————— 기업가는 재무제표에만 신경 쓸 게 아니라 사회 환경을 개선하는 데도 통찰력을 발휘할 의무가 있습니다. 저는 주주 이익과 사회적 가치에 똑같은 비중을 두고 기업을 운영합니다. 세계적인 기업가들은 자선활동이 아니라 기업가정신을 통해 가난한 사람들에게 혜택을 주는 진보적이고 지속가능한 발전에 공헌하고 있습니다.
유엔도 '2030년 지속가능한 개발을 위한 의제(2030 Agenda for Sustainable Development)'에 기업가정신을 지원하는 개발지향적 정책 추진을 포함시켰지요. 경쟁우위와 자원의 제약으로 인해 정부 정책 추진에 한계가 많은 개발도상국에서는 오직 민간 부문의 기업가들만이 지속적이고 긍정적인 사회 변화를 실현할 수 있는 자본을 동원할 수 있습니다.
기업과 지역사회는 공생하는 관계에 있습니다. 기업가들은 지역사회의 생활 수준을 높이는 데 공헌함으로써, 더 건강하고 더 많은 교육을 받은 인재를 채용할 수 있는 등 여러 가지 혜택을 돌려받고 있습니다.

기업가정신에서 자선활동은 어떤 의미인가

리처드 브랜슨 Richard Branson
영국의 기업가이자 투자가로, 다양한 분야에서 400개 이상의 자회사를 거느린 버진그룹을 설립했다.

무하마드 유누스 Muhammad Yunus
사회적 기업가, 은행가, 경제학자로 2006년 방글라데시에 그라민은행을 설립하고 소액대출과 소액금융이라는 혁명적인 개념을 도입하여 노벨평화상을 비롯한 여러 상을 받았다.

기업가정신은 변화와 발전의 엔진이다. 우리 일상생활이 이토록 안락해진 데는 수백만 개의 일자리를 창출하고 더 나은 세상을 위한 변화를 일으킨 기업가들의 성공이 큰 역할을 했다. 그들은 인터넷부터 자동차, 현대 의학에서 엔터테인먼트에 이르기까지 더 좋은 기술을 찾기 위해 기꺼이 위험을 감수했다. 약 25년간 기업가들은 자선사업과 소셜임팩트 투자에 앞장섬으로써, 사회적 혁신을 위한 벤처 자본을 제공함으로써 세계에서 가장 절박하고 긴급한 문제를 해결하는 데 일조했다.

성공의 꼭대기에 도달한 운 좋은 극소수 기업가에게 사회 환원은 필수 조건이나 마찬가지다. 가령 빌 게이츠와 워런 버핏(Warren Buffett)은 기

나라야나 무르티 N. R. Narayana Murthy

인도의 소프트웨어 기업가로 IT기업인 인포시스를 공동 설립했다. 〈포춘〉이 선정한 '이 시대의 기업가 12인'에 올랐다.

마이클 오토 Michael Otto

독일의 기업가로 그가 대표를 맡은 통신판매회사 오토그룹은 아마존에 이어 2위의 인터넷 소매업체이다.

스콧 파퀴하르 Scott Farquhar

NASA, 테슬라(Tesla), 스페이스X(SpaceX) 등을 고객사로 둔 기업용 소프트웨어회사 아틀라시안(Atlassian)의 공동 설립자이자 공동 CEO이다.

업가들이 사후나 생전에 재산 대부분을 사회에 환원하기로 약속하는 '더기빙플레지(The Giving Pledge)' 운동을 주도하고 있다. 기업의 사회적 책임에 대한 요구가 점차 거세지는 요즘, 기업가들은 자선활동에 대해 어떤 생각을 갖고 있는지 대화를 나누었다. 그들 대부분은 기업가정신에서 사회적 공헌을 중요한 요소로 강조했다. 가장 먼저 리처드 브랜슨의 이야기를 들어보자.

리처드 브랜슨 ———————— 저는 항상 기업이 세상에 긍정적인 변화를 제공하는 강력한 도구라고 생각했습니다. 기업가정신은 범세계적 과제를 비롯한 여러 도전적인 문제를 해결하는 데 매우 중요한 역할을 합니다. 공공자금과 개방형 연구개발도 더 나은 아이디어와 새로운 기술, 진보적 정책을 고안하는 데 더할 나위 없이 중요한 역할을 합니다. 하지만 아이디어, 기술, 정책이 만들어지는 데 거대한 자원을 쏟아부을 수 있는 건 오직 시장과 기업뿐입니다.

무하마드 유누스도 오늘날의 시대가 "기업이 더 광범위한 사회 문제에 참여하고, 가치 있는 대의를 위해 아낌없이 기부하며, 공동의 이익을 위해 힘쓸 것을 기대하는" 추세로 가고 있다는 점을 지적했다. 그러면서 기업의 성공이 사회에도 실질적인 이익을 가져다준다면 그것이야말로 고차원의 자선활동이라고 규정했다.

무하마드 유누스 ——— 자선활동은 베풂 없이는 불가능한 문제를 해결하는 데 도움이 됩니다. 하지만 저는 단순한 자선활동에는 큰 한계가 있다고 봅니다. 자선단체의 자금은 한 번 쓰고 나면 끝입니다. 일단 사용해서 없어진 돈은 기부자에게 돌아오지 않는다는 의미죠. 저는 이 문제를 사회적 기업의 개념으로 접근해 해결했습니다. 저는 자선의 목적을 달성하기 위해 개인적 이윤을 배제하고 오직 기업의 방법론 측면으로 접근하려 합니다. 그래야 투자금을 회수하고 재투자하기를 반복하면서 끝없이 목표를 향해 달려갈 수 있습니다. 다시 말해, 저는 자선활동에 기업가정신과 지속가능성을 도입함으로써 그 한계를 극복하고자 했습니다.

나라야나 무르티는 자선활동을 아이디어의 힘으로 세상을 변화시키는 기업가정신의 연장선으로 해석했다.

나라야나 무르티 ——————— 기업가정신은 아이디어의 힘으로 세상을 변화시키는 것입니다. 기업가는 아이디어의 힘을 활용해 이 세상을 더 살기 좋게 만들고 그 과정에서 이윤도 창출할 수 있습니다. 많은 기업가가 자선활동을 통해 이러한 변혁의 여정을 이어갑니다. 그들이 얻은 부의 일부를 자선활동을 통해 사회에 환원하는 건 매우 당연해요. 그 역시 아이디어의 힘으로 세상을 변화시키는 일이거든요!

아마존에 이은 세계 2위의 전자상거래회사 오토그룹 대표 마이클 오토는 자선활동에서 근본적인 변화를 일으킬 수 있는 '장기적 관점'과 '선순환'을 중시했다.

마이클 오토 ——————— 장기적인 사회 변화를 원한다면 넉넉한 기부만으로는 충분하지 않습니다. 이런 이유로 저는 개인적인 기부활동을 넘어 다양한 사회공헌 프로젝트에 참여하고 있습니다. 특히 저는 사회 및 환경 관련 정책을 제안하는 일에 관심이 많습니다. 저는 사회공헌 프로젝트가 단순히 '좋은 일'에 그치지 않고 사람들의 인식을 변화시키는 모멘텀을 제공할 수 있기를 바랍니다. 아이디어의 씨앗이 뿌려지고 여러 사람이 그 씨앗을 더 크게 키우고 다시 또 씨앗을 뿌려 더 많은 사람이 모이도록 하는 모멘텀 말입니다. 이렇듯 참여자들의 사회적 감수성을 키워주고 스스로 성장할 수 있도록 지원할 때 진정한 '사회공헌'의 의미가 있다고 생각합니다.

전 세계에 5만 개가 넘는 고객사를 둔 아틀라시안의 공동 CEO인 스콧 파커하르는 기업이 공동체의 일부가 되어야 한다고 강조했다.

스콧 파커하르 ———————— 기업은 원래부터 '공동체'였습니다. 저는 기업을 공동체의 일부로 만들어야 한다고 생각합니다. 많은 직장인이 출근할 때 자신의 자존감이나 취향 등 '일부'를 집에 놔두고 가야 한다고 생각합니다. 그렇지 않으면 직장에서 차별을 받거나 융화되지 못한다는 생각에서 그럴 겁니다. 그런데 제가 보기엔 자기 모습 그대로 출근해도 괜찮아야 자신의 잠재력을 최대한 끌어낼 수 있어요.
그동안은 일터와 집이 엄격히 분리되어 있었죠. 일을 마치고 집에 돌아가면 다음 날까지 직장에 관한 소식을 전혀 들을 일이 없었잖아요. 동시에 같은 이유로 직장인들은 일터에서 사적인 일을 전혀 하지 않았습니다. 직장에 출근해 대낮에 페이스북 페이지를 업데이트하는 걸 상상이나 했겠냐고요!
하지만 오늘날에는 직장 생활과 사생활의 경계가 희미해졌습니다. 공동체라는 커다란 울타리 안에 일터가 들어가 있는 거죠. 직원들에게 점심시간에 인터넷 쇼핑을 하면 안 된다고 말한다면, 주말에는 업무용 이메일에 답장하지 말라고 하는 것만큼이나 이상할 거예요.

미래의 기업가에게 전하고 싶은 조언

무하마드 유누스 Muhammad Yunus
사회적 기업가, 은행가, 경제학자로 2006년 방글라데시에 그라민 은행을 설립하고 소액대출과 소액금융이라는 혁명적인 개념을 도입하여 노벨평화상을 비롯한 여러 상을 받았다.

로빈 리 Robin Li
중국의 소프트웨어 엔지니어이자 기업가로 구글, 유튜브, 티몰, 페이스북에 이어 세계에서 다섯 번째로 인기 있는 웹사이트인 검색 엔진 바이두의 공동 창립자이다. 본명은 리옌훙이다.

요즘 내 삶에서 가장 큰 즐거움 중 하나는 가르치는 일이다. 운 좋게도 세계 최고로 평가되는 몇몇 경영대학원에 객원교수로 임용되었다. 기업가정신은 시대의 아이콘이나 유명인사들과 맞먹는 부와 권력, 영향력을 손에 쥔 인기스타들을 배출했다. 커다란 기대에 부풀어 기업가정신에 관한 수업을 듣는 학생들이 어떻게 해야 자신들도 미래의 아이콘이 될 수 있을지 궁금해하는 것은 어쩌면 당연하다.
나는 기업가들에게 미래의 기업가에게 전하고 싶은 조언을 말해달라고 부탁했다. 먼저 자신 있게 첫발을 내디뎌보라고 권하는 무하마드 유누스의 이야기를 들어보자.

제임스 다이슨 James Dyson

다수의 수상 경력이 빛나는 영국의 발명가 및 기업가이며 가전 브랜드 다이슨의 창립자이다. 진공청소기를 혁신한 업적으로 잘 알려져 있으며, 자사 제품으로 디자인상을 여러 차례 수상했다. 대영제국훈장을 수훈했다.

자말 에드워즈 Jamal Edwards

영국의 기업가, 모델, 베스트셀러 작가이며, 온라인음악플랫폼 SB.TV와 런던을 기반으로 활동하는 청년자선단체 자말에드워즈델브(Jamal Edwards Delve)의 창립자이다. 대영제국훈장(MBE)을 수훈했다.

스티브 케이스 Steve Case

미국의 기업가이며 투자자로 AOL의 전 CEO이자 회장이다. 이민정책 개혁을 옹호한 것으로 유명하다.

잭 웰치 Jack Welch

1981~2001년 제너럴일렉트릭의 회장 겸 CEO를 지냈다. 화학엔지니어이자 베스트셀러 작가였다.

무하마드 유누스 ———————— 제가 하고 싶은 이야기는 '기업가정신에 관심 있는' 사람들을 위한 것이 아닙니다. 그들은 소수에 불과할 테니까요. 저는 기업가정신에 관심이 없는 사람까지 포함한 모든 청년에게 메시지를 전하고 싶습니다. 젊은이들에겐 누구나 위대한 기업가로 성장할 잠재력이 있습니다.

이런 질문을 던져볼게요. 여러분의 인생을 맨 위에서 시작해야 할까요, 아니면 맨 아래에서 시작해야 할까요? 직장에 취업하면 대개 바닥부터 시작하죠. 직속 상사의 비위를 맞추느라 바쁘고, 상사가 정해준 사소한 역할에 충실하기 위해 창의력을 포기해야 할지도 모릅니다. 하지만 자

윌.아이.엠 will.i.am

미국의 래퍼이자 가수, 작곡가, 프로듀서, 배우이다. 힙합그룹 블랙아이드피스의 멤버이며, 오디션프로그램 〈더 보이스〉의 심사위원으로도 유명하다.

케빈 오리어리 Kevin O'Leary

사업가이자 정치인이며 작가, 방송인이다. 2009년부터 비즈니스 리얼리티 TV쇼 〈샤크 탱크〉에 출연했다.

스튜어트 버터필드 Stewart Butterfield

캐나다 출신 기업가이자 사업가이다. 사진공유 웹사이트 플리커(Flickr)의 공동 창립자이자, 슬랙(Slack)의 공동 창립자 겸 CEO이다.

데니스 크롤리 Dennis Crowley

인터넷 기업가이다. 문자 메시지 애플리케이션 닷지볼과 위치기반 SNS인 포스퀘어의 공동 창립자이다. 뉴욕의 세미프로 축구팀 킹스턴스톡에이드FC를 창단했다.

신의 목표에 대해 생각해본 적이 있나요? 자신만의 목표에서 시작해 자신의 인생, 세상, 일하는 방식을 만들어보는 건 어떨까요. 어떤 사람은 너무 위험하다며 만류할 겁니다. 하지만 신경 쓰지 마세요.

자신만의 솔루션을 찾는 것부터 시작하세요. 다른 사람들이 여러분을 위한 솔루션을 대신 정해주지 않는 건 오히려 다행입니다. 여러분 스스로 시도하고 아이디어를 창조해낼 기회가 생기잖아요. 아무도 여러분의 아이디어에 대해 왈가왈부할 수 없습니다. 그냥 시도하세요. 많은 사람이 당신과 함께하기를 기다리고 있습니다. 첫걸음을 내딛으십시오. 장담하는데, 정말 재미있답니다.

로빈 리는 자신이 잘하는 일과 좋아하는 일의 교집합을 찾는 것이 중요하다고 강조했다.

로빈 리 ———————— 평소에도 제가 자주 하는 말인데요. 저는 기업가가 군중을 맹목적으로 따라서는 안 된다고 생각합니다. 본인이 가치 있다고 생각하는 것에 집중하고 스스로 판단을 내려야 합니다. 자기가 가장 잘하는 것과 가장 좋아하는 것의 교집합을 찾으면 성공할 가능성이 확실히 커집니다. 일단 자신이 특히 잘하는 일을 하면 경쟁자보다 유리한 위치에 서게 될 겁니다. 또 자신이 좋아하는 일에 집중하면 강력한 경쟁자나 예기치 않은 불운, 달콤한 유혹과 마주하더라도 꿋꿋이 버틸 수 있습니다.

제임스 다이슨은 기업가가 되겠다는 열망이 아니라 문제를 해결하는 무언가를 창조하겠다는 열망을 품으라고 조언했다.

제임스 다이슨 ———————— 기업가가 되겠다면 먼저 중요한 문제를 해결할 무언가를 창조하겠다는 열망을 품으세요. 제가 젊은이들에게 보내고 싶은 메시지는 "아이디어가 있다면 프로토타입을 만들어 테스트하라"라는 것입니다. 계속해서 테스트하고 수정하면서 실패에서 배우십시오. 홀로서기에 겁먹지 마시고요. 때로는 겪어본적 없는 어려운 일에 뛰어드는 용기가 필요하지만, 훗날 세상에 도움이 될 파괴적 기술을 개발했을 때 얻게 될 보상은 실로 놀랍습니다.

자말 에드워즈는 2006년 15세에 런던에 있는 자기 방에서 디지털 음악 방송 프로그램인 SB.TV를 유튜브에 개설했다. 그는 음반 기획과 마케팅에서 시작해 영화 제작 등으로 사업 범위를 넓혔고 23세에 수백억 달러의 자산가가 되었다. 젊은 기업가 자말 에드워즈는 '자기 신념'을 강조했다.

자말 에드워즈 ―――――― 가장 중요한 것은 자기 신념입니다. 자기 신념은 정말 중요해요. 자신을 믿고 아이디어를 실행에 옮기세요. 실패하면 어떡하냐고요? 그 실패에서 배우고 계속 나아가면 됩니다. 거기서 상처를 받지 마십시오. 성공했다고 너무 우쭐대도 안 되겠지만, 실패했다고 너무 좌절할 필요도 없습니다.

스티브 케이스도 기업가로서 중대한 도전들을 기꺼이 받아들이고 즐기라고 권했다.

스티브 케이스 ―――――― 우리 사회에는 여전히 신선한 아이디어, 대담한 관점, 혁신이 필요한 문제들이 산적해 있습니다. 중요한 점은 바로 이러한 문제에 기업가들이 세계를 변화시키고 새로운 바람을 일으킬 기회가 있다는 것입니다. 건강 관리법, 식습관, 여행 방식, 에너지 관리, 학습 방법 등 수십억 인구의 삶에서 매우 중요한 문제들에 초점을 맞추는 기업가들이 늘어나고 있습니다. 저는 젊은 기업가들이 더 높은 목표를 세우고, 더 큰 문제와 도전들을 극복하고, 열정과 끈기를 바탕으로 세계에 중대한 영향을 미치길 바랍니다.

잭 웰치는 미래의 젊은 기업가들에게 최고의 선수들로 구성된 최고의 팀을 만들어 승리하는 데 집중하라고 말했다.

잭 웰치 ──────────── 비즈니스 세계에서는 훌륭한 팀을 구성하는 것이 승부의 핵심입니다. 최고의 선수들이 모여 똘똘 뭉치는 팀이 승리합니다. 이처럼 훌륭한 팀은 성장을 이끌 것이며, 성장은 만병통치약과 같습니다. 성장이 성장을 낳는 모습을 보면서 엄청난 짜릿함과 즐거움을 느끼니까요. 비즈니스는 재미있는 경기입니다. 다른 선수들을 이기기 위해 경쟁하는 시합이에요. 경기 후 로커룸으로 돌아갈 때 동료들과 승리를 자축하는 것과 목에 수건을 두른 채 패배감에 고개를 숙이는 것 중 어느 쪽이 좋을까요. 경기에서 승리해야 우리 가족, 내가 선택한 단체, 내가 소속된 지역사회에 무엇이든 환원할 수 있습니다.

윌.아이.엠은 먼저 자신이 기업가이자 리더로서 어떤 사람인지부터 파악해야 한다고 말했다.

윌.아이.엠 ──────────── 사람들 사이에서 자신이 어떤 사람인지 파악해야 합니다. 리더로서 어떤 타입인지도 알아야 하고요. 여러분은 아이디어 뱅크인가요? 메모광? 행동파? 마무리하는 타입? 아니면 팀원들을 아우르는 타입인가요? 시간을 딱 잡고 진지하게 아이디어 회의를 열면 항상 이런 사람들이 있습니다. 아이디어 뱅크, 정신적 지주(아이디어 뱅크와 꼭 동일하지는 않으며 사람들의 화합을 이끄는 사람), 메모광(뭐든지 기록하고 비교 검토하는 사람), 행동파(행동 방침을 만들고 무슨 일을 해야 할지 아는 사람), 마무리하는 사람(결정을 끝내서 실행 단계로 옮기는 사람) 등입니다. 이 모든 사람들을 아우를 줄 아는 '통솔자' 타입도 있습니다. 여러분은 혹시 통솔자인가요? 아니면 어느 축에 속하나요? 저는 아이디어 뱅크입니다. 저는 저 자신을 잘 알아요. 다만 마무리하는 타입은 아닙니다. 때로는 생각을 너무 많이 하고 제 아이디어를 지나치게 고수하는 경향이 있어서요. 아이디어 뱅크와 퍼실리테이터(facilitator)[8]는 아이디어가 완성됐다는 생각이 들어서야 자기 의견을 내놓고 싶어 해요. 그러니 도무지 진도가 안 나가서 숨 막힐 때가 많아요.

비즈니스 리얼리티 TV쇼 〈샤크 탱크〉의 인기 투자자였던 케빈 오리어리는 기업가들이 '숫자'를 잘 알아야 한다는 점을 거듭 강조했다.

케빈 오리어리 ———————— 기업가로서 가장 먼저 해야 할 일은 재무 문제를 정리하는 겁니다. 이건 저의 학생들에게도 언제나 강조하는 것입니다. 창업 리얼리티 TV프로그램인 〈샤크 탱크〉와 〈드래곤스 덴Dragon's Den〉에서 10년 동안 얻은 교훈이 있다면, 발표를 뛰어나게 잘하는 참가자들에게 발견되는 세 가지 공통점이 있다는 겁니다. 첫째, 기회 요인이 무엇인지 90초 이내에 설명합니다. 제한 시간 내에 설명하지 못하면 성공하기 힘듭니다. 둘째, 왜 자신이 사업 계획을 실행할 적임자인지 설명합니다. 자신에게 어떤 특별한 지식과 장점, 경험이 있는지 혹은 다른 어떤 점에서 적임자인지 어필하는 거죠. 좋은 아이디어에 형편없는 실행력이 결합하면 끔찍한 투자가 됩니다. 그러니 반드시 실행할 수 있다는 점을 증명해야 합니다. 마지막으로, 이건 제가 개인적으로 자부하는 점이기도 한데요. 숫자를 알아야 하고 숫자와 친해야 합니다. 참가자들은 최소한 손익분기점, 매출총이익, 시장 규모, 경쟁업체 숫자 정도는 알아야 합니다. 이 모든 것이 다 중요합니다. 그 정도는 기본이거든요. 다시 한번 말씀드릴게요. 제아무리 훌륭한 아이디어를 가진 기업가라 해도 숫자를 모르면 실패합니다!

슬랙으로 기업용 업무 솔루션 시장을 선도하고 있는 스튜어트 버터필드는 미래의 기업가들에게 두 가지 조언을 들려주었다.

스튜어트 버터필드 ———— 첫째, 본인보다 고객을 먼저 생각해야 합니다. 둘째, 비전을 세우고 일관성 있게 실천하는 것은 아무리 강조해도 지나치지 않을 겁니다. 제품을 출시하고 나서 받는 피드백은 확실히 중요합니다. 하지만 그것에 휘둘려 자신을 의심하고 망설여서는 안 됩니다. 저희 슬랙 같은 회사는 기회를 찾아서 아주 민첩하게 움직이면서 주변에 있는 자원들을 잘 활용해야 합니다. 아마도 저희의 성장 방식은 파쿠르(parkour)라는 스포츠에 비유할 수 있을 것 같네요. 파쿠르는 도구나 장비 없이 건물을 기어오르거나 건물과 건물 사이를 뛰어다니는 스포츠잖아요. 파쿠르에서 벽과 난간을 짚으며 재빠르게 이동하듯이, 저희는 시장 변화와 고객 수요를 읽으며 빠르게 움직여야 합니다. 둘의 공통점은 망설이다가는 넘어지고 다친다는 거예요. 의심하느라 머뭇거리고 멈추는 것보다는 계획에서 약간 빗나가더라도 전속력으로 나아가는 것이 낫습니다.

닷지볼과 포스퀘어의 창립자인 데니스 크롤리는 프로그래머로서 실력이 뛰어나진 않지만, 그 일을 열정적으로 좋아하는 기업가로 알려졌다. 그래서인지 그는 "세상에 존재하지 않는 것 중에 원하는 것이 있으면 그냥 그것을 만들어라"라고 조언했다. 그러면서 겉으로 드러나는 화려한 모습보다 감추어지는 실패의 경험에 더 주목하라고 주문했다. 그 이유는 실패의 경험이야말로 우리에게 소중한 교훈을 줄 수 있기 때문이라는 것이다.

데니스 크롤리 ———————— 우리는 성공한 기업가의 얼굴이 표지 전면을 가득 채운 잡지나 책 등을 흔히 볼 수 있습니다. 미디어에서도 대박을 터트린 기업가의 성공 스토리는 자주 다루지만, 실패와 위기를 겪은 기업가들에 대해서는 거의 이야기하지 않죠. 기업가들 스스로 자신이 왜 실패하고 폐업을 하게 됐는지 이야기하고 싶어 하지 않는 것 같아요. 하지만 저는 실패가 더 많이 공유되어야 한다고 생각합니다. 그래야 사람들이 자신만 실패하는 것이 아니라 모두가 거치는 과정이라는 걸 깨달을 수 있을 테니까요. 성공한 기업가들은 좋은 일뿐만 아니라 나쁜 일에 대해서도 공개적으로 이야기해야 합니다. 사람마다 성공하는 방법과 과정은 다 다릅니다. 기업가도 마찬가지입니다. 우리가 나누는 실패의 경험은 분명 다른 사람들에게 힘겹더라도 한 발 더 내딛는 데 힘이 되어줄 것입니다. 미래의 기업가에게도 실패를 경험하고 그것에서 배우고 다른 사람과 공유하는 것을 절대로 잊지 말라고 당부하고 싶습니다.

“다른 사람들이 여러분을 위한 솔루션을 대신 정해주지 않는 건 오히려 다행입니다. 여러분 스스로 시도하고 아이디어를 창조해낼 기회가 생기잖아요. 아무도 여러분의 아이디어에 대해 왈가왈부할 수 없습니다. 그냥 시도하세요. 첫 걸음을 내딛으십시오. 장담하는데, 정말 재미있답니다.”

— 무하마드 유누스

●

전 세계에는 문제의 해결책을 찾고자 하는 사람, 열정을 사업으로 전환하는 사람, 세상을 바꾸고자 하는 사람, 창조적 열망과 추진력이 있는 사람, 그리고 사업을 시작하는 것 외에는 다른 길이 없는 사람이 있다. 동네 자영업자에서 글로벌 기업의 창립자까지 기업가는 어디에나 존재하며, 그들 모두는 경제의 중추 역할을 담당하고 있다. 그들을 관통하는 공통점은 아이디어를 현실로 바꾸는 능력, 그리고 끝까지 해내려는 끈기이다.

기업가정신의 진화는 탁월한 아이디어의 실현과 성공을 통해 이루어진다. 그로써 세상의 변화와 발전이 추동되고 인류의 삶은 더 풍요로워지며, 그중 일부는 빠르게 우리 문화의 일부분으로 흡수된다. 1903년 라이트 형제(Wright brothers)는 최초의 동력 비행기를 개발해 35미터를 비행했고, 불과 66년 후 두 명의 우주인이 달에 착륙해 지구를 바라보았다. 또 우리는 1941년에 최초로 단순한 형태의 디지털 컴퓨터를 발명했고, 70년도 채 안 되어 전 세계에 연결된 클라우드에 인류의 지식을 저장할 수 있을 만큼 진화했다.

초기 인터넷 시대는 기업가정신과 관련해 가장 흥미진진한 시기였다. 소수의 기업가들이 이전에 볼 수 없었던 규모의 글로벌 비즈니스를 창출했고, 그들은 매우 극한 환경에서 기업가정신을 학습하는 선봉장 역할을 했다. 제리 양은 1세대 검색엔진 중 하나인 야후의 공동 설립자였으며, 그 덕에 세계 최초의 인터넷 억만장자로 이름을 날렸다. 그에게 기업가정신은 세상을 변화시키거나 영향을 미칠 어떤 것을 개발하겠다는 강력한 미션을 찾는 것이다. 그러려면 열정과 신념, 성공과 실패를 함께 나눌 팀이 필요하다. 내가 만난 성공한 기업가들도 예외 없이 이와 같은 관점을 제시하고 강조했다.

붓다의 가르침 중에 기업가를 잘 설명하는 말이 있다. "우리의 생각이 곧 우리 자신이다. 모든 것은 우리의 생각과 함께 발생한다. 따라서 우리의 생각이 이 세상을 형성한다." 창조적인 아이디어를 발견하는 능력은 어쩌면 우리 인간이 마음껏 활용할 수 있는 가장 강력한 능력일 것이다. 기업가란 한마디로 자본, 지식, 도구, 인프라 등 모든 자원을 토대로 아이디어를 유무형 자산으로 변환한 다음 이를 사회와 문화에 녹여낼 수 있는 사람이다.

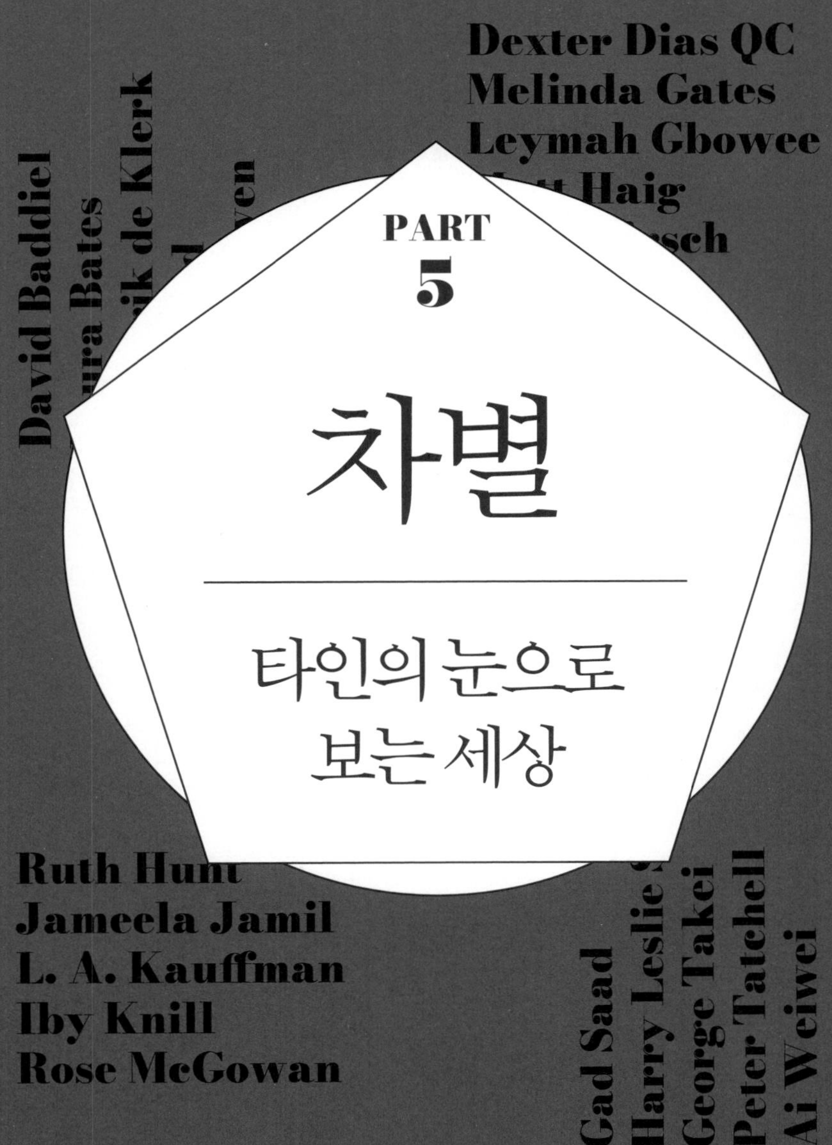

PART 5

차별

타인의 눈으로 보는 세상

"우리는 무지에서 빠져나와 자기 자신을

다른 사람의 입장이 되어 바라볼 수 있어야 합니다."

— 로즈 맥고완

아주 어렸을 때 부모님과 함께 영국 북부에 있는 놀이공원의 스페이스타워(Space Tower)에 놀러 간 적이 있다. 우리 가족은 48미터 높이의 회전전망대에서 모든 명소와 멋진 풍경을 한눈에 감상할 수 있었다. 또래 아이들이 으레 그렇듯이 나도 엄청 신이 나서 어쩔 줄 몰랐던 기억이 난다. 그러나 흥겨움은 오래가지 못했다. 우리 가족이 놀이기구에 탑승하자 어떤 남자가 인신공격을 퍼붓기 시작했다. 급기야는 "빌어먹을 너희 나라로 꺼져. 이 파키스탄놈들!"이라는 말까지 내뱉었다. 그것이 내가 처음으로 경험한 인종 차별이었다. 1960년대에 영국에 이민 와서 정착한 부모님에게 인종 차별은 피할 수 없는 일상의 한 부분이었다.

아버지는 맨체스터에 처음 왔을 때 집세가 일주일에 5파운드인 원룸에서 지내셨다. 그러다가 디즈베리 지역에서 괜찮은 아파트를 발견하곤 곧바로 전화를 걸고 찾아갔다. 그러나 집주인은 아버지를 보더니 잠시 머뭇거리곤 "죄송하지만 집이 이미 나갔습니다"라고 말했다. 아버지는 "파키스탄놈들, 저리 꺼져!"라는 소리를 자주 들어야 했다. 언젠가 나는 아버지에게 어떻게 그런 굴욕들을 견뎠는지 여쭤보았다. 아버지는 영국에서 살려면 어쩔 수 없이 겪어야 하는 현실로 생각했다고 답하셨다. 다행히 비즈니스 업계에는 따뜻하게 환대해주는 사람도 일부 있었기 때문에 가능한 한 차별을 의식하지 않으려고 하셨다는 것이었다. 부모님과 비슷한 시기에 영국에 이민을 온 타지 사람들은 싸우든지 피하든지 둘 중 하나로 대응했다. 즉 차별 철폐를 주장하는 목소리를 내거나, 사람들을 회피하며 공동체에서 고립되는 쪽을 선택해야 했다.

1980년대에 청소년기를 보내며 인종 차별은 내 일상의 일부를 차지했다. 학교에서는 물론이고 드물긴 해도 거리에서도 인종 차별을 당했다. 어느새 나는 사람들이 갈색 피부를 싫어하는 걸 당연하게 여기기 시작했다. 그냥 하나의 사회적 규범이려니 여겼던 것 같다. 다행히 1990년대 들어서면서 인종 차별을 덜 겪게 되었다. 차츰 경력을 쌓으면서 좌파 중산층에 편입하게 된 것도 이유로 작용했겠지만, 더 큰 요인은 우리 사회에서 인종 차별이 용납되지 않는 분위기가 형성되기 시작한 것에 있지 않나 싶다. 그때부터 나는 누가 굳이 언급하지 않는 한 내 피부색을 거의 의식하지 않으면서 지낼 수 있었다.

물론 가끔은 이런 일도 있었다. 회사를 차리고 얼마 지나지 않아 한 기자가 "비카스 씨는 아시아인 기업가로서 활동하시는 소감이 어떠세요?"라고 물었다. 나는 짧게 대답했다. "다른 기업가와 다르지 않습니다. 피부색만 갈색일 뿐이에요." 그 기자는 별 악의 없이 던진 질문이었겠지만, 나는 그런 질문을 받을 때마다 우리 사회에 여전히 '우리'와 '그들'을 구분하는 정서가 잠복해 있다는 걸 실감해야 했다. 또한 어린 시절에 내가 경험한 인종 차별이 매우 노골적이었다는 걸 깨달았다. 기억과 상처가 내면 깊숙한 곳으로 가라앉으면서 조금 희미해졌을 뿐이었다.

인종 차별이 수그러든 듯했던 1990년대부터 20년이 지난 최근에 와서 나는 유독 갈색 피부를 신경 쓰기 시작했다. 사람들이 나를 테러리스트로 오해하지 않도록 옷차림, 소지품, 말투와 행동거지 등 모든 것에 각별히 주의를 기울였다. 나뿐만 아니라 갈색 피부를 가진 많은 사람이 공항에서 비행기 탑승 전 면도를 하거나 대중교통을 이용할 때 눈치를 보고 있다.

차별은 단지 인종 문제만은 아니다. 전 세계에서 젠더, 종교, 성 정체성, 정치적 성향 등으로 인한 경제적 · 사회적 · 문화적 소외와 차별이 벌어지고 있다(때로는 폭력과 추방까지도). 2020년 5월 미국 미네소타주에서 경찰의 과잉진압으로 비무장 상태의 흑인 남성 조지 플로이드(George Floyd)가 사망한 사건은 체계적이고 제도화된 인종주의의 끔찍한 현실을 보여주었다. 그 사건으로 전 세계에서 인종 차별에 반대하는 시위가 일어났고, 이제 변화가 필요하다는 것을 분명히 알게 되었다.

오늘날 빈곤은 어떻게 다루어지고 있는가

해리 레슬리 스미스 Harry Leslie Smith
영국의 작가이자 정치평론가였으며, 2차 세계대전 당시 영국 공군에서 복무했다.

존 버드 John Bird
사회적 기업가로 〈빅이슈〉를 공동 창립했다. 홈리스를 지원하는 길거리신문잡지 국제네트워크(International Network of Street Papers, INSP)의 창립자이기도 하다. 대영제국훈장(MBE)을 수훈했다.

나는 맨체스터 전역의 빈곤층을 지원하는 자선단체 머스터드트리(Mustard Tree)와 10년 넘게 긴밀히 협력하며 활동해왔다. 영국은 다행히 적절한 사회안전망을 갖추고 있긴 하지만, 언제 터질지 모르는 댐을 주먹 하나로 틀어막고 있는 것처럼 여겨질 때가 있다. 2020년에는 코로나19로 인해 그러잖아도 근근이 살아가던 가정들이 급작스러운 생계 위기를 맞게 되었고, 머스터드트리와 나는 해야 할 일들을 산더미처럼 쌓아놓고 바쁜 나날을 보내고 있다. 인류의 평균적인 삶은 더 풍요로워졌을지 모르지만, 한쪽에서는 여전히 빈곤에서 좀처럼 벗어나지 못해 고통받는 사람들이 늘어나고 있다.

영국의 인권운동가였던 해리 레슬리 스미스는 1923년부터 1세기에 가까운 세월을 영국에서 살았다. 그는 역사의 산증인으로서 영국 사회에서 빈곤 문제가 어떻게 다뤄졌는지에 관한 생생한 경험을 이야기해주었다.

해리 레슬리 스미스 ——————— 1920~1930년대 제가 젊었을 때 경험한 빈곤은 오늘날 가난한 사람들이 겪는 것보다 훨씬 더 고통스러웠습니다. 우리 가족은 다 허물어진 오두막에서 살았습니다. 정말 끔찍했죠. 당시에는 복지 국가라는 개념도 없었기 때문에 가난한 사람들은 별다른 지원도 받지 못했어요. 의료보험제도도 없어서 비싼 의료비를 감당하지 못하는 사람들은 병에 걸리면 그냥 죽음을 기다려야 했죠.
비록 1930년대만큼 극심하지는 않지만, 오늘날에도 빈곤은 우리 주변에서 흔히 볼 수 있습니다. 수년간 복지지출을 긴축해온 탓에 어떤 면에서는 빈곤 문제가 더 악화했다고 볼 수도 있어요. 저는 1930년대 대공황 시절에 목격한 비참한 광경을 요즘에도 가끔 마주하는데, 그럴 때면 빈곤의 고통이 영원히 끝나지 않을지도 모른다는 두려움이 들기도 합니다. 빈곤 문제를 해결하기 위해서는 사람들이 행동에 나서야 하고 정치가 바뀌어야 합니다. 그 시작은 유권자로서 권리를 행사하는 겁니다. 사람들이 더 많이 투표에 참여해야 합니다.

세계 곳곳의 정부들처럼 영국 정부도 오랫동안 부의 창출을 우선시하는 정책에 집중했다. 그러는 동안 집값은 천정부지로 치솟았고, 일자리는 서비스업과 금융업으로 옮겨갔다. 지역사회와 사회적 안전망을 위한 예산은 더 줄어들었고, 수백만 명이 생계에 위협을 받는 위태로운 상황에 놓였다. 영국은 세계에서 가장 부유한 국가 중 하나이지만, 전체 인구의 상대적 빈곤율이 22퍼센트에 이른다. 빈곤 퇴치를 위한 자선단체 조셉 라운트리재단(Joseph Rowntree Foundation)의 조사에 따르면, 전체 인구의 5분의 1에 해당하는 1,400만여 명이 상대적 빈곤을 겪고 있다. 이 가운데 30만 명의 아동을 포함한 150만 명은 극빈층에 속한다.

홈리스를 위한 잡지 〈빅이슈〉를 공동 창립한 사회적 기업가 존 버드에게 빈곤 퇴치를 위해 정부가 해야 할 일은 무엇인지 질문했다.

존 버드 ―――――――――――― 빈곤을 이해하려면 정부의 재정지출이 어떻게 이뤄졌는지부터 살펴봐야 합니다. 지금까지 우리가 내는 세금 중 상당 부분은 사회보장제도를 운영하는 데 투입되었습니다. 사회보장제도의 취지는 힘든 시기를 이겨내고 일자리를 다시 찾을 수 있도록 교육 기회와 기본 생계를 지원하는 것이었습니다. 즉 사회보장법의 취지이기도 한 '사회적 기회'를 제공하는 것이었죠. 그러나 오늘날 사회보장제도는 힘들어진 사람들이 손쉽게 의존할 수 있는 수단이 되어버렸어요. 문을 열면 필요한 것들을 얻을 수 있는 '저장고'처럼 취급되고 있는 거죠. 오히려 정부는 이들이 새로운 기술을 배우거나 기업가가 되어 다시 일어설 수 있는 기회를 앗아갔어요.

사람들은 여전히 '가난한 사람들'을 다른 종족으로 봅니다. 영국 사회에서 꽤 잘나가는 백인 중산층 진보주의자들의 이면을 한번 들여다보세요. 그들의 앞 세대에 가족을 빈곤에서 구해내기 위한 씨앗을 뿌린 누군가가 있었다는 걸 알게 될 겁니다. 예컨대 그들의 할아버지가 새로운 기술을 배웠거나 기업가로 새로운 출발을 했을 수도 있겠지요. 덕분에 할아버지의 자녀 세대는 빈곤이 무엇인지 알 필요가 없어졌을 테고요.

장애는 왜 차별의 대상이 되었는가

필립 크레이븐 **Philip Craven**
전 장애인올림픽 휠체어 농구 선수였으며, 2001~2017년에 국제장애인올림픽위원회(IPC) 위원장을 역임했다. 대영제국훈장(MBE)을 수훈했다.

지금 우리 사회에는 배려와 존중을 한답시고 공공연하게 장애인과 비장애인을 구분하고 차별하는 말과 행동들이 범람하고 있다. 국제패럴림픽위원회 위원장이었던 필립 크레이븐은 장애인에 대한 차별적 인식을 바꾸려면 무엇이 필요한지에 관해 이야기해주었다.

필립 크레이븐 ——————— 개인적으로는 차별을 받은 적이 많지 않습니다만, 아직 우리 사회에 많은 차별이 존재하는 건 확실합니다. 장애인에 대한 사회적 인식을 바꾸기 위해선 강제적인 법규의 실행 같은 방법이 아니라 사람들에게 실질적이고 긍정적인 경험을 심어주는 방향으로 가야 합니다. 물론 때로는 법규가 필요하긴 해요. 가령 장애인들은 주차 공간이 넓어야 휠체어에서 자동차 앞 좌석으로 올라탈 수 있으니까요. 중요한 것은 특정 신념이나 행동 방식을 강요하는 대신 '타인을 바라보는 관점'을 바꿔주는 것입니다.

약 10년 전 미국에서는 패럴림픽 참가 선수들이 종종 '슈퍼 불구자(super-crips)'로 불렸습니다. 슈퍼 불구자에 담긴 진정한 의미는 '불굴의 의지로 어려움을 극복한 사람'입니다. 우리가 진심으로 관심을 기울여 본다면 장애를 지닌 사람도 마음만 먹으면 무엇이든 할 수 있다는 것을 알게 될 겁니다. 장애를 지닌 사람들 역시 자신의 모습을 있는 그대로 보여줄 필요가 있습니다. 그래야만 사람들의 인식과 관점을 바꿀 수 있습니다. 사람들이 알아서 바꿔주길 기대하는 건 부질없어요.

필립 크레이븐은 이어서 '장애'라는 단어에 내포된 부정적 의미에 관해 설명했다.

필립 크레이븐 ———————— '장애(disability)'라는 단어는 기본적으로 '능력(ability)'이 '없음(dis-)'을 나타내는 부정적 의미를 내포하고 있어요. '장애인(the disabled)'과 같이 두루뭉술하게 표현되는 건 훨씬 더 심각합니다. 모든 사람은 그런 꼬리표 없이도 한 개인으로서 존재할 수 있어야 해요. 나이가 들어서 시각과 청각이 쇠퇴하고 거동이 불편해진 사람에게 장애인이냐고 물어보세요. 손사래를 치며 거부할 겁니다! 그런 사람은 자신을 장애인과 '다르다'고 생각하거든요. 저는 그냥 필립 크레이븐이라는 한 개인으로 존재합니다. 휠체어를 타고 다닌다는 사실은 저의 정체성이나 삶에서 전혀 중요하지 않아요. 사회에서 장애인으로 불리는 사람들 모두 마찬가지입니다.
사실 오랫동안 장애인이라는 말을 들으면 자신도 모르게 장애가 의식되기 시작합니다. 저도 사고 후 삶이 바뀌었냐는 질문을 종종 받거든요. 하지만 저는 절대 제 삶이 바뀌지 않도록 능동적으로 노력했으며, 실제로 제 삶은 바뀌지 않았습니다. 다른 사람이 자신의 운명을 결정하도록 놔두기보다는 스스로 운명을 결정할 수 있다는 자신감으로 장애에 대한 생각을 떨쳐버려야 합니다.

필립 크레이븐은 "장애인들에게 전하고 싶은 메시지가 있느냐"는 물음에 이런 이야기를 들려주었다.

필립 크레이븐 ———————— 무엇보다 자기 자신으로 살아야 합니다. 그리고 인생에서 무엇을 하고 싶은지 스스로 결정해야 합니다. 지금 부정적인 생각에 사로잡혀 있다면 여러분과 같은 처지의 다른 사람들이 그동안 어떻게 행동했는지 살펴보기 바랍니다. 그들의 도움이 있더라도 자신의 삶을 변화시킬 사람은 그들이 아니라 자기 자신이라는 것을 명심해야 합니다. 자신이 할 수 있는 일이 무엇인지 알고 있어야 하고, 그것을 행동에 옮기려는 결단력도 필요합니다. 누군가가 방해한다면 필사적으로 싸우십시오. 인생은 싸움이고 투쟁이기에 그들에게 당당히 문제를 제기해야 합니다. 우리는 성문법과 관습법이 동시에 존재하는 공동체에서 살고 있지만, 삶은 근본적으로 자유로워야 합니다. 그러니 자신만의 자유를 개척하기 바랍니다.

2019년 내가 후원하는 자선단체 중 하나인 인플레이스오브워와 함께 남수단과의 국경에서 그리 멀지 않은 우간다 북부의 한 지역을 방문했다. 수십 년간 무력 충돌의 영향을 받은 그곳에서 우리는 장애인들이 당면한 불평등 문제를 해결하기 위한 일련의 프로그램을 계획하고 있었다. 그들은 대개 지뢰 피해자들이었다. 우리가 방문한 지역의 주민들은 장애가 무엇인지 이해하지 못했고, 장애를 표현할 단어도 없었다. 우리는 포럼연극(forum theatre)[9]을 기반으로 하는 드라마 워크숍을 열었다. 이 워크숍에 참여한 사람들은 비로소 '장애'에 관해 대화를 나눌 수 있었고, 그 짧은 시간에 상황은 극적으로 바뀌었다. 나는 장애뿐 아니라 다른 형태의 차별에서도 대화가 중요하다는 점을 알고 있다. 우리는 계속 대화해야 한다. 그렇지 않으면 오히려 퇴보할 위험이 있다.

"'장애'라는 단어는 기본적으로 '능력'이 '없음'을 나타내는 부정적 의미를 내포하고 있어요. '장애인'과 같이 두루뭉술하게 표현되는 건 훨씬 더 심각합니다. 모든 사람은 그런 꼬리표 없이도 한 개인으로서 존재할 수 있어야 해요."

— 필립 크레이븐

인종 차별이 사라지지 않는 이유는 무엇인가

덱스터 디아스 Dexter Dias QC
작가이자 국제인권변호사로 최근 몇 년간 표현의 자유, 살인, 반인도적 범죄, 테러리즘, 여성 할례, 대량 학살과 관련된 중요한 사건들을 맡았다.

아푸아 허시 Afua Hirsch
변호사 출신의 작가이자 방송인, 다큐멘터리 제작자이다. 현재는 UCLA(캘리포니아대학교 로스앤젤레스)의 아넨버그저널리즘스쿨 교수로 재직 중이다.

지난 10년 동안 전 세계적으로 우익 포퓰리즘과 민족주의 흐름이 부상하면서 인종 차별이 다시 전면에 등장했다는 사실은 뉴스만 대충 훑어봐도 알 수 있다. 우리는 그동안 차별에 맞서 열심히 싸웠지만, 안타깝게도 그 싸움은 앞으로도 계속될 것으로 보인다.

나는 인종 차별이 오랫동안 사라지지 않는 이유를 이해하기 위해 '인종(race)'의 개념을 먼저 살펴봐야 한다고 생각했다. 인권 유린, 살인, 테러, 전범, 대량학살과 관련된 큰 사건들을 맡아온 국제인권변호사 덱스터 디아스는 인종이라는 개념이 어떻게 생겨났는지에 관해 이렇게 설명했다.

프레데릭 데 클레르크 Frederik de Klerk
남아프리카공화국의 정치가이자 전 대통령이다. 재임 시절 백인 정권의 인종 차별 정책인 아파르트헤이트(apartheid)를 철폐하고 보편적 참정권을 도입하여 넬슨 만델라(Nelson Mandela)와 노벨평화상을 공동 수상했다.

조지 타케이 George Takei
미국의 배우, 작가, 인권운동가로 TV시리즈 〈스타트렉〉에 출연해 이름을 알렸다.

이비 닐 Iby Knill
홀로코스트 생존자이자 작가로, 자신의 경험을 담은 책 《번호 없는 여자The Woman Without a Number》를 썼다. 대영제국훈장(BEM)을 수훈했다.

덱스터 디아스 ———— 생물학적, 과학적, 유전적 개념의 인종은 존재하지 않습니다. 인종이란 개념이 원래 존재했던 것이 아니라 사회 제도의 산물이라면, 즉 치밀하게 고안된 '근거 없는 믿음'에 불과하다면 왜 지구 전체에서 그토록 커다란 힘을 얻게 되었을까요? 그 이유는 우리가 '근거 없는 믿음'을 만들어내는 이유와 관련이 있습니다. 우리는 목적을 달성하고, 세상에서 의미를 창출하고, 어떤 행동을 알리며 정당화하고, 우리 사회와 우리 자신을 조직하기 위해 이야기를 지어내고 근거 없는 믿음을 만들어냅니다.

인종에 대한 근거 없는 믿음은 500년 전 스페인 종교재판에서, 당시 스페인이 유대인은 자신들과 다른 종족이라는 것을 증명하려 들면서 생겨났습니다. 그 뒤 인종 개념이 실제로 급속도로 퍼진 것은 식민주의 때문이었습니다. 식민주의는 기본적으로 다른 지역 사람들에 대한 착취와 재산 수탈을 정당화하기 위한 하나의 기정사실로서 '인종' 논리에 의존하려고 했지요. 정복자들은 가짜 유사과학의 렌즈를 통해 어떻게든 피정복민을 열등하고 비인간적인 존재로 표현해야 했습니다.

인종 간에 차이가 있다는 발상은 항상 상대를 착취하려는 자들의 머릿속에서 나왔습니다. 저는 사회학자 피에르 부르디외(Pierre Bourdieu)의 말을 늘 기억합니다. "인종 차별이란 개념은 없다. 인종 차별 행위가 있을 뿐이다." 그의 말은 지금 세상에서 일어나고 있는 일을 이해하는 데 매우 중요한 의미가 있습니다.

영국의 저술가이자 방송인이며 〈가디언Guardian〉의 고정 칼럼니스트인 아푸아 허시는 '인종과 정체성'의 관계에 관해 이렇게 설명했다.

아푸아 허시 ——————— 생물학이나 과학의 관점에서 보면 인종적 정체성은 허구에 가깝습니다. 인종 관념에 부합하는 유전자도 존재하지 않고요. 사실 인종 간보다 인종 내에서 유전적 차이가 더 크게 나타나거든요. 인종이라는 개념을 바탕으로 하는 정체성이 생겨난 역사적 배경을 추적하는 것은 그리 어렵지 않습니다. 인종은 유럽인들이 제국주의 팽창기에 그랬듯이, 세계 곳곳의 노동력과 영토를 착취하기 위한 이데올로기로서 매우 구체적으로 고안된 개념입니다.

작가이자 언론인인 타네히시 코츠(Ta-Nehisi Coates)는 "노예 제도가 인종을 낳은 것이 아니라 인종이 노예 제도를 낳았다"라고 했지요. 분명히 말하자면 단순히 유럽인들의 식민주의가 문제였던 것이 아니라, 아프리카인을 인간 이하의 존재로 격하하는 것을 정당화하는 도구로 인종과 인종 분류 개념을 고안한 이념적 토대가 더 뿌리 깊은 문제였습니다. 이러한 이념적 토대가 사회 제도로 만들어지고, 이는 인종이라는 꼬리표를 통해 자신의 정체성을 규정하도록 우리 마음에 내재화되었습니다. 우리는 사회 전반에 걸쳐 인종 차별이 이뤄진 이유가 무엇인지, 인종 차별을 정당화하는 이념적 실체는 무엇인지 계속해서 따져봐야 합니다.

전 남아프리카공화국 대통령 프레데릭 데 클레르크는 재임 시절 백인 정권의 인종 차별 정책인 아파르트헤이트를 철폐하고 보편적 참정권을 도입하여 노벨평화상을 수상했다. 그에게 식민지 시대에 아파르트헤이트를 정점으로 인종 차별을 유발한 원인이 무엇인지 질문했다.

프레데릭 데 클레르크 ———— 인권 개념이 인류 역사에서 대두된 것은 그리 오래되지 않았습니다. 대부분 역사에서, 심지어 아프리카, 아메리카, 아시아의 토착민들 사이에서도 정복 세력이 피정복민과 그들의 영토를 마음대로 다룰 수 있다는 생각이 받아들여졌습니다. 특히 아메리카 대륙에서 식민국이 식민지 민족에게 저지른 만행은 법을 포함해 도덕과 동정심으로도 거의 제지되지 않았습니다. 그나마 남아공의 개척민과 토착민의 관계에서는 아메리카, 오스트랄라시아, 아시아의 많은 지역보다 착취와 억압이 비교적 덜한 편이었습니다.

대부분의 식민국은 다음 몇 가지 이유로 자신들이 정복한 민족에 대해 차별 정책을 실행했습니다. 첫째, 그들은 기독교인으로서 자신들의 지위가 이교도를 차별할 권리를 주었다고 믿었습니다. 둘째, 식민국과 식민지 사이의 발전 수준에는 상당한 격차가 나는 경우가 많았습니다. 셋째, 식민국에서 식민지의 문화에 대개 무지했다는 점도 이유가 될 수 있겠고요. 넷째, 식민국은 일반적으로 식민지의 영토와 자원을 차지하겠다는 야욕이 강했습니다. 다섯째, 식민지 민족이 반란을 일으키지 못하도록 강하게 억눌러야 했습니다.

대부분 역사에서 남아공 흑인 대다수는 전통적 지배자들(행정 수도 프리토리아의 백인 정권이 임명한 정부)의 통치를 따르며 자신의 부족 지역에서 계속 삶을 이어갔습니다. 아프리칸스어로 '분리'를 의미하는 아파르트헤이트는 각 지역의 민족이 각자 자기 지역을 개발하도록 장려해야 한다는 '인종별 분리의 발전'을 추진하는 백인들의 강력한 주장에 뿌리를 두고 있었습니다. 1950년대 후반부터 남아공은 입법부, 행정부, 사법부(그리고 대부분 공립대학까지)를 지닌 10개의 자치구를 개발하기에 이르렀습니다. 남아공 흑인의 40퍼센트 이상이 10개 자치구에 종족별로 분리되어 살았으며, 형식적이긴 하나 자치권을 부여받은 자국민 통치자의 지배를 받았습니다. 나중에 6개의 자치구는 자치정부로 발전했고, 나머지 4개의 자치구는 중앙정부와 자치구 간의 국한된 승인을 전제로 완전 독립을 인정받았습니다.

그러나 이 정책은 결국 여러 가지 이유로 실패했습니다. 먼저 각 자치구의 영토가 거주자 수에 비해 너무 작았습니다. 결국 자치구를 떠나 떠돌던 흑인들은 점차 백인 경제에 편입되어 노동력을 착취당하는 처지가 되었습니다. 게다가 이 정책은 소위 백인 거주 구역의 흑인들에게 어떠한 정치적 권리 조항도 만들어주지 않았습니다. 무엇보다도 남아공 국민의 대다수를 차지하는 흑인들이 이 정책을 격렬하게 거부했습니다.

프레데릭 데 클레르크는 이어서 아파르트헤이트를 폐지하게 된 계기에 관해 설명했다.

프레데릭 데 클레르크 ——— 아파르트헤이트를 폐지할 수밖에 없게 이끈 요인은 아주 많습니다. 먼저 국가 문제의 정의로운 해결책을 실현하기 위한 정부의 정책이 명백히 실패했습니다. 남아공의 압도적 다수인 흑인들이 아파르트헤이트를 거부하면서 저항과 탄압의 악순환이 계속되었습니다. 남아공은 국제적으로 고립되었고 제재도 늘어났습니다. 이와 함께 남아공 흑인들의 경제 활동이 늘어나면서 소득 분배에 상당한 변화가 발생했습니다. 대학 교육을 받고 글로벌 사고방식을 접할 기회가 늘어난 남아공 국민 상당수가 중산층으로 부상했지요. 1980년대 말이 되자 군사적 또는 혁명적 해결책에는 희망이 없다는 것을 인정하는 분위기가 형성되기도 했습니다. 나미비아에서 쿠바군이 철수하기로 합의한 후 유엔이 나미비아를 독립국으로 승인하는 절차가 순조롭게 이행되었고요. 1989년 초 남아공의 피터르 빌럼 보타(Pieter Willem Botha) 대통령이 뇌졸중으로 쓰러진 후 국민당의 신세대 지도자들이 출현했습니다. 당시 아프리카민족회의(ANC) 의장이던 넬슨 만델라 전 대통령과 정부 간에 비공식 회담이 시작되었고, 백인 기업 및 학계 지도층과 아프리카민족회의 간의 예비 회담 결과도 긍정적이었습니다. 여기에 소련의 붕괴와 자유시장 민주주의의 승리도 한몫했다고 볼 수 있겠지요.

인종이 세계 곳곳의 노동력과 영토를 착취하기 위한 이데올로기로서 매우 구체적으로 고안된 개념이라고 설명한 아푸아 허시에게 이번에는 "사회 제도는 왜 인종 차별에 느리게 대응하거나 대응하는 것을 꺼리는가"를 물었다.

아푸아 허시 ———————— 대부분의 이익이 엘리트층에 돌아가는 구조적 불평등이 문제입니다. 우리 사회에 깊이 뿌리 박힌 불평등을 해결하려면 정말 크고 심오한 변화가 필요합니다. 다양한 인재를 포용하겠다는 기업들의 글로벌 인재관리 트렌드인 '다양성과 포용' 전략은 젠더와 성적 지향 등의 정체성 문제에 초점이 맞춰져 있습니다. 정체성 문제가 구조적 불평등의 주요 원인이었던 건 사실입니다. 하지만 사회 전반에서의 비중을 볼 때 인종 불평등 문제만큼 심각한 결과로 이어지진 않았죠.

저는 그런 점에서 오늘날의 기업들이 다소 위선적으로 보입니다. 다양성을 내세우는 듯하지만 실상은 부의 대부분을 차지하는 소수 권력층과 엘리트주의를 계속 대변하고 있잖아요. 사실 다양성을 내세우는 건 어렵지 않아요. 제가 보기에 그들이 추구하는 다양성은 백인 우월주의와 인종 차별이 어떻게 형성되었고 어째서 계속 작용하고 있는지는 외면한 채 그저 다양한 피부색의 사람들을 한데 모아놓으면 된다는 간편한 발상이거든요.
사람들은 늘 안전한 길을 가려고 하죠. 기업도 마찬가지고요. 인종 차별에 관해 이야기할 때도 'BAME(Black, Asian and Minority Ethnic, 흑인, 아시아인, 그리고 소수민족)'라는 표현을 많이 쓰는데, 사실 이 단어는 우리가 실제 경험하는 인종 차별의 현실을 말해주기에는 많이 부족하죠.

미국 TV드라마 〈스타트렉〉에 출연하기도 했던 일본계 미국 배우 조지 타케이는 1940년대에 일본인 조상을 두었다는 이유만으로 수용소 생활을 해야 했다. 현재 인권운동가로 활동 중인 그는 인종 문제에서 흔히 발생하는 '혐오'가 왜곡된 우월주의로 인한 불신이 원인일 수 있다는 점을 지적했다. 그리고 이런 불신을 조장하는 미디어의 악영향에 대해서도 짚어주었다.

조지 타케이 ―――――――― 저는 배우로서 사람들의 고정관념과 특정 집단을 바라보는 관점에 미디어가 얼마나 큰 영향을 미치는지 잘 알고 있습니다. 제가 지금 말씀드리는 미디어는 TV나 신문보다는 대중여론에 가깝습니다.
진주만 공습[10] 때 캘리포니아주에는 법률과 헌법을 누구보다 잘 아는 검찰총장이 있었습니다. 캘리포니아주에서 최고 지위의 법조인이면서 한편으로 주지사직을 노리던 그는 일본계 미국인을 강제 수용하는 것이 급선무라 여겼죠. 어느 날 그는 공식석상에서 매우 놀라운 주장을 펼쳤습니다. "아직 일본계 미국인의 스파이나 방해 공작, 적과의 내통 행위에 관해 보고받은 바는 없습니다. 하지만 이는 불길한 징조입니다. 일본인은 속마음을 도무지 알 수 없으므로 무슨 일을 저지르기 전에 미리 가두는 것이 좋겠습니다." 얼마나 어처구니없는 발상입니까. 검찰총장이 '증거 불충분'을 증거로 사용하다니요. 그는 캘리포니아에서 일본계 미국인의 강제 수용을 진두지휘하면서 엄청난 힘을 키웠습니다. 그리고 전쟁 히스테리에 빠져들었고, 그 히스테리는 미국 대통령에게까지 전해졌습니다.

당시 일본계 미국인을 아무 재판 절차 없이 강제 수용해도 좋다는 행정명령에 서명한 사람은 바로 프랭클린 루스벨트(Franklin Roosevelt) 대통령이었습니다. 검찰총장은 주지사로 출마해 당선되었고, 두 번의 임기를 거친 후 미연방 대법원장까지 지냈습니다. 다들 그의 이름을 아실 겁니다. 진보 성향의 대법원장으로 알려진 얼 워런(Earl Warren)입니다. 저는 그가 양심 때문에 개인적으로 진보주의자에 가깝지 않나 생각합니다. 캘리포니아주 검찰총장으로서 저지른 일에 대해 생전에는 한 번도 잘못을 인정한 적이 없지만, 사후에 출간된 회고록에는 일본계 미국인을 강제 수용한 것이 가장 큰 후회로 남는다고 썼더군요.

2차 세계대전 중 나치 독일이 자행한 유대인 대학살인 홀로코스트는 그리 오래 지나지 않은 역사이다. 오늘날에도 세계 곳곳에서 독재 정권 지도자들이 종족 분쟁을 일으키며 대량 학살을 자행하고 있다. 홀로코스트에서 살아남은 생존자들은 세상을 향해 "다시는 이런 일이 일어나선 안 된다"라고 외쳤다. 우리는 그들의 외침과 우리 내면의 목소리에 귀를 기울일 의무가 있다. 홀로코스트 생존자이며 작가인 이비 닐의 이야기를 들어보자.

이비 닐 ——————— 살아남은 사람들은 처음에는 '다른 사람들은 죽었는데 왜 우리는 살아남았을까'라며 죄책감에 시달려야 했습니다. 그러다가 우리가 아직 살아 있다는 사실을 받아들이고, 앞으로 무엇을 해야 할지 생각하게 되었습니다. 생존자들은 자신이 겪은 경험에 비추어 타인을 해치거나 무시하지 않겠다고 다짐하게 됩니다. 저 역시 그런 생각을 했고, 삶을 바라보는 관점이 달라졌습니다. 다른 사람에게 상처 주지 않으려고, 더 나은 사람이 되려고 노력했습니다.

처음 3년 동안은 신경쇠약에 시달렸습니다. 이해심 많은 남편이 아니었다면 이겨내지 못했을 겁니다. 지금은 세상에 없는 제 남편은 1차 세계대전 당시 군인이었고 참호전을 경험했습니다. 그래서인지 제가 겪고 있는 트라우마를 잘 이해했어요.

저는 끔찍한 기억을 판도라의 상자에 담아서 열쇠와 함께 바닷속에 던져버렸습니다. 그리고 더는 그 경험을 언급하지 않으려 했지요. 수용소에 함께 있던 어머니도 마찬가지였습니다. 몇 년이 지나도록 저는 원래 쓰던 독일어를 말할 수 없었습니다. 책을 쓰기 시작한 때인 2002년이 되어서야 이제는 제가 경험한 것을 기록하고 증언할 때라는 결단을 할 수 있었습니다.

이어서 이비 닐에게 "아우슈비츠 이야기를 공유하는 것이 왜 중요한지"에 관해 물었다.

이비 닐 ——————— '그들'과 '우리'라는 이분법적 문화가 계속 힘을 갖도록 내버려둬서는 안 됩니다. 어린 친구들을 보면 피부색이나 배경에 상관없이 함께 어울려 놀잖아요. 그러다 언젠가부터 다른 사람들과 자신이 다르다는 것을 인식하기 시작하죠. 우리 모두 순수했던 어릴 때의 마음으로 돌아가자는 뜻은 아니에요. 다만 겉모습과 상관없이 우리 내면은 모두 똑같다는 생각을 어른이 되어도 유지해야 합니다.
저는 젊은 친구들과 이 주제로 대화를 나누고 비인간적 차별 문화가 초래하는 최종 결과가 무엇인지 알리는 것이 매우 중요하다고 생각합니다. 그래서 저는 젊은이들과 많은 시간을 함께하며 사람들 간의 차이가 오히려 우리 인생을 더 흥미롭게, 나아가 더 가치 있게 만든다는 메시지를 전하려고 애씁니다. '차이'를 자연스럽게 받아들일 수 있어야 '차이'가 '차별'을 정당화할 수 없다는 것도 깨달을 수 있으니까요.

인류는 성차별 문제를 해결할 수 있는가

로즈 맥고완 Rose McGowan
미국의 배우이자 사회활동가이며 〈뉴욕타임스〉가 선정한 베스트셀러 작가이다. 2017년에는 〈타임〉이 선정한 '올해의 인물'에 이름이 올랐다.

로라 베이츠 Laura Bates
페미니즘과 관련한 칼럼 및 에세이를 쓰는 작가로, 2012년에 8만 명 이상의 여성이 일상에서 겪은 성 불평등 경험을 모아놓은 웹사이트 '일상의 성차별 프로젝트(Everyday Sexism Project)' 개설해 지금까지 운영하고 있다.

지난 50년 동안 단순히 성별을 이유로 죽음을 맞이한 여자아이의 수가 20세기를 통틀어 전쟁터에서 사망한 남자의 수보다 많다는 사실을 깨달으면 정신이 아찔해진다. 오늘날에도 전 세계적으로 300만 명 이상의 여성이 성매매 노예로 살고 있으며, 여자라는 이유로 경제적·사회적·문화적 불의에 시달리는 여성 또한 수백만 명에 달한다. 1998년 제정된 '국제형사재판소(ICC)에 관한 로마 규정'에서는 '정부, 혹은 정부에 준하는 공권력 주체의 용인이나 묵인 아래 광범위하게 자행되는 잔학 행위'를 '반인도적 범죄'로 규정하고 있다. 그러나 여성들이 금세기의 가장 잔혹한 인권 유린 중 하나로 고통받았고 여전히 고통받는 현실은 이 규정을

자밀라 자밀 **Jameela Jamil**
영국의 배우이자 방송인, 모델, 작가, 사회활동가이다. 최근에 마이크 슈어(Mike Schur)가 제작한 NBC의 〈굿플레이스The Good Place〉 시리즈에 출연했다.

멜린다 게이츠 **Melinda Gates**
미국의 자선사업가로 마이크로소프트의 총책임자였으며, 세계 최대 민간 자선단체 중 하나인 빌앤드멜린다게이츠재단(Bill and Melinda Gates Foundation)의 공동 창립자이다.

리마 보위 **Leymah Gbowee**
라이베리아의 평화운동가로, 2003년 2차 라이베리아 내전의 종식에 기여한 비폭력 평화운동 '평화를 위한 라이베리아 여성 대중행동(Women of Liberia Mass Action for Peace)'을 이끌었다. 이 공로로 2011년에 노벨평화상을 수상했다.

무색하게 만들어버린다. 지난 몇 년간 사회 제도와 시스템에서 공공연하게 이뤄지던 성차별 관행이 온 세상에 드러나는 데 가장 큰 영향을 미친 사건은 여성이 스스로 언론에 성폭력과 성차별을 폭로한 '미투 운동'이었다. 미투 운동에서 강력한 목소리를 냈던 배우 로즈 맥고완과 지금 성차별 문제를 논하는 것이 왜 그토록 중요한지에 대해 이야기를 나누었다.

로즈 맥고완 ———————— 워낙 오랫동안 우리가 앞으로 나서기를 부끄러워했기 때문에 아직도 대화로 풀어야 할 불편한 진실이 많이 쌓여 있습니다. 이 대화는 불쾌하고 아무도 원하지 않는 주제죠. 하지만 이제는 세상에 목소리를 내야 합니다. 앞에 나서는 것은 쉬운 결정도 아니고 재미있지도 않지만, 성장하려면 불쾌함을 무릅쓰고 때로는 성장통도 겪어야 합니다. 그것이 지금의 우리에게 중요한 점입니다.

성차별은 항상 '용인'되어 왔어요. 매일 언론에서 그려지는 저의 이미지는 철저히 성차별적이며, 트위터에 접속할 때도 항상 성차별적이고 모욕적인 메시지가 넘쳐납니다. '나는 좋은 사람' 또는 '나는 착한 여자'라고 생각하거나 말하는 사람이 정말 많습니다. 저는 그들에게 '더 좋은' 사람이 되라고 말합니다. 저는 인종 문제 전문가는 아니지만, 열네 살 때부터 이미 미국 흑인들이 총에 맞았다는 소식을 수없이 접하며 자란 기억이 납니다. 하지만 지금까지도 변한 게 없습니다. 이러쿵저러쿵 비판의 목소리는 높아져도 여전히 책임지는 사람은 없습니다.

우리는 다른 인종을 두려워하도록 프로그래밍된 사회에서 피부색 때문에 사람들이 살해되는 모습을 보며 살고 있습니다. 이제는 잘못 프로그래밍된 지식들을 버리고, 그 자리에 다른 사람을 바라보는 새로운 관점과 지식을 채워 넣어야 합니다. 우리는 무지에서 빠져나와 자기 자신을 다른 사람의 입장이 되어 바라볼 수 있어야 합니다.

웹사이트 '일상의 성차별 프로젝트'를 운영하고 있으며, 이를 바탕으로 《일상 속의 성차별》이라는 책을 출간한 로라 베이츠에게 "당신에게 페미니즘은 어떤 의미인가"를 물었다.

로라 베이츠 ——————— 성별에 상관없이 모든 사람은 동등하게 대우받을 자격이 있습니다. 아주 간단하고 분명하게 말하자면, 그것이 제가 생각하는 페미니즘입니다. 여성도 남성과 똑같이 경제적·사회적·정치적 평등을 누릴 권리가 있다는 믿음이 페미니즘의 기본 정신입니다.
저는 개인적으로 불평등, 성폭력, 괴롭힘 등을 겪으면서 페미니즘에 관심을 갖게 되었습니다. 2012년에 저는 이 모든 걸 다 겪었고, 그래서 서둘러 다른 여성과 소녀들을 만나 이야기를 나누고 그들도 그런 경험을 했는지 물어보기 시작했습니다. 저는 그들과 이야기를 나누면서 당혹스러움을 느꼈습니다. 일부의 몇몇 여성에게 일어났을 거라 예상했던 일을 사실은 여성 대부분이 겪고 있다는 걸 알게 됐거든요.
저와 대화를 나눈 여성 모두가 매일의 일상과 직장과 거리에서 겪어야 했던 불쾌하고 위험하기까지 했던 경험들을 털어놓았습니다. 성차별의 심각성을 깨닫고 충격을 받는 한편 이 문제에 대한 사회적 인식이 얼마나 부족한지도 깨달았죠. 대부분 여성이 그러더군요. 저와 이야기하기 전에는 아무에게도 그런 경험을 말한 적이 없다고요. 왜일까요? 그들은 그것이 평범한 일상이라고 생각해서 일을 키우고 싶지 않았던 겁니다. 성차별은 여성의 일상까지 침범해버린 실로 중대한 문제입니다.

이어서 로라 베이츠는 성차별과 여성 혐오가 특정 국가의 여성들에 국한된 것이 아님을 지적하면서 그것이 어떤 형태든 모든 성차별과 여성 혐오가 묵인되어서는 안 된다는 점을 강조했다.

로라 베이츠 ——————— 성차별은 광범위하고 심각한 문제입니다. 저희는 전 세계 여성들로부터 10만 건 이상의 사례를 수집해서 살펴본 결과, 특정 패턴이 반복된다는 걸 발견했습니다. 영국에 사는 여성이 젠더 불평등에 대해 공개적으로 이야기하면 "당신이 얼마나 운이 좋은지 모르는군요! 다른 나라 여성들이 어떻게 살고 있는지 보세요!"라는 말을 듣기 십상이더라고요. 하지만 이건 잘못된 관점입니다. 영국에서는 매년 5만 4,000명의 여성이 남성 우월주의로 인해 일자리를 잃고 8만 5,000명이 강간을 당하며 40만 명이 성폭력을 경험합니다. 영국 같은 부유한 국가의 여성들은 젠더 불평등을 겪지 않을 거란 생각은 잘못된 거죠.

여성이 맞닥뜨리는 문제들은 생각보다 매우 복잡하고 서로 관련되어 있습니다. 언론의 여성 상품화나 길거리에서 벌어지는 괴롭힘을 보면 직장에서 차별당하는 여성이나 가정폭력 피해자들을 향한 언어폭력이 똑같이 재현되고 있는 걸 목격할 수 있습니다. 그것이 어떤 형태이든 성차별과 여성 혐오를 묵인하고 해결을 포기하는 것은 한마디로 잘못된 일입니다. 성차별은 여성 문제가 아니라 인권 문제입니다. 남성을 비방하거나 여성을 희생양으로 그리자는 게 아니라 편견에 맞서 싸워야 한다는 얘기예요.

인도계 영국 배우 자밀라 자밀은 여성의 가치를 몸무게와 외모로만 판단하는 풍조에 반발하는 '아이웨이(I weigh)' 운동을 시작하고, 자신의 소셜미디어에 여성 셀럽들이 체중을 재는 모습을 보여주는 사진을 게재했다. 그녀는 영화, 음악, 패션 등 여러 분야의 문화에서 여성의 몸에 대한 왜곡된 인식을 심어주고 있는 현실을 날카롭게 비판했다.

자밀라 자밀 ———————— 여성은 아주 오래전부터 성적 대상 아니면 아이를 낳고 키우는 존재로 전락했습니다. 저는 여성에 대한 이러한 시각이 여전히 사방에 널려 있다는 것에 정말 놀랐어요. 1990년대에는 변화가 시작되었다는 느낌을 받은 적도 있어요. 당시 많은 여성이 힘을 키우고 다양한 분야로 활동 영역을 넓혀가며 자신을 둘러싼 고정관념에서 탈출하기 시작했거든요. 헤로인 시크(heroin chic)[11] 패션이 등장했고, 여성 래퍼 로린 힐(Lauryn Hill)과 미시 엘리엇(Missy Elliott)도 새로운 여성상을 보여주었죠. 소피아 코폴라(Sofia Coppola) 같은 여성 감독들이 이름을 알리는가 하면, 그 밖의 많은 여성이 지적이고 대담하며 다양한 활동을 공개적으로 보여주었습니다. 하지만 그 이후 점점 퇴행하고 있는 것처럼 느껴져요. 여전히 잔재한 가부장제가 여성들의 눈부신 발전과 변화를 탐탁잖게 여겨서일까요. 이제는 소셜미디어까지 가세해서 전례가 없을 만큼 신랄하게 여성의 외모를 공격하고 있고요.

이어서 자밀라 자밀은 소셜미디어에서 여성의 이미지를 어떻게 왜곡하고 있는지와 그 부작용의 심각성에 대해 언급했다.

자밀라 자밀 ———————— 최근 몇 년간 청소년의 성형수술, 자해, 섭식장애로 인한 문제가 그 어느 때보다 심각한 지경에 이르렀어요. 제가 어렸을 때는 잡지를 직접 사러 나가거나 혹은 다른 누군가에게 부탁해야 했어요. 또는 다이어트를 자극하는 사진이 있는 기사를 일부러 찾아야 했죠. 하지만 요즘은 이런 노력을 하지 않아도 온갖 자극적인 콘텐츠가 눈앞에 바로 펼쳐져요.
알고리즘으로 추천되는 광고에는 마른 몸매를 예찬하는 문구들로 도배되어 있어요. 인플루언서들은 코르셋이나 식욕억제제 등등 온갖 다이어트에 대한 이야기를 하면서 아예 융단 폭격을 퍼붓고요. 아침에 눈 떠서 밤에 잠들기 직전까지 스마트폰을 손에서 놓지 않는 10대 청소년들 역시 이런 광고들을 피할 수가 없어요. 심지어 연예인을 포함한 대다수의 유명인사마저도 어떻게 하면 아름다워질 수 있는지만 말하면서 외모지상주의를 퍼뜨리고 있잖아요. 그러면서 온갖 미디어에서 다양한 형태로 드러나는 여성을 향한 공격에는 침묵하고 있고요.

세계 최대의 민간 자선단체 빌앤드멜린다게이츠재단의 공동 창립자인 멜린다 게이츠는 전 세계 2억 명 이상의 여성이 현대적인 피임법을 사용할 수 없는 고통스러운 현실에 대해 이야기해주었다.

멜린다 게이츠 ———— 저는 재단 대표로서 세계 각국의 여성들을 만났는데, 그중엔 피임약을 사용할 수 없어 자신에게 가족이나 미래에 대한 결정권이 없다고 말하는 여성들이 있었습니다. 그들은 너무 많은 아이를 낳는 바람에 기본적인 양육조차 하기 어려웠고, 지나치게 잦은 임신으로 건강을 희생해야 했습니다.

그들의 이야기를 듣고 피임약이 제 삶에서 어떤 의미인지 생각하게 되었습니다. 제가 피임약을 사용하지 못했다면 지금의 제 가족, 경력, 인생은 모두 달라졌을 겁니다. 저는 아이를 가질 준비가 됐다고 판단하기까지 기다릴 수 있었습니다. 그게 우리 가족에게 옳은 선택이었으니까요. 미국이나 유럽에서는 저희 같은 방식을 당연하게 여깁니다. 하지만 전 세계적으로 2억 명이 넘는 여성이 원치 않는 임신을 하고도 현대적인 피임법을 이용할 수 없습니다. 저는 제가 피임법을 옹호하는 사람이 될 줄 전혀 예상하지 못했고, 그에 관한 제 경험을 공개적으로 말하게 될 줄도 몰랐지만, 제가 만난 여성들에게서 등을 돌릴 수 없었습니다.

멜린다 게이츠는 이어서 전 세계 10대 소녀들에게 교육이 필요하다고 강조하고, 그 이유에 대해 설명했다.

멜린다 게이츠 ———————— 저는 제 책 《누구도 멈출 수 없다》에 인도의 칸푸르 지역에 사는 열 살 소녀 소나에 관해 썼는데요. 재단 동료인 게리가 그 지역을 방문했는데, 소나가 그를 보자마자 다가오더니 "우리에겐 선생님이 필요해요"라고 말했다더군요. 제 동료는 그녀가 왜 학교에 다니지 않는지 조사했고, 결국 우리 재단의 몇몇 파트너가 소나가 학교로 돌아갈 수 있도록 후원해주었습니다. 저는 소나가 다시 학교에 다니기 위해 낯선 사람에게 도움을 요청한 용기에 감동했습니다.
교육은 우리가 힘을 가질 수 있도록 도와줍니다. 특히 10대 여자아이들에게는 더욱 그렇습니다. 모든 소녀들이 12년 동안 양질의 교육을 받는

다면 여성의 평생 소득은 30조 달러 증가해 미국 전체 경제 규모를 능가할 것입니다. 또한 모두가 알고 있듯이 여성의 교육 수준이 높아질수록 그 자녀들도 더 건강해질 겁니다.

유엔에서는 저소득 및 중간소득 국가의 모든 여성이 중등교육을 받을 수 있다면 해당 국가의 아동 사망률이 절반가량 떨어질 것으로 추정합니다. 우리가 이 예측을 확신할 수 있는 것은 실제로 두 눈으로 확인했기 때문입니다. 교육의 성별 격차를 줄이기 위한 대대적인 노력 끝에 이제 대부분의 국가에서 남녀 아이가 거의 동일한 비율로 초등학교에 입학하고 있습니다. 그러나 중등교육으로 넘어가면, 특히 사하라 사막 이남 아프리카와 아시아 일부 지역에서는 여전히 성별 격차가 존재합니다.

평화운동가로서 여성이 주도하는 비폭력 투쟁을 이끌어 라이베리아 내전을 종식하는 데 크게 기여한 리마 보위는 "전 세계 여성들이 그토록 많은 불의를 겪고 있는 이유는 무엇인가"라는 질문에 이렇게 답했다.

리마 보위 ―――――――― 애초에 인간 사회가 그렇게 구조화되었기 때문에 그렇습니다. 우리는 결코 동등한 역학 관계를 갖지 못했습니다. 역사를 돌이켜보면, 자칭 기독교도들은 여자에게 모든 원죄가 있다고 보았습니다. 그들이 보기에는 이브가 완전한 세상을 불완전하게 만든 장본인이었거든요. 세상을 완전에서 불완전으로 만든 주범에게는 그에 따른 처벌이 따라야 했습니다. 가부장제의 전반적인 사고와 천지 창조 이야기는 태초부터 현재까지 불평등한 세상을 전제했습니다. 이런 세상에 속해 있는 우리로서는 할 수 있는 일이 별로 없죠. 그나마 할 수 있는 일은 우리의 주장을 멈추지 않는 것입니다. 그러면 암울한 터널의 끝에서 작은 빛줄기라도 볼 수 있지 않을까요.

이어서 리마 보위는 우리가 할 수 있는 일이 많지 않더라도 "일단 시작해야 한다"라고 힘주어 말했다.

리마 보위 ―――――――――― 사소한 시작을 절대 가볍게 보지 마세요. 한 소녀와 집 앞뜰에 함께 앉는 것부터 시작할 수 있습니다. 10년 후에 훌륭한 여성으로 성장한 그녀가 자신의 삶을 되돌아보며 "언니네 집 앞뜰에 앉아 하루 5분씩 대화한 시간이 지금의 나를 만들었다"라고 회고할 것입니다. 어디서 무슨 일을 하든, 사소한 시작이 여러분이 위대한 일을 하게끔 이끈다는 점을 기억하기 바랍니다.

로라 베이츠는 성차별에 저항하고 행동하고자 하는 여성들에게 전하고 싶은 메시지가 있다며 이런 이야기를 들려주었다.

로라 베이츠 ―――――――――― 여러분은 혼자가 아닙니다. 여러분 뒤에는 우리처럼 뜻을 함께할 수많은 사람이 있습니다. 우리는 변화의 조짐이 보이는 설레고 희망적인 순간에 있습니다. 그 어느 때보다 많은 젊은 여성이 더 적극적으로 나서서 서로 돕고 서로를 위해 일어서며 변화를 외치고 있습니다. 그러니 여러분은 혼자가 아니며 옳은 일을 하고 있다는 점을 믿으세요. 사람들이 화를 내고 침묵을 강요한다면 그것은 여러분의 힘과 잠재력이 두려워서입니다. 힘든 투쟁이지만 결국 우리가 승리할 수 있는 투쟁이며, 지금 이 투쟁에 참여하는 젊은 여성들은 훗날 자신이 이룩한 성취를 되돌아보고 믿을 수 없을 만큼 자랑스러울 것입니다.

나는 그토록 오랜 세월 동안 많은 여성이 다양한 방식으로 투쟁해왔는데도 여전히 성차별 문제가 해결되지 않는 현실에 암담함을 느낄 때가 많았다. 멜린다 게이츠에게 "우리는 그래도 희망을 가져야 할까요?"라고 물었다. 그녀는 전 세계에 고통받는 여성들이 아직 존재하지만, 그럼에도 불구하고 희망을 잃지 말고 계속 싸워가야 한다고 말했다.

멜린다 게이츠 ———————— 저는 저 자신을 낙천주의자라고 부르곤 했지만, 이제 고인이 된 제 친구 한스 로슬링(Hans Rosling)은 '현실적 개혁주의자(possibilist)'가 더 정확한 표현일 것이라고 말했어요. 그가 정의한 현실적 개혁주의자란 '이유 없이 희망을 품지도, 이유 없이 걱정하지도 않는 사람, 혹은 극단적 세계관에 부단히 저항하는 사람'입니다.

저는 지난 20년 동안 세계에서 가장 가난한 지역을 방문하면서 그곳의 삶이 어떤지 더 깊이 이해할 수 있었습니다. 빈곤과 질병의 현실을 마주하는 것은 절대 익숙해지지 않을뿐더러 익숙해져서도 안 됩니다. 고통받는 사람들의 삶을 세계에 증언할 수 있어야 하고, 그들과 함께 슬퍼하고 공감하는 것도 중요합니다. 저는 그동안 자기 삶의 일부까지 선뜻 내어가며 빈곤과 질병에 맞서 싸우고, 여성과 소녀들의 앞길을 막는 장벽을 허물고자 노력하는 특별한 사람을 많이 만날 수 있었습니다. 그들은 세상이 더 나아질 수 있다는 믿음으로 매일 그 일을 하고 있습니다. 저 역시 같은 믿음을 갖고 있기에 그들 뒤에서 힘이 닿는 한 모든 후원을 하고 있습니다.

자밀라 자밀은 희망을 가져야 한다고 전제하면서도, 가부장제 문화를 강력하게 비판했다.

자밀라 자밀 ———————— 물론 저 역시 희망을 갖고 있기 때문에 행동할 수 있습니다. 다만 우리는 여성의 이미지를 왜곡하고 성차별을 부추기는 대중매체의 문제를 담배가 공중보건에 미치는 해악을 피력하는 것과 같은 방식으로 다룰 필요가 있습니다. 여성에게 수치심을 유발하는 문화는 비생산적이고 병든 문화이며, 인간의 삶과 수명에도 해를 끼치니까요.

저는 가부장제 문화가 여성들이 더 발전하는 것을 방해하기 위해 이런 짓을 꾸미고 있다는 생각이 들어요. 생각해보세요. 우리가 매일 외모를 단장하는 것에 시간을 보낸다면 비즈니스, 공부, 건강에 신경 쓸 겨를이 없을 테니 발전도 할 수 없을 거 아니에요. 여성들이 있는 그대로의 모습으로 자신을 사랑하고 마음의 여유를 가지면, 외모를 단장하기 위해 남편보다 한 시간 일찍 일어나기를 그만두면, 덜 먹고 더 많이 자는 습관을 버리면 어떻게 될까요? 더 많은 에너지를 얻고 능력을 키우게 될 거예요. 가부장제 문화의 사람들은 그런 게 싫은 거예요!

그들이 힐러리 클린턴(Hillary Clinton) 전 장관에게 충분히 웃지 않는다고 지적한 걸 떠올려 보세요. 왜 여성은 항상 미소를 지어야 합니까? 지금 우리는 뭘 보고 웃어야 할까요? 전 세계 수많은 여성이 피임의 권리를 박탈당하고 사회적 약자 취급을 받으며, 절망적인 젠더 문제에 빠져 있습니다. 이런데도 왜 우리한테 자꾸 미소 지으라고 말 같지 않은 소릴 하나요?

"빈곤과 질병의 현실을 마주하는 것은
절대 익숙해지지 않을뿐더러 익숙해져서도 안 됩니다.
고통받는 사람들의 삶을 세계에 증언할 수 있어야 하고,
그들과 함께 슬퍼하고 공감하는 것도 중요합니다."

— 멜린다 게이츠

성소수자 권리는 왜 인권으로 다루어지지 못했는가

루스 헌트 Ruth Hunt
레즈비언, 게이, 양성애자, 트랜스젠더의 평등 증진을 위한 영국 최대의 인권 단체 스톤월(Stonewall)의 전 대표이다. 상원의회의 초당적 종신의원이며, 디즈앤드워즈(Deeds and Words)의 공동 대표를 맡고 있다.

피터 태첼 Peter Tatchell
영국의 인권운동가로 50년 넘게 성소수자와 기타 인권을 위한 캠페인을 벌였다. 현재는 피터태첼재단의 이사장이다.

이 글을 쓰는 현재 기준으로, 동성애 관계를 범죄 행위로 규정해 수년의 징역형에서 종신형, 심지어 사형으로까지 처벌할 수 있는 국가와 지역이 72곳에 이른다. 여기서 잠시 여러분이 누군가와 사랑하고, 결혼하고, 성관계를 가질 수 있느냐를 법률로 제정하는 것이 얼마나 독단적인지 생각해보길 바란다. 성소수자들이 대우받아온 방식은 인권 문제를 첨예하게 다룬다고 하는 이 시대의 가장 큰 모순이자 불평등 중 하나이다.

현대 사회의 가장 시급한 문제 중 하나인 성소수자의 인권에 관해 더 자세히 알아보기 위해 이 분야에서 가장 저명한 운동가 두 사람과 이야기를 나누었다. 먼저 영국의 성소수자 인권 단체 스톤월의 전 대표인 루스 헌트에게 "섹슈얼리티(sexuality)[12]와 개인의 정체성은 어떤 관계가 있는가"라는 질문을 던졌다.

루스 헌트 ———————— 지난 10년간 우리 사회에서 '나는 누구인가'라는 정체성 개념은 훨씬 더 중요해졌습니다. 사람들이 다양한 꼬리표를 통해 자신이 누구인지 분명하게 알리는 것이 더욱 중요해졌고, 이 꼬리표들은 종종 소셜미디어를 비롯한 여러 매체에서 다른 사람에게 보내는 신호의 역할을 합니다.
섹슈얼리티는 그동안 정체성과는 거리가 먼 개념이었지만 지금은 변화가 생겼습니다. 섹슈얼리티에 대한 주요 관점이 '어떻게 행동하느냐'에서 '어떤 사람이냐'로 옮겨간 것입니다. 레즈비언인 저의 정체성은 더 이상 동성애 관계로만 정의되지 않고, 다른 여러 문화적·제도적·사회적 정체성 요소와 함께 드러나고 설명됩니다. 그동안 성소수자에 대한 편견이 그들이 '어떤 사람이냐'보다 '어떻게 행동하느냐'에 집중되었다는 점을 생각하면, 이는 매우 긍정적인 변화라고 할 수 있습니다.

다음으로는 영국의 인권운동가로서 50년 넘게 성소수자 권리를 위한 캠페인을 벌여온 피터 태첼에게 "그동안 성소수자 권리가 인권 문제로 다루어지지 못한 이유가 무엇인가"를 물었다.

피터 태첼 ———————— 인권 존중은 지구상의 모든 사람에게 적용되는 불가분의 보편적 원칙입니다. 유엔의 세계인권선언문 제1조와 제

2조를 보면, 평등한 대우와 차별 금지가 모든 사람에게 적용되는 권리라고 명시되어 있습니다. 여기에는 조건이나 전제, 예외, 이유가 붙지 않습니다.

역사적으로 많은 인권 옹호자조차 성소수자 권리를 인권 문제의 범주에서 보지 못했습니다. 그러나 보편적 인권 원칙에 따라 성소수자 개인도 다른 모든 사람과 동일하게 인권을 보호받아야 한다는 것이 새로운 합의로 떠오르는 추세입니다. 여기까지 도달하기 위한 투쟁은 길고 험난했습니다. 수년 동안 유엔인권이사회(UNHRC)에서도 성소수자의 권리를 보편적 인권과 관련된 사안으로 받아들이길 거부하는 사람들이 있었거든요. 코피 아난(Kofi Annan) 사무총장 시절 이후에야 유엔에도 일관되고 꾸준하게 성소수자 권리를 주장하는 지도자가 나타나기 시작했습니다. 유엔총회(UNGA)가 처음으로 성소수자 권리를 중요한 의제로 삼은 것은 2008년이었고, 이후에도 193개국 중 67개국만이 성소수자에 대한 차별과 폭력을 규탄하는 성명을 승인했습니다.

성차별 문제와 마찬가지로 성소수자 권리에 관한 문제 역시 그 편견이 워낙 뿌리 깊은 데다 복잡한 양상으로 나타나기 때문에 해결이 쉽지 않아 보인다. 피터 태첼은 성소수자들에게 단지 기존의 주류 문화에 동화되기를 바라는 대신 그들 스스로 사회에 긍정적인 공헌을 할 수 있는 측면이 있다는 점을 주목해야 한다고 강조했다.

피터 태첼 ——————— 역사는 마치 '뱀과 사다리 보드게임'처럼 움직입니다. 사다리를 타고 두 칸 전진해도 뱀이 나오면 한 칸 뒤로 이동하잖아요. 그러나 중요한 것은 이처럼 후퇴하더라도 한 칸은 전진할 수 있다는 점입니다. 나치즘의 사례에서 보았듯이 우리는 가끔 한순간에 여러 칸씩 후퇴하기도 하지만, 인류 역사의 수레바퀴는 더 폭넓은 인권 증진을 향해 이동해왔습니다. 이 세상에는 여전히 부조리가 존재하지만 그런데도 경제적·사회적 환경은 평균적으로 더 나아졌습니다. 이상적인 평등 사회가 되려면 아직 갈 길이 멀지만 50년 전과 비교하면 분명히 큰 진전을 이루었습니다.

현재 성소수자 권리와 관련한 여러 가지 의제가 내포하는 한계는 그저 성소수자들에게 이성애 중심의 사회에 적응하고 화합하기를 기대하고 있다는 점입니다. 여기에는 우리 성소수자들이 사회에 제공하거나 기여할 것이 없다는 생각이 전제되어 있습니다. 즉 기존의 이성애자 문화를 주류로 간주하고 이를 지배적인 사회 규범으로 받아들여야 한다고 주장하는 거지요.

하지만 성소수자 문화에도 이성애자들이 배울 만한 점이 많다는 것을 간과하지 말았으면 합니다. 보통의 게이나 양성애자 남성은 이성애자의 전통적인 남성다움에 갇히지 않습니다. 남자로 살아가는 새로운 방식을 발전시켰죠. 대부분의 게이가 남자답지 않다는 의미가 아니라, 역사적으로 이성애자 남성의 특징이었던 마초 성향이나 해로운 남성성을 지니고 있지 않다는 얘깁니다. 또 레즈비언들은 여성의 권리 증진에 크게 기여한 사람들로, 100년 전 참정권 운동과 1970년대 육체노동직 훈련 및 진출을 위한 투쟁에서 매우 두드러진 역할을 했습니다. 남성의 전유

물로 여겨지던 직업에 뛰어들면서 성 정체성에 상관없이 모든 여성에게 새로운 기회를 열어주었던 거죠. 이러한 의미에서 성소수자들은 사회에 긍정적인 공헌을 했으며, 이성애자들이 본받을 만한 통찰력을 발전시켰습니다.

온라인에서 이루어지는 폭력은 근절될 수 있는가

데이비드 바디엘 David Baddiel
영국과 미국에서 활동하는 유명 코미디언이자 방송 진행자이며 여러 권의 소설과 시나리오를 쓴 작가이다.

매트 헤이그 Matt Haig
영국 작가로 그의 회고록 《살아야 할 이유》는 영국에서 46주 동안 베스트셀러 10위 안에 들었다. 여러 차례의 수상 경력이 있으며, 카네기상(Carnegie Medal) 수상자 후보에 세 차례 이름을 올렸다.

요즘 인터넷은 욕설과 차별이 난무하는 공간이 되었고, 특히 소셜미디어 플랫폼은 온갖 혐오를 쏟아내는 게시물들에 장악되었다. 한 가지 예를 들자면, 나는 2016년 영국의 유럽연합(EU) 탈퇴 여부에 관한 국민투표를 실시할 때도 온라인에서 넘쳐나는 온갖 욕설과 더불어 인종 차별을 부추기는 불협화음을 목격했다. 목소리 큰 소수들은 당시 이민 논쟁을 마치 유색 인종을 공개적으로 헐뜯을 자유로 받아들이는 것 같았다. 코미디언이자 작가인 데이비드 바디엘과 베스트셀러 작가 매트 헤이그는 인터넷 욕설과 소셜미디어의 부정적인 영향을 매우 설득력 있게 설명했다. 먼저 데이비드 바디엘에게 "온라인에서 유독 폭력성을 드러내는 사람들의 심리가 무엇인지"에 관해 질문했다.

데이비드 바디엘 ———————— 온라인과 오프라인에서 인간의 동일한 행동 패턴을 발견하면 흥미로우면서도 한편으론 오싹한 기분이 듭니다. 어쨌든 온라인 생활은 오늘날 우리 삶에서 엄청난 부분을 차지하고 있잖아요. 온라인에서 쓰는 화법이 실생활에 침투했을 정도로요. 만약 소셜미디어가 없었다면 도널드 트럼프(Donald Trump)가 대통령으로 당선되었을까요? 단지 그가 트위터를 많이 사용했기 때문이란 의미가 아닙니다. 공감력이라곤 없는 거만하기 짝이 없는 화법은 거의 트롤링(trolling)[13]에 가까우며, 어이없게도 트롤링은 소셜미디어에서 유권자층을 대규모로 끌어모으는 힘이 있었죠. 그런 목소리를 내는 사람들은 트위터를 포함한 여러 소셜미디어 플랫폼에서 자신의 정체성을 찾으려는 특성이 있습니다.

어떤 사람들은 온라인에서의 폭력적 행태가 현실 세계와는 아무 관련이 없다며 대수롭지 않게 여기기도 합니다. '소셜미디어가 인기를 끌면서 흔히 나타날 법한 일'이라는 시대착오적인 생각을 하는 사람도 있고요. 하지만 '온라인 언어폭력'은 그렇게 단순한 문제가 아닙니다. 저는 소셜미디어에서 표출되는 분노와 대립이 이미 실제의 삶과 현실에도 깊숙이 들어와 있다고 봅니다.

이어서 데이비드 바디엘은 "소셜미디어에서 언어폭력을 막으려면 어떻게 해야 하는가"라는 질문과 관련해 언어폭력 근절을 방해하는 구조적 문제에 대해 자세히 설명해주었다.

데이비드 바디엘 ——————— 플랫폼 기업들은 온라인상의 혐오와 가짜 정보에 대해 매우 모호한 태도를 보이고 있습니다. 인터넷에 올릴 수 있는 것이라면 뭐든지 올려도 된다는 논리거든요. 만약 20년 전에 누군가가 "모든 사람이 모든 것을 공유하면서 서로의 삶을 엿볼 수 있는 기술이 등장할 거예요"라고 말했다면, 우리는 "와! 대단하네요"라고 반응했을 겁니다. 사람들은 그렇게 되면 세상에 '진실의 총량'이 증가할 것으로 생각했겠죠. 하지만 실상은 그 반대입니다. 오히려 '거짓의 총량'이 증가했습니다. 사람들은 진실을 말하는 게 아니라 자기네가 믿는 진실, 취사선택한 진실, 선동의 목적이 다분한 진실을 말하니까요.

플랫폼은 이용자가 떠나거나 콘텐츠를 내리기를 원하지 않습니다. 그들의 사업모델이 이용자와 콘텐츠가 많을수록 이윤이 나는 구조라는 것도 한 가지 이유지만, 또 다른 이유는 그들에게 이를 해결할 수 있는 기술이 없기 때문입니다.

반유대주의자들이 18세기 프랑스 철학자 볼테르(Voltaire)의 인용문으로 오해하면서 흔히 사용하는 "누가 당신을 지배하는지 알려면 당신이 누구를 비판할 수 없는지 알면 된다"라는 문구가 있습니다. 이 문구는 육각형의 별 모양으로 유대교와 이스라엘의 상징이기도 한 '다윗의 별(Star of David)' 아래로 사람들을 깔아뭉개는 손의 이미지와 함께 트위터에 오르곤 했는데요. 이는 온라인에서 반유대주의자들을 위한 코드가 되었고, 지금은 이미지를 빼고 인용문만 쓰는 경우가 많아서 알고리즘이 이를 잡아내기가 매우 어렵습니다.
이러한 문제는 화풀이와 욕설을 일삼는 트롤에 국한되는 것이 아니라 군중 심리, 그리고 도덕주의자의 탈을 쓴 무리의 집단 공격과도 무관하지 않습니다. 트위터에서 "개뿔 같은 놈들 꺼져라"라고 말하는 부류는 스스로 정의와 진실의 편에 있다고 믿는 부류보다 훨씬 덜 위험한 축에 속합니다. 이 세상에서 벌어진 온갖 끔찍한 사건은 모두 자기가 천사인 줄 아는 사람들이 자행한 일이었거든요.

매트 헤이그는 스스로 삶을 끝내려고 찾아간 낭떠러지에서 존재의 의미를 깨닫고 가까스로 살아 돌아온 자신의 경험을 바탕으로 쓴 회고록《살아야 할 이유》에서 "세상은 우리가 점점 우울해지도록 설계되었다"라고 말했다. 나는 그에게 "소셜미디어와 뉴스 매체가 우리의 정신 건강에 어떤 영향을 미치고 있는지" 물었다.

매트 헤이그 ———————— 두려움은 아주 강한 감정입니다. 인간이 진화하면서 두려움을 경험했던 진짜 이유는 생존 때문이지만, 이제는 이 두려움이 왜곡된 방식으로 사용되는 것 같아요. 가령 테러리스트들이 두려움을 이용하는 방식도 마찬가지입니다. 테러를 일으키는 이유는 대개 상대방의 공포심을 자극하려는 목적 때문이거든요.
테러가 극단적인 예처럼 느껴지겠지만 사실 우리는 일상의 삶에서도 공포와 불안감을 조성하려는 것들에 둘러싸여 있습니다. 기업에서는 FUD, 즉 공포(Fear), 불확실성(Uncertainty), 의심(Doubt)을 중요한 마케팅 수단으로 사용합니다. 노화에 관한 걱정을 부채질해서 안티에이징 제품을 판매하고, 미래에 대한 불안을 자극해서 보험 상품을 구매하도록 만듭니다. 정치인들도 대중의 불안과 두려움을 자극하는 전략을 많이 사용합니다.

두려움은 매우 강한 감정이면서 조작하기도 쉽습니다. 뉴스 매체 역시 이러한 수법을 활용합니다. 우리는 하루에 아침과 저녁 두 번 뉴스를 보던 과거와 달리 실시간으로 뉴스를 접하고 있습니다. 끔찍한 사건이 발생했을 때도 마치 현장에 있는 것처럼 뉴스를 경험하게 되죠. 이런 상황은 우리 심리에 부정적인 영향을 미칩니다. 그로 인해 사람들은 파괴적인 정치 행위를 하거나 심지어 정신 착란까지 일으킵니다.

시민운동은 차별에 어떻게 맞서고 있는가

L. A. 카우프만 L. A. Kauffman
미국의 사회활동가이자 언론인이다. 2017년 미국에서 열린 '여성 행진(Women's March)'과 시민권 운동 등을 포함해, 주로 민주화 운동의 역사와 영향을 주제로 글을 쓰고 있다.

아이 웨이웨이 Ai Weiwei
중국의 현대 예술가이자 활동가로 2015년 국제앰네스티(Amnesty International)의 양심대사상(Ambassador of Conscience)을 수상하는 등 예술과 사회 운동으로 명성이 높다.

개드 사드 Gad Saad
진화심리학자이자 인기 블로거이며 유튜브 〈사드 트루스The SAAD Truth〉에서 진행을 맡고 있다.

국제자선단체 인플레이스오브워와 함께 활동하면서 나는 전 세계에서 억압, 소외, 차별에 맞서 변화를 주도하는 사람들을 만났다. 그 과정에서 그들에게 변화를 일으키는 가장 강력한 두 가지 도구는 '시민운동'과 '시위'라는 것을 알 수 있었다. 소셜미디어는 분명 우리 사회에 많은 폐단을 일으켰지만, 한편으로는 광범위한 사회운동을 전개할 수 있는 강력한 도구이기도 하다. 기술 발전 덕분에 전 세계에 메시지를 전달하고 사람들의 협력을 도모하는 것이 훨씬 쉬워진 것이다. 가령 2000년에만 해도 시위로 아랍 세계의 권위주의 정권에 도전하거나 그들을 전복시킨다는 것은 상상도 할 수 없었지만, 2010년대에는 아랍의 봄(Arab Spring)[14]

이 시작되면서 그러한 상상을 현실로 만들 수 있었다.
주로 민주화 운동의 역사와 영향을 주제로 글을 쓰는 미국의 저술가 L. A. 카우프만에게 "시민운동이 필요한 이유"에 대해 질문했다.

L. A. 카우프만 ———————— 시민운동은 언제나 정부, 특히 다수가 아닌 소수만을 대표하는 정부에 시정을 요구하는 수단이었습니다. 기존 체제가 국민의 권리를 훼손하거나 무관심하면 시민들은 행동주의를 통해 원하는 것을 쟁취하거나 가진 것을 지킬 수 있다는 것을 역사는 반복해서 보여줍니다.

중국의 설치미술가이자 사회운동 분야에서도 명성이 높은 아이 웨이웨이에게는 "그동안 예술은 정치적, 사회적 담론에서 어떤 역할을 했는가"라는 질문을 던졌다.

아이 웨이웨이 ———————— 요즘은 예술의 정의가 더 넓어졌습니다. 예술은 형태, 빛깔, 색상, 선과 같은 요소로 구성될 수 있습니다. 다른 한편으로 예술은 디자인, 태도의 표현, 개념적 진술일 수도 있습니다. 이러한 점을 이해한다면 예술이 인간의 활동에 얼마나 깊숙이 자리잡고 있는지 알 수 있을 겁니다. 하지만 정작 예술가들은 예술이 널리 퍼져 있다는 것을 의식하지 못할 수도 있어요.
안타깝게도 미술관이나 예술학교 대부분은 조부모 세대로부터 물려받은 미적 판단의 잔재를 되새김질하며 과거에 갇혀 있습니다. 이 낡은 습관은 깨지기가 어려운 것이다 보니, 우리는 여전히 예술에 대한 오래된 사고방식이 갤러리와 박물관 벽에 고스란히 남아 있는 것을 보곤 합니다.

진화심리학자이며 유튜브에서 〈사드 트루스〉라는 프로그램을 진행하는 개드 사드에게 "투쟁할 용기는 어디서 나오는가"에 대해 질문했다. 그는 '진실을 수호해야 할 의무'에 관해 이야기했다.

개드 사드 ——————— 저는 성격상 헛소리를 듣고만 있거나 진실에 대한 공격을 무덤덤하게 참아내지 못합니다. 진실에 대한 공격은 그저 불편하고 기분 나쁜 경험으로 끝나지 않습니다. 저는 잠자리에서 오늘 하루를 돌아볼 때 "내가 어떤 일을 할 수 있었음에도 겁이 나서 하지 못한 일이 있는가"라는 물음에 "그렇지 않다"는 대답을 할 수 있어야 두 발 뻗고 잘 수 있습니다. 우리는 진실을 수호해야 할 의무가 있으며, 그 목표를 아주 높게 잡아야 합니다. 세상에 변화를 일으키는 데 앞장섰던 사람들을 생각해보면 그들 모두 자신의 이익이 아니라 진실을 지키기 위해 행동했다는 걸 알 수 있죠. 우리가 진실을 왜곡하려는 사람들에게 맞서지 않으면 그들은 오히려 우리에게 책임을 전가하려 들 테고, 우리는 결국 패배하게 될 겁니다.

"다음 세대의 활동가들에게 전하고 싶은 조언은 무엇인가"라는 질문에 L. A. 카우프만은 "필요한 변화를 얻기 위해서는 모든 수단을 사용할 수 있어야 한다"고 하면서도 "시민운동이나 시위를 하려거든 '지성'이라는 도구를 잘 활용해야 한다"는 점을 강조했다. 그런가 하면 아이 웨이웨이는 다음 세대의 활동가들에게 이런 조언을 남겼다.

아이 웨이웨이 ———————— 사실 제 경험은 저의 세대에 국한되기 때문에 미래의 활동가들에게 무엇을 조언해야 할지 잘 모르겠습니다. 이 시간은 지나갈 것이고, 다음 세대는 완전히 다른 시험대에 오를 겁니다. 하지만 한 가지는 확실하게 말씀드릴 수 있겠네요. 우리에게 소중하고 의미 있는 것을 지켜내기 위한 투쟁이 없다면, '자유'라는 단어는 공허해지고 우리의 삶도 무가치해질 것입니다.

“우리에게 소중하고 의미 있는 것들을 지켜내기 위한 투쟁이 없다면, ‘자유’라는 단어는 공허해지고 우리의 삶도 무가치해질 것입니다.”

- 아이 웨이웨이

●

'차별(discrimination)'의 문자 그대로의 의미는 '대상을 식별하거나 주시하거나 분류하는 행위'이다. 그러던 것이 현대 사회에서는 사람들을 공격하는 강력한 무기 중 하나가 되었다. '인종'은 특정 집단을 '분류'하기 위한 가장 흔한 기준으로 사용되었지만, 덱스터 디아스가 말했듯이 과학이나 생물학에는 존재하지 않는 개념이다. 연구에 따르면, 사실 우리는 모두 각기 다양한 삶의 궤적을 거쳐온 아프리카 출신 이주자일 뿐이다. 몇 세대를 거슬러 올라가면 당신과 나의 조상이 같은 종족일 거란 의미이다. 지금 나는 인도계로 '분류'될 수 있지만, 내 DNA의 염기서열을 분석한 결과 약 20만 년 전에 살았던 동아프리카인 두 종족의 자손이라는 걸 알게 되었다. 이것이 우리 존재의 진실이건만, 인종이라는 허구의 개념이 용의주도하게 고안되면서 사람들을 분류하고 착취하는 수단이 되었다. 인종이 우리를 분류하는 유일한 기준은 아니다. 성별, 섹슈얼리티, 소득, 정치 성향, 종교, 카스트, 계급 등등 모든 가상의 꼬리표들이 우리를 분류하고 갈라놓는 경계선으로 작용하고 있다.

1948년에 전 세계가 보편적 인권 선언을 채택하기까지 우리는 두 차례의 세계대전을 겪어야 했다. 피터 태첼이 말했듯이 인권은 지구상의 모든 사람에게 적용되는 불가분의 보편적 권리다. 세계인권선언의 핵심 조항인 제1조와 제2조는 "모든 인간은 자유롭고 평등하게 태어났을 뿐만 아니라 차별 없이 평등한 대우와 관련된 권리와 자유를 누릴 자격이 있다"는 원칙을 담고 있다. 이것은 예외도 이유도 붙지 않는 타협할 수 없는 사항이다. 그런데도 오늘날 우리는 여전히 차별과 혐오로 인해 고통과 가난을 겪어야 하고 심지어 생명의 위협까지 받아야 하는 상황을 목격하고 있다. 인류는 역사상 그 어느 시기보다 더 많은 기회와 부를 갖게 되었지만, 한편으론 극심한 양극화로 인해 벼랑 끝에 내몰린 사람이 더 많아졌다.

차별의 철폐는 사회적 · 문화적 문제일 뿐 아니라 '정의(justice)'의 문제이기도 하다. 지금 우리는 온갖 문명의 혜택을 받는 고도의 산업화 시대에 살고 있으며, 스스로를 멸종시킬 수 있을 만큼 가공할 만한 힘과 무기를 갖게 되었다. 이런 점을 고려하면 인류 전체에 가장 이로운 길은 서로 협력하고 평화를 이루는 것이다. 하지만 독일의 사회학자이자 철학자인 테오도르 아도르노(Theodor Adorno)가 말한 것처럼 "인간은 확실히 더 똑똑해졌지만 현명해지지는 않았다".

진정한 평등을 이룩하려면 '정의'의 개념은 전체론적으로(holistically) 해석되고 적용되어야 한다. 어쨌든 사회는 각자도생보다는 '협력'이 더 나은 삶을 가능하게 한다는 원칙이 적용되는 곳이다. 로즈 맥고완의 말처럼 우리는 의도적으로 조작된 지식과 신념을 버리고 타인의 관점에서 세상을 바라볼 수 있어야 한다. 이 장을 마무리하며, '미국에서 가장 신뢰받는 언론인'으로 불린 월터 크롱카이트(Walter Cronkite)의 말을 인용하고자 한다. "약간의 자유라는 것은 없다. 우리는 완전한 자유를 누리거나 자유가 전혀 없거나 둘 중 하나만 가능하다."

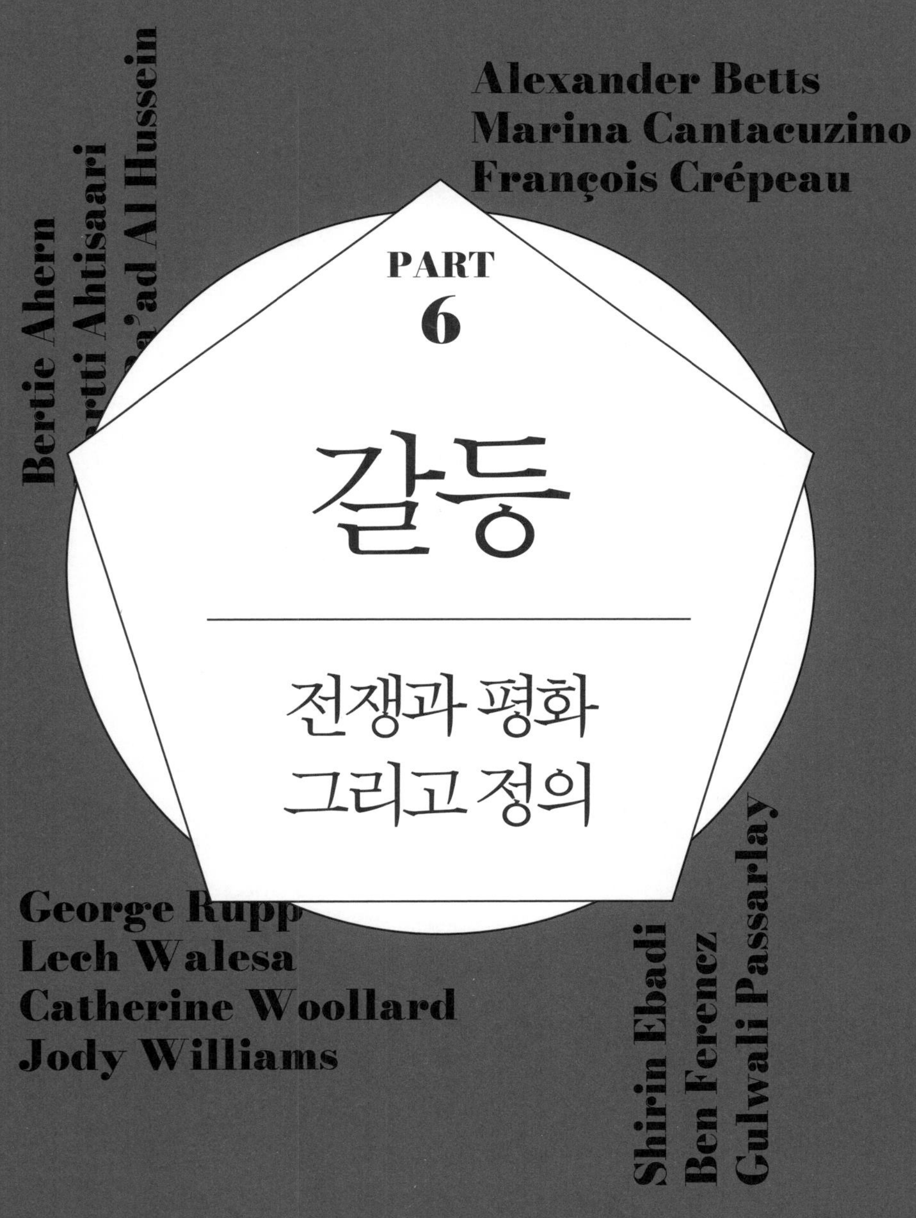

PART 6

갈등

전쟁과 평화 그리고 정의

Alexander Betts
Marina Cantacuzino
François Crépeau

Bertie Ahern
artti Ahtisaari
a'ad Al Hussein

George Rupp
Lech Walesa
Catherine Woollard
Jody Williams

Shirin Ebadi
Ben Ferencz
Gulwali Passarlay

"안타깝게도 전쟁이 시작되거나
상황이 최악으로 치달은 때에야
비로소 갈등 해결과 화해의
메커니즘이 작동하는 경우가 많습니다."

— 버티 어헌

2019년 나는 국제자선단체 인플레이스오브워와 함께 우간다 북부 지역을 방문했다. 우리가 밟은 땅은 녹슨 철기처럼 붉게 물들어 있었다. 그것은 아마도 1971년 이디 아민 다다(Idi Amin Dada)가 일으킨 쿠데타, 1981년 밀턴 오보테(Milton Obote) 정부를 상대로 일어난 내전, 그리고 조지프 코니(Joseph Kony)를 총사령관으로 하는 반군 조직 '신의 저항군(LRA)'과 우간다 정부 간의 내전 등 무자비한 무력 충돌이 벌어진 수십 년의 역사가 고스란히 담긴 흔적일 것이다. 이 가운데 마지막에 언급한 내전은 우간다 북부, 수단 남부, 콩고 동부를 초토화했으며, 이들 지역은 한동안 지구상에서 가장 위험한 곳이 되었다. 주민 수만 명이 영구적인 트라우마와 신체적 장애를 얻었고, 150만 명은 난민수용소로 쫓겨나 20년 가까이 갇혀 살아야 했다. 이 전쟁은 국제 사회의 관심도 받지 못한 채 원주민 사회를 송두리째 뒤흔들어버렸다.

우간다에는 비교적 짧은 시간의 평화가 찾아왔다. 10년 전 우리가 처음 방문했을 때는 주민들이 전쟁으로 황폐해진 땅에 작물을 심고 있었다. 나는 글루와 키트굼 지역의 주민들과 대화를 나눴다. 그들 중 일부 세대는 전쟁을 어쩔 수 없는 현실로 받아들이고 있었다. 우간다에서 더 이상 총소리는 들리지 않지만 그들은 여전히 불안정한 평화 속에서 살고 있다.

전쟁과 갈등이 존재하는 이유는 무엇인가

시린 에바디 Shirin Ebadi
이란의 정치활동가이자 인권운동가이며 법조인이다. 이란 소재 인권수호센터(Defenders of Human Rights Center)의 창립자로 2003년 이란인 최초이자 무슬림 여성 최초로 노벨평화상을 받았다.

마르티 아티사리 Martti Ahtisaari
노벨평화상을 수상한 정치인이자 유엔 외교관으로 1994~2000년에 핀란드의 제10대 대통령을 지냈으며, 국제 평화에 기여한 공로로 잘 알려져 있다.

레흐 바웬사 Lech Walesa
전 폴란드 대통령으로 노벨평화상을 수상했다. 폴란드 최초 민선 대통령이며, 40개 이상의 명예 학위를 포함해 수백 개의 학위를 받았다.

3,500년의 인류 역사에서 평화가 유지된 기간은 270년에 불과한 것으로 추정된다. 그렇다면 분쟁과 갈등을 인간 본성의 한 부분으로, 갈등의 부재를 예외적 현상으로 봐야 할까? 이란인과 무슬림 여성 중 최초로 노벨평화상을 받은 시린 에바디에게 "인류의 역사에서 그토록 오랜 기간 전쟁과 갈등이 반복적으로 지속된 이유는 무엇인가"라는 질문을 던졌다.

시린 에바디 ―――――――― 인간이 벌이는 전쟁이라는 행위의 밑바탕에는 이익을 추구하는 인간의 본성이 깔려 있습니다. 이는 많은 경제 위기가 전쟁을 통해 해결되었다는 것만 보아도 확인할 수 있는 사실이죠.

버티 어헌 Bertie Ahern
60년 만에 처음으로 3선에 성공한 아일랜드 총리로, 2008년 10년간 맡았던 총리직을 사임했다. 북아일랜드 패권 분담의 뼈대를 형성한 역사적인 '성금요일협정(Good Friday Agreement)'의 타결에 중요한 역할을 했다.

조디 윌리엄스 Jody Williams
미국의 사회활동가로 1997년에 대인지뢰를 금지한 공로로 노벨평화상을 수상했다. 15개의 명예학위를 받았으며, 〈포브스〉가 선정한 '세계에서 가장 영향력 있는 100인의 여성'에 이름을 올렸다.

제이드 라드 알 후세인 Zeid Ra'ad Al Hussein
펜실베이니아대학교에서 '법과 인권 실무' 과정을 가르치는 교수이며, 제6대 유엔 인권 고등판무관이 되었다. 국제연합안전보장이사회(UNSC) 의장을 지내기도 했다.

단지 더 부유해지려는 부자들의 이기심 때문에 너무 많은 사람이 목숨을 잃습니다.

마찬가지로 노벨평화상 수상자이며, 핀란드의 전 대통령인 마르티 아티사리에게도 같은 질문을 던졌다. 그는 공정하지 못하고 불평등이 심각한 사회에서 갈등과 폭력이 더 많이 발생할 수밖에 없다고 지적했다.

마르티 아티사리 ——————— 인류 역사 전체를 놓고 보면 전쟁과 분쟁이 그토록 빈번했는데, 왜 핀란드에서는 그런 갈등이 상대적으로 적었는지를 생각해보게 되네요. 우리는 70년 이상 평화롭게 지냈습니다. 수십 년 간 별 갈등 없이 살고 있어요. 국가 정책에 대한 국민의 신뢰도가 높은 편입니다. 공공기관 대다수가 80퍼센트 이상의 국민 신뢰도를 자랑합니다. 갈등과 분쟁이 반복되는 지역에는 대개 권력욕에 사로잡힌 강경한 지도자가 있습니다. 불평등이 심각한 곳에서는 폭력이 유일한 탈출구가 되기 쉽습니다. 공정하고 올바른 사회일수록 폭력이 적게 발생한다는 것은 통계적으로 충분히 입증되었습니다.

1990~1995년까지 폴란드 대통령을 역임한 레흐 바웬사는 폴란드 민주화의 영웅이며 노벨평화상 수상자이기도 하다. 그는 지역 간 경제적 격차가 갈등을 유발하는 가장 큰 요인이라고 지적했다.

레흐 바웬사 ———————— 특히 지역 간 갈등을 유발하는 가장 중요한 요인은 불균형 발전으로 인한 경제적 격차입니다. 여전히 저개발 지역에서는 인간의 삶에 필수적인 기본재조차 구하기 어려운 상황이에요. 그들은 가난하고 소외되어 있다는 박탈감으로 인해 극단적인 수단으로 문제를 해결하려 들곤 합니다.
과거에 인류는 영토를 차지해서 나라를 더 크게 확장하는 것이 최우선 목표였습니다. 하지만 옷과 음식보다 지적 활동에 더 많은 소비를 하는 현대 국가에서는 땅을 차지하는 것보다 교역으로 경제적 이득을 얻는 게 더 중요해졌어요. 폴란드의 상대국들도 우리를 없애고 땅을 차지하는 대신 더 많은 상품, 자동차, 컴퓨터 등을 팔길 원합니다. 만일 우리가 지역 간 경제적 발전 격차를 해소할 수 있다면, 갈등의 위험은 현저히 낮아질 겁니다.

30년에 걸친 북아일랜드 유혈 분쟁을 끝낸 '성금요일협정' 타결에 중요한 역할을 했던 아일랜드 전 총리 버티 어헌은 무력 분쟁이 일어나는 이유를 이렇게 설명했다.

버티 어헌 ———————— 무력 분쟁은 협상으로 문제를 해결하지 못했거나 대화를 통한 화해와 중재 노력을 기울이지 않았을 때 벌어질 수 있는 결과입니다. 하지만 무력 분쟁이 문제해결의 수단이 되거나 세계가 작동하는 방식이 되는 건 저주나 다름없습니다.
세계에서 가장 잔혹하고 오래 지속된 몇몇 무력 분쟁은 광물 자원이 방대한 국가에서 특정 민족 집단이나 원주민의 참여를 배제한 채 다른 국가나 민간 기업과 자원 개발 계약을 맺은 결과로 발생했습니다. 석유를 놓고 나이지리아 정부와 원주민이 충돌한 니제르델타 지역의 분쟁 역시 그러한 갈등의 전형적인 예라고 할 수 있겠네요. 안타깝게도 전쟁이 시작되거나 상황이 최악으로 치달은 때에야 비로소 갈등 해결과 화해의 메커니즘이 작동하는 경우가 많습니다. 갈등이 끊이지 않는 현실이 너무나 가슴 아픕니다.

미국의 시민운동가로 국제지뢰금지운동(ICBL)을 주도한 공로로 1997년에 노벨평화상을 수상한 조디 윌리엄스는 전쟁과 분쟁의 이면에는 거의 예외 없이 돈과 권력이 얽혀 있다는 점을 언급했다.

조디 윌리엄스 ———————— 분쟁과 갈등은 경제, 정치, 사회 영역의 다양한 요인들로 인해 혹은 이 요인들의 결합으로 인해 발생합니다. 인종과 종교는 전쟁에서 대중을 선동하는 도구로 사용됩니다. 저는 종교 자체가 전쟁을 일으킨다고 생각하진 않습니다. 전쟁에는 거의 항상 돈과 권력이 얽혀 있어요.

인종과 종교 외에 전쟁에서 대중을 선동하는 또 다른 수단은 상대편을 '그들'로 규정하고 '우리'보다 못한 존재로 보이게 하는 겁니다. 그럼으로써 전쟁에서 목숨을 거는 것이 그럴 만한 가치가 있는 것으로 받아들이게 하는 거죠.

또 한편으로 기후변화도 분명 인구 이동에 영향을 미치고 갈등의 불씨로 작용합니다. 아프리카 수단의 다르푸르 지역에서 발생한 분쟁을 살펴보면, 물론 인종과 종교의 갈등을 비롯해 사회적 불평등과 중앙정부의 탄압 등 여러 가지 요인이 복합적으로 얽혀 있지만, 그중에서도 다르푸르 지역의 사막화로 경작지가 부족해지자 유목민과 토착민이 갈등을 일으킨 것이 분쟁의 출발점이 되었다고 볼 수 있습니다.

경제도 매우 중요한 요인입니다. 유럽 전역에서 일어난 대규모 시위 중 다수는 극심한 경기 침체와 관련이 있었죠. 폭력적 갈등에는 분명히 그 전에 뿌려진 씨앗이 있기 마련입니다.

2014~2018년 유엔 인권 고등판무관으로 일한 제이드 라드 알 후세인

은 권력자들이 인권을 침해하는 수탈 행위를 벌이는 것이 평화가 무너지는 가장 큰 원인이라고 지적했다.

제이드 라드 알 후세인 ———— 오늘날 무력 분쟁의 대부분은 심각한 인권 유린에 뿌리를 두고 있습니다. 제가 알기로 모든 갈등은 권력자들이 국민의 기본권을 무시하고 저지르는 수탈 행위가 근본 원인입니다. 경제학자들은 완곡어법으로 이러한 문제를 포장하는 습관이 있습니다. 그들은 포용의 반대어로 '소외'를 이야기할 때 부정적 뉘앙스를 철저히 제거해서 사람들이 그것에 의문을 제기할 여지를 남기지 않아요. 그러나 현실에서 '소외'는 의도적인 인종 차별, 우월주의 정책, 편협성, 가식적인 상냥함으로 구성되어 있습니다.

포용 정책, 포용 경제를 이야기할 때 사회의 일부 구성원을 노동 시장에서 소외시키는 사람들에 맞서서 "이래서는 안 된다"라고 말하는 용기가 필요해요. 기술의 발전과 투자 방향의 변화로 사람들이 실직하면서 '소외'가 일어났으므로 그들을 다시 고용해야 한다는 건 현실을 모르고 하는 소리예요. 그 사람들은 애초에 경제활동인구로 편입될 기회조차 얻지 못했어요. 그들은 원래부터 배제되고 소외되었습니다.

이민자들, 내전과 기후변화를 피해 고국을 떠나는 사람들, 긴축정책의 타격을 받는 사람들, 질병에 대한 부담을 안고 살아가는 사람들, 그들 모두가 처음부터 소외되었던 사람들입니다. 그들에 대한 처우는 지금까지 나아진 적이 없고, 그들의 인권은 정당하게 지켜지지 못했습니다. 경제는 엘리트 소수 권력층의 이익에 종속되어 있으며, 우리 국가와 사회는 나머지 국민의 이익을 희생하면서 이 엘리트들을 보호하도록 설계되었습니다.

이어서 제이드 라드 알 후세인은 역사에서 배우지 못하는 인류의 '무지'를 평화가 깨지기 쉬운 또 다른 이유라고 지적했다.

제이드 라드 알 후세인 ——— 우리가 소탐대실을 좇는 자국민 우선주의에서 벗어나 이성적인 인간답게 사고하게 되기까지 1차 세계대전과 2차 세계대전, 스페인 독감의 발생 등으로 1억에서 2억 명 이상의 목숨이 희생되었습니다. 이건 정말 놀라운 일입니다. 인류의 진보는 너무나 느리게 진행됩니다. 자유와 평등, 차별 철폐 등 누가 봐도 자명한 상식들이 규범으로 자리잡지 못하는 이유는 무엇일까요? 왜 아직까지도 원시적인 사고방식에 집착하는 무리들이 있는 걸까요? 왜 우리는 역사에서 교훈을 배우지 못할까요?

제가 존경하는 작가 세실 루이스(Cecil Lewis)는 1936년에 1차 세계대전 경험을 담은 책을 발표했는데요. 책에서 그는 불치병과 같은 '남자의 무지'를 언급합니다. 여기서 여자를 언급하지 않은 것은 매우 적절했습니다. 근본적으로 어리석은 사람은 남자이니까요.

"저는 종교 자체가
전쟁을 일으킨다고 생각하진 않습니다.
전쟁은 거의 항상 돈과 권력이 얽혀 있어요.
인종과 종교 외에 전쟁에서
대중을 선동하는 또 다른 수단은
상대편을 '그들'로 규정하고
'우리'보다 못한 존재로 보이게 하는 겁니다."

— 조디 윌리엄스

분쟁과 폭력은 정당화될 수 있는가

조디 윌리엄스 Jody Williams
미국의 사회활동가로 1997년에 대인지뢰를 금지한 공로로 노벨평화상을 수상했다. 15개의 명예학위를 받았으며, 〈포브스〉가 선정한 '세계에서 가장 영향력 있는 100인의 여성'에 이름을 올렸다.

레흐 바웬사 Lech Walesa
전 폴란드 대통령으로 노벨평화상을 수상했다. 폴란드 최초 민선 대통령이며, 40개 이상의 명예 학위를 포함해 수백 개의 학위를 받았다.

지난 20년의 역사를 살펴보면 이라크, 리비아, 아프가니스탄 등 전쟁을 치렀던 곳에서 평화와 평온이 뒤따랐던 적은 한 번도 없었다. 전쟁은 반드시 폭력을 낳는다. 그런데도 강대국에서는 전쟁을 정당화하는 논리를 만들어내곤 한다. 자국민의 안전을 위해서, 더 큰 전쟁을 미연에 방지하기 위해서, 국제 규범과 올바른 신념을 지키기 위해서 등등. 그러나 과연 정당화될 수 있는 분쟁이나 전쟁이 있을까? 조디 윌리엄스에게 먼저 질문을 던져보았다.

조디 윌리엄스 ——————— 저는 오랫동안 이 주제에 관해 수차례 논의

마르티 아티사리 Martti Ahtisaari
노벨평화상을 수상한 정치인이자 유엔 외교관으로 1994~2000년에 핀란드의 제10대 대통령을 지냈으며, 국제 평화에 기여한 공로로 잘 알려져 있다.

시린 에바디 Shirin Ebadi
이란의 정치활동가이자 인권운동가이며 법조인이다. 이란 소재 인권수호센터의 창립자로 2003년 이란인 최초이자 무슬림 여성 최초로 노벨평화상을 받았다.

해왔습니다. 예를 들어볼까요. 2018년 4월 시리아 내전에서 화학무기가 사용되었을 때 미국, 프랑스, 영국은 미사일 공습을 벌였죠. 이후에도 미국 대통령은 화학무기 사용은 국제 규범을 위반한 것이라며 이에 대한 책임을 묻기 위해 무력으로 응징하는 것은 '정당한 권한'이라고 말했습니다. 하지만 과연 이러한 무력 사용이 정당화될 수 있을까요?

미국 정부와 미군은 그간 리비아 폭격, 예멘과 소말리아에서의 드론 공격, 이라크 침공, 이란·이라크전쟁 개입 등 중동과 북아프리카에서 여러 차례 군사 행동을 일으켰습니다. 군사 행동이 이루어진 지역의 주민들 입장에서 과연 미국을 노골적인 침략자 외에 다른 무엇으로 받아들일 수 있을까요? 논란의 여지는 있지만, 저는 2차 세계대전이 거의 유일하게 정당화될 수 있는 전쟁이라고 생각합니다. 그 이후에 정당화될 수 있는 전쟁이 있었을까요? 저는 모르겠습니다.

폴란드에서 최초로 민선으로 선출된 '민주 폴란드'의 초대 대통령 레흐 바웬사에게도 같은 질문을 던졌다.

레흐 바웬사 ———————— 폭력은 어떤 상황에서든 옳지 못합니다. 저는 항상 평화로운 해결책을 찾아내려 애씁니다. 하지만 세상에서 살아남기 위해 다른 사람을 죽여야 하는 상황이 있을 수 있다는 건 이해합니다. 그렇다면 우리는 사람들이 그런 선택을 할 필요가 없는 안전한 환경을 조성함으로써 그들을 도와야 한다는 점에서 책임이 있어요.

평화중재자로서 여러 국제분쟁을 해결하는 데 커다란 공헌을 했던 마르티 아티사리는 전쟁은 어떤 경우에도 정당화될 수 없고 정당화되어서도 안 된다고 말했다.

마르티 아티사리 ———————— 전쟁은 어떤 경우에도 정당화될 수 없습니다. 우리는 전쟁을 시작하기 전에도, 전쟁을 끝낸 후에도 다른 선택을 할 수 있습니다. 독립 첫해인 1918년에 핀란드는 내전을 겪으며 위기를 맞기도 했습니다. 우리는 동족끼리 싸웠습니다. 러시아와의 갈등도 영향이 있었지만 내부 불만 요인도 만만치 않았죠. 농부들은 경작할 땅이 없었고, 경제적 불평등도 심각한 수준이었습니다. 그래도 우리는 위기에서 벗어나 모든 사람이 정치에 참여할 수 있는 포용적 사회가 되었습니다. 모든 아이에게 공정한 기회를 주고, 태어나기 전과 후에 양질의 의료 서비스를 제공하고, 거주 지역에 상관없이 적절한 교육을 받게 하는 것이 바람직하다는 생각에 사회 전체가 합의했습니다.

시기와 질투가 인간 본성의 일부분이라는 주장은 어제오늘 만들어진 이야기가 아니다. 그렇다면 갈등과 폭력 역시 인간 본성의 한 부분으로 내재했다가 표출되는 것일까? 만일 그렇다고 해도 그것이 분쟁과 전쟁을 정당화하는 근거가 될 수 있을까? 이란 최초의 여성 판사로, 여성과 아동의 권리 증진을 위한 투쟁에 주력했던 시린 에바디에게 질문해보았다.

시린 에바디 ———————— 모든 인간에게는 잠재적인 공격성이 있습니다. 하지만 타고난 본능이라 해도 인간은 교육과 훈련으로 억제할 수 있습니다. 안타깝게도 요즘 학교 역사 수업에서 전쟁을 비난하기보다 숭상하는 경향이 있어요. 저는 개인적으로 분쟁과 전쟁으로 얼룩진 역사를 되풀이하지 않으려면 학교의 역사 수업 내용부터 바꿔야 한다고 생각합니다.

마르티 아티사리에게도 갈등과 분쟁이 인간 본성의 일부분이라고 생각하는지 물었다.

마르티 아티사리 ———————— 저 역시 이기심이나 공격성과 같은 성향이 인간 본성의 일부가 아니라면 그토록 많은 분쟁과 전쟁이 일어나지 않았을 것이라는 생각을 한 적이 있습니다. 하지만 더 중요한 건 분쟁이 일어나는 현실적이고 구체적인 이유들입니다. 예컨대 기후변화나 영토 침략 등의 이유로 삶의 터전이나 식수원을 잃었을 수도 있고요. 물론 이런 경우라고 해서 무력 분쟁이 정당화되는 건 아니지만, 적어도 분쟁이 벌어지는 이유를 설명할 수는 있습니다.

인간 본성의 한 측면이 분쟁과 전쟁의 일부 원인이라는 주장은 분명 논란의 여지가 있다. 특히 모든 인간은 선하게 태어났다고 믿는 입장에선 더더욱 그럴 것이다. 그런데 사회를 하나로 묶는 유대감이 매우 복잡하고 쉽게 깨지는 유리처럼 취약한 것은 사실이다. 다른 동물과 마찬가지로 인간은 쉽게 갈등을 일으킨다. 따라서 우리에겐 '사회'라는 구조로 쌓아 올린 유대감과 문화를 통해 원시적 본능에 맞서는 노력이 필요하다. 사회가 평화롭게 유지되기 위해서는 인간 본성의 한 측면을 외면해서도 안 되며, 갈등과 폭력이 정당화될 수 없다는 것을 주장하지 못할 만큼 나약해서도 안 된다.

우리는 평화를 위해 무엇을 해야 하는가

마르티 아티사리 Martti Ahtisaari
노벨평화상을 수상한 정치인이자 유엔 외교관으로 1994~2000년에 핀란드의 제10대 대통령을 지냈으며, 국제 평화에 기여한 공로로 잘 알려져 있다.

버티 어헌 Bertie Ahern
60년 만에 처음으로 3선에 성공한 아일랜드 총리로, 2008년 10년간 맡았던 총리직을 사임했다. 북아일랜드 패권 분담의 뼈대를 형성한 역사적인 '성금요일협정'의 타결에 중요한 역할을 했다.

전쟁과 분쟁이 일어나는 원인과 배경을 살펴보았다면, 이제는 평화를 유지하기 위해 우리가 무엇을 해야 하는지 살펴볼 차례이다. 마르티 아티사리에게 먼저 "평화 구축과 화해를 위해 무엇부터 해야 하는가"라는 질문을 던졌다.

마르티 아티사리 ——— 분쟁은 내부 원인으로 발생한 것이든 외부 세력의 개입으로 시작된 것이든 항상 흔적을 남깁니다. 분쟁이 끝났을 때 대부분은 '화해'의 과정을 시작하기조차 어렵습니다. 핀란드처럼 포용 정책을 선택하고 잘 정착시킨 사례도 있지만, 그렇지 못한 사례가 더

제이드 라드 알 후세인 **Zeid Ra'ad Al Hussein**
펜실베이니아대학교에서 '법과 인권 실무' 과정을 가르치는 교수이며, 제6대 유엔 인권 고등판무관이 되었다. 국제연합안전보장이사회 의장을 지내기도 했다.

레흐 바웬사 **Lech Walesa**
전 폴란드 대통령으로 노벨평화상을 수상했다. 폴란드 최초 민선 대통령이며, 40개 이상의 명예 학위를 포함해 수백 개의 학위를 받았다.

많습니다. 사람들의 마음속에는 고통스러운 기억이 남아 있게 마련이므로 용서가 항상 가능한 것도 아닙니다. 설사 용서한다 해도 마음의 흉터는 여전히 남을 테고요.

제가 평화중재자로서 얻어낼 수 있는 최선의 결과는 사회적으로 행동의 변화를 이끌어내는 것입니다. 과거와 같은 일이 결코 반복되어선 안 된다는 점을 사람들이 분명히 알도록 하는 것이 중요합니다. 사회의 모든 악행은 주로 쌍방에 의해 초래되기 때문에 어느 한쪽의 노력만으로 바로잡는 것은 불가능합니다. 분쟁으로 인해 발생한 문제를 해결하는 데는 언제나 오랜 시간이 걸립니다. 모든 사람을 만족시키면서 평화를 되찾는 일은 매우 복잡하거든요. 저는 사람들에게 모든 것이 합의되어야 정전협정에 서명할 수 있는 건 아니라고 설명합니다. 제대로 된 대화를 시작하려면 일단 평화가 확보되어야 한다는 점을 강조합니다.

버티 어헌은 대화를 시작할 때는 타이밍도 중요하다면서 어느 쪽에서든 먼저 화해의 손길을 내밀었을 때 비로소 대화가 시작되고 어떻게든 앞으로 나아갈 수 있다고 설명했다.

버티 어헌 ———————— 평화 구축은 어려운 작업이고 때로는 타이밍이 중요합니다. 분쟁과 전쟁을 일으켰던 사람들은 대개 화해를 위한 대화에 어려움을 겪습니다. 어느 한쪽에서든 평화 전략을 찾아야 하는데 이 역시 쉽지가 않고요. 그러다가 양쪽 모두 지칠 대로 지쳤을 때쯤 더 큰 그림을 보고자 하는 어느 한쪽이 화해의 손길을 내미는 순간이 찾아옵니다. 이때부터 비로소 한 줄기 희망이 생기기 시작합니다. 저는 이때가 대화를 시작하고 평화를 구축할 수 있는 좋은 타이밍이라고 생각합니다. 분쟁의 당사자들은 자신만의 이익을 생각하든 모두의 이익을 생각하든, 어떤 형태로든 합의점을 찾는 것이 더 낫다는 점을 인정해야 합니다.

제이드 라드 알 후세인은 평화 구축에서 중요한 것은 '감정적 회복'임을 강조하면서, 지금까지의 화해와 평화 구축이 근시안적으로 이루어진 것을 지적했다.

제이드 라드 알 후세인 ———— 평화 건설을 위한 규칙이 따로 있냐고 묻는다면 저는 대답하기 어렵습니다. 우리는 지난 70년간 평화를 구축하기 위해 노력해왔지만, 여전히 평화를 지키기 위한 규칙 하나 찾지 못했습니다. 전쟁이 끝난 곳에 평화를 구축하기 위해 간 사람들은 중요한 문제를 그냥 덮어버리고 말았습니다. 물리적·행정적 인프라를 재건하는 데는 돈을 투자했지만, 기억과 정체성의 문제를 어떻게 해야 할 것인지는 고민하지 않았던 것입니다.

그들은 누구인가? 그들은 자신에 대해 스스로 어떻게 생각하는가? 그들은 함께 겪은 공통의 경험이 왜 서로 다르게 해석될 수 있다고 생각하는가? 이런 질문을 던지지 않은 채 평화를 구축하려는 노력은 한계가 있을 수밖에 없습니다. 세계 곳곳을 둘러보면 수십 년이 지났는데도 풀리지 않고 억눌렸던 좌절감이 거칠게 표출되는 장면을 목격할 수 있습니다. 식민지 시대의 인종 차별을 상징하는 조각상을 불태워버리는 것처럼요. 우리는 왜 깊이 있는 대화가 필요할 때 모른 척 외면하는 걸까요?

진정한 평화를 구축하려면 감정적인 회복이 함께 이루어져야 합니다. 그렇지 않으면 화합은커녕 분열의 골이 더 깊어지고 고착화할 겁니다. 지금 우리가 평화 문제를 다루는 방법은 지나치게 근시안적입니다.

레흐 바웬사에게 평화 구축과 관련해 문화와 종교는 어떤 역할을 하는지 물었다.

레흐 바웬사 ———— 평화 운동에서 종교는 사람들을 하나로 묶어주었습니다. 저는 음악, 예술, 종교, 문화가 사람들이 함께 뭉치고 생각과 감정을 공유하도록 돕는 역할을 한다고 봅니다. 사람들이 단결하면 원하는 결과를 이룰 수 있습니다.

버티 어헌은 갈등 해결과 평화 구축에 '다자주의(multilateralism)'가 중요한 역할을 할 수 있다고 말했다.

버티 어헌 ———————— 저는 국가 간 협력을 촉진하는 다자주의의 열렬한 신봉자입니다. 유엔개발계획(UNDP)처럼 몇 세대에 걸쳐 규모를 키워온 다자간 조직을 높이 평가하고 존중합니다. 그런데 특히 지난 2년 동안 다자주의의 토대가 훼손되고 있어서 매우 걱정스럽습니다. 갈등 해결을 위해 각 조직이 서로 협력하고, 정부와 비정부기구의 다자간 연결 시스템을 구축하는 것이 그 어느 때보다 중요합니다. 또 이것만으로는 부족할 수 있습니다. 각 정부에서 자금 지원을 통해 더 큰 역할을 담당할 수 있어야 바람직한 결과를 기대할 수 있습니다.

우리는 왜 복수 대신 용서를 해야 하는가

마리나 칸타쿠지노 Marina Cantacuzino
영국 언론인으로서 여러 차례 수상한 경력이 있다. 다양한 사연을 통해 용서와 정의를 탐구하는 비영리단체 '용서 프로젝트(The Forgiveness Project)'를 창립했다.

남아프리카 최초의 흑인 대통령 넬슨 만델라가 아직까지 기억되는 이유는 바로 화해와 용서의 상징이기 때문일 것이다. 하지만 모든 남아공 국민이 넬슨 만델라의 정책에 동의한 것은 아니다. 자신의 가족을, 친구를, 동족을 죽인 사람을 용서하기란 결코 쉬운 일이 아니다. 누군가를 용서해야 했던 경험이 있다면 다들 그 어려움을 잘 알 것이다. 우리는 과연 어디까지 용서할 수 있을까? 용서할 수 없는 대상이란 것이 있을까? 용서는 자신을 위해서 하는 것일까, 상대를 위해서 하는 것일까?
비영리단체 '용서 프로젝트'의 창립자인 마리나 칸타쿠지노와 용서에 관해 이야기를 나누었다.

마리나 칸타쿠지노 ——————— 용서는 논란의 여지가 많은 영역이고, 또 매우 개인적인 영역입니다. 어떤 사람은 뉘우침과 사과를 전제로 상대방을 용서합니다. 또 어떤 사람은 뉘우침과 사과를 기대하고 기다리면 상대방에게 주도권이 넘어간다고 생각하기도 하지요. 용서는 일종의 자기 치유이자 주도권 회복입니다. 따라서 같은 잘못이라도 어떤 사람은 용서할 수 있고 어떤 사람은 용서하기 어려울 수 있는 겁니다.

홀로코스트 생존자 에바 코르(Eva Kor)는 생전에 전 나치대원이었던 요제프 멩겔레(Josef Mengele)를 용서하며 화해의 메시지를 세상에 전했습니다. 자신을 고문하고 실험 대상으로 삼았던 사람을 어떻게 용서할 수 있었을까요. 그녀는 자신에게 용서가 어떤 의미인지 명확하게 알았고, 용서하는 법을 알고 있었습니다. 그녀는 이렇게 말했습니다. "그들이 용서받을 자격이 있어서가 아니라 제가 용서할 자격이 있어서 용서합니다. 사실 용서는 자기를 치유하고 스스로 주도권을 회복하는 행위입니다. 저는 용서가 기적의 묘약이라고 생각해요. 비용이 들지 않고 효과적이며 부작용도 없답니다."

이어서 마리나 칸타쿠지노는 다른 사례를 통해 용서의 의미에 대해 설명했다.

마리나 칸타쿠지노 ——————— 북아일랜드 종파 분쟁 중 IRA(아일랜드공화군)의 폭탄에 어머니를 여읜 한 여성은 이렇게 말합니다. "어머니의 원수를 갚는 저의 방법은 용서입니다. 용서가 저에게 힘을 주었으니까요."

그녀의 말대로라면 용서는 강력한 복수의 형태가 될 수 있습니다. 어떤 가해자들은 피해자가 악몽에 갇혀서 영원히 고통에 시달리기 바랍니다. 그러한 고통의 악순환을 멈출 수 있는 것이 바로 용서입니다.
또 다른 예를 들어볼까요. 스무 명의 아이가 희생된 샌디후크 초등학교 총기 난사 사건에서 여섯 살 난 아들을 잃은 어머니는 이렇게 말했습니다. "용서는 거대한 가위로 속박의 밧줄을 자르고 저 자신의 힘을 되찾는 것이었습니다." 당신에게 고통을 준 사람들을 용서할 수 있게 되면, 그들은 더 이상 당신의 마음을 지배할 수 없습니다. 아일랜드의 위대한 작가 오스카 와일드(Oscar Wilde)가 한 말은 다소 딱딱하지만 매우 정확한 표현이라고 생각합니다. "용서만큼 적을 괴롭히는 것이 없으니 적을 용서하라."

나는 인플레이스오브워와 함께 남아공을 방문했을 때, 극악무도한 갱단의 실세 역할을 하면서 일가족을 살해한 전과가 있으나 지금은 자기가 속한 지역사회에서 봉사 활동을 하는 한 남자를 만났다. 지역사회는 거의 믿기지 않을 정도의 아량을 베풀어 그를 용서했다. 그가 맡은 일을 열심히 하는 모습을 보여준다면 젊은이들이 같은 길을 따르지 않도록 예방하는 최고의 본보기가 되리란 걸 알았기 때문이다. 용서는 이타적일 필요도 이기적일 필요도 없지만, 현실적이고 지속가능해야 한다.

"당신에게 고통을 준 사람들을

용서할 수 있게 되면,

그들은 더 이상

당신의 마음을 지배할 수 없습니다."

- 마리나 칸타쿠지노

분쟁과 갈등이 없는 세상은 과연 가능한가

마르티 아티사리 Martti Ahtisaari
노벨평화상을 수상한 정치인이자 유엔 외교관으로 1994~2000년에 핀란드의 제10대 대통령을 지냈으며, 국제 평화에 기여한 공로로 잘 알려져 있다.

벤 페렌츠 Ben Ferencz
미국 변호사로 2차 세계대전 이후 나치 전범 수사관이었으며, 뉘른베르크에서 열린 12건의 군사 재판 중 하나에서 미군 측 수석 검사를 역임했다.

인류 역사에서 과연 분쟁과 전쟁이 완전히 사라질 수 있을까? 더 많은 권력, 돈, 자원 등을 얻기 위해 국민을 전쟁터로 보내려고 하는 사람들의 결정에 저항하고 그들의 생각을 변화시킬 수 있을까? 마르티 아티사리에게 먼저 질문해보았다.

마르티 아티사리 ———— 저는 먼저 우리 핀란드가 떠오르는군요. 저는 포용 정책, 평등주의 정책을 펼쳐 모든 사람에게 기회를 제공하면 갈등이 없는 사회 환경을 만들 수 있다고 생각합니다. 즉 모든 사람이 동등하다는 믿음을 바탕으로 평등이라는 가치를 최우선에 둔다면 갈등 대신

레흐 바웬사 Lech Walesa
전 폴란드 대통령으로 노벨평화상을 수상했다. 폴란드 최초 민선 대통령이며, 40개 이상의 명예 학위를 포함해 수백 개의 학위를 받았다.

시린 에바디 Shirin Ebadi
이란의 정치활동가이자 인권운동가이며 법조인이다. 이란 소재 인권수호센터의 창립자로 2003년 이란인 최초이자 무슬림 여성 최초로 노벨평화상을 받았다.

협력을, 폭력 대신 대화를 이끌어낼 수 있습니다. 미국 같은 국가에서 수감자 비율이 어떻게 되는지 살펴보면, 정부가 평등주의 정책을 펼치지 않을 때, 계층 간 이동이 불가능할 때, 그리고 모두에게 교육과 기회가 주어지지 않을 때 사회가 어떤 양상을 띠게 되는지 알 수 있습니다. 대를 이어 교육과 기회가 제대로 주어지지 않는 가정을 흔히 볼 수 있으며, 이러한 가정의 구성원은 범죄 조직 등의 표적이 되기 쉽습니다.

최근 한 경제학자가 "아메리칸 드림을 이루고 싶다면 스웨덴으로 가라"고 말한 바 있죠. 그 이유로 북유럽 국가들의 '동질성'을 꼽는 사람이 많은데, 그것은 사실이 아닙니다. 오늘날 스웨덴은 영국보다도 이질성이 강한 사회거든요.

또 세계에는 진보를 가로막는 케케묵은 이념이 많이 남아 있습니다. 가령 러시아는 이제 냉전이 확실히 끝났고 더 이상 군사적인 위협을 받을 일도 없다는 점을 확실히 믿어야 합니다. 그들은 국방비를 줄이고 차라리 그 예산으로 법규를 정비하거나 교육 환경을 개선하는 등 자유롭고 평등한 사회를 만드는 일에 지출해야 합니다. 우리는 이 시대의 갈등을 해소하기 위해 서로 훨씬 더 협력해야 합니다.

미국 변호사로서 나치 전범 수사관이기도 했던 벤 페렌츠에게도 "인류 역사에서 분쟁과 전쟁이 완전히 사라질 수 있는가"라는 같은 질문을 던졌다. 그는 우리가 어쨌든 평화의 방향으로 나아가고 있다며 희망을 잃지 말아야 한다고 강조했다.

벤 페렌츠 ———————— 그 질문에 대한 대답은 분명히 '아니오'입니다. 하지만 이 대답을 곧이곧대로 받아들이진 마시기 바랍니다. 완벽한 평화는 절대 찾아올 수 없기에 그러한 평화를 기대할 순 없겠지만 그래도 우리는 평화의 방향으로 나아가고 있습니다. 여기저기 꽉 막히고 부패한 사각지대가 있어도 우리는 발전할 수 있고, 발전하고 있으며, 계속 발전해야 한다는 사실을 잊어서는 안 됩니다. 지금까지의 진전으로는 아직 역부족이어서 여전히 극악무도한 범죄들이 이곳저곳에서 저질러지고 있습니다.

우리는 수 세기에 걸쳐 어떤 합의의 도달로도 용납할 수 없는 살상 행위를 미화해왔습니다. 지금 와서 이것을 뒤집기 위해 할 수 있는 일은 많지 않아 보입니다. 아직 그 살상 행위를 막아낼 확실한 해답을 찾지도 못했고요. 그렇지만 우리가 희망을 잃지 말고 계속 나아가야 한다는 사실에는 변함이 없습니다.

레흐 바웬사에게 "평화로운 세상을 위해 다음 세대에 전하고픈 메시지는 무엇인가"라고 물었다. 그는 다음 세대가 가장 경계해야 할 것은 '포퓰리즘(populism)'이라고 말했다.

레흐 바웬사 ———————— 저는 다음 세대를 생각할 때, 대중의 인기에 영합하려는 포퓰리스트들이 대거 권력을 잡을 경우가 가장 우려가 됩니다. 우리는 뒤를 생각하지 않고 마음대로 행동하는 선동가들, 그리고 소위 지도자라는 사람들과 싸워야 합니다. 그들은 사회를 파괴할지도 몰라요. 우리는 아름다운 세상을 건설하기 위한 해답으로 새로운 사회 구조, 새로운 사고방식을 찾아야 합니다. 또 기술이 워낙 발전해서 우리의 무기는 전 세계를 파괴할 수 있는 지점에 이르렀다는 것을 똑똑히 알아야 합니다. 미래로 향하는 유일한 길은 평화를 구축하고 국가들이 서로 협력하는 것입니다.

마르티 아티사리는 미래 세대에게 역사에서 교훈을 얻어야 한다는 점을 특히 강조했다. 또 레흐 바웬사와 마찬가지로 거친 독설로 대중을 자극하면서 민족주의를 선동하는 포퓰리즘의 급부상에 우려를 나타냈다.

마르티 아티사리 ——————— 우리는 과거의 실수를 되풀이하지 않기 위해 역사에서 교훈을 얻어야 합니다. 유럽에서 포퓰리즘이 득세하고 있는 상황을 보면 실로 안타깝습니다. 포퓰리즘을 내세우는 논쟁을 들여다보면 지성과는 거리가 멀다는 점을 알 수 있습니다.
저는 오랜 경험을 통해 진실을 제대로 아는 것이 매우 중요하다는 점을 배웠습니다. 우리는 상황을 제대로 분석하되 그 이면에 감춰져 잘 드러나지 않는 진실까지도 이해할 수 있어야 합니다. 하지만 포퓰리즘은 이러한 접근을 허용하지 않는다는 점에서 우려하지 않을 수가 없습니다. 그래도 젊은 세대는 우리 세대보다 훨씬 현명한 선택을 할 테니, 희망을 잃지 말고 앞으로 나아갔으면 좋겠습니다.

시린 에바디는 미래 세대가 평화로운 세계를 만들어나가기 위해 더 적극적으로 행동하길 바란다는 기대와 함께 이런 메시지를 전했다.

시린 에바디 ——————— 자기가 속한 사회에서 평화를 찾고자 하는 사람이라면 나에게 이로운 것이 다른 사람에게도 이롭고, 나에게 해를 끼치는 것이 다른 사람에게도 해를 끼친다는 점을 기억해야 합니다. 이 메시지를 다음 세대 또는 그들의 미래 사회에 평화를 이룩하고자 하는 모든 이에게 전하고 싶습니다.

난민에 대한 우리의 도덕적 의무는 무엇인가

알렉산더 베츠 Alexander Betts
영국의 정치학자로 옥스퍼드대학교 사회과학대학의 부학장이자 '강제이주 및 국제문제(Forced Migration and International Affairs)' 담당 교수이다. 옥스퍼드대학교 브래스노스칼리지(Brasenose College)의 윌리엄골딩정치학스쿨(William Golding in Politics)에서 선임연구원으로 활동하고 있다.

캐서린 울라드 Catherine Woollard
난민이었으며, 망명 신청자이다. 기타 강제 이주민의 권리를 보호하고 증진하는 것을 임무로 하며 유럽 40개국의 106개 비영리단체로 구성된 유럽 난민 망명 위원회(European Council on Refugees and Exiles, ECRE)의 사무총장이다.

인간은 아주 오래전부터 전쟁을 피해 이주를 선택했다. '난민(refugee)'이라는 단어의 어원은 프랑스어 '망명자(réfugié)'로 거슬러 올라간다. 이는 프랑스에서 신교파인 위그노(huguenot)에게 자유와 시민권을 부여한 낭트칙령(Edict of Nantes)[15]이 폐지된 후 프랑스를 떠나 영국, 네덜란드 등으로 망명한 사람들을 가리키는 단어였다. 당시 개신교도 100만 명 중 약 50만 명이 망명을 선택한 것으로 추정된다. 오늘날 새로운 직업을 찾는 등의 이유로 이주하는 사람들과 분쟁이나 기근을 피해 어쩔 수 없이 이주하는 사람들을 혼동하는 문화적 분위기는 또 다른 형태의 차별적 언어와 낙인을 만들어내고 있다. 우리는 사회적 병폐의 책임을 이주자

굴왈리 파살레이 Gulwali Passarlay
아프가니스탄 난민 출신으로 작가이자 강연자로 맨체스터대학교에서 정치학을 전공했다. 젊은 난민에게 힘을 실어주는 것을 목표로 하는 마이브라이트카이트(My Bright Kite)의 공동 창립자이자, 어린이 자선단체인 데어월드(Theirworld)의 글로벌 청년 대사이다.

프랑수와 크레포 François Crepéau
캐나다의 변호사 및 맥길대학 인권 및 법률 다원주의 센터(Center for Human Rights and Legal Pluralism) 센터장이자 교수이다. 과거 '이민자 인권'을 위한 유엔특별보고관으로 근무한 바 있으며, 캐나다왕립협회(Royal Society of Canada)의 회원이다.

조지 럽 George Rupp
미국의 신학자이자 라이스대학교 및 컬럼비아대학교의 총장으로 국제구조위원회(IRC)의 위원장을 역임했다. 수많은 논문을 썼고, 여섯 권의 저서를 출간했다.

들에게 돌리며 그들을 철저하게 타자화하고 있다. 이는 단지 '난민 위기'로만 설명되지 않는다. 생존을 위해 고국을 탈출하는 사람들에 대한 우리의 인식 수준이 위기에 처했다는 의미이기도 하다.
알렉산더 베츠는 옥스퍼드대학교에서 '강제이주 및 국제문제'를 가르치는 교수이자 정치학자이다. 그에게 먼저 "전 세계적으로 이주민과 난민의 이동 규모는 어느 정도인지" 물었다.

알렉산더 베츠 ———————— 현재 전 세계 '국제 이주민'의 수는 약 2억 6,000만 명입니다. 흥미롭게도 세계 전체 인구에서 이주민의 비율은

1970년대 이후 약 3퍼센트로 비교적 일정했습니다. 하지만 분쟁이나 박해로 인한 '난민'의 수는 계속 증가하는 추세입니다. 현재 전 세계적으로 약 6,000만 명의 실향민이 있습니다. 그리고 이 가운데 2,200만 명 이상이 국경을 넘어 도망친 난민입니다.

2차 세계대전 이후 국제적 합의에 따라 정의된 '난민'의 지위는 '인종, 종교, 국적, 특정 사회집단의 구성원 신분, 정치적 견해 등을 이유로 박해를 받을 우려가 있다는 근거 있는 공포로 인하여 자국 국적 밖에 있는 자 및 자국의 보호를 받을 수 없거나 또는 그러한 공포 때문에 자국의 보호를 받기를 원하지 않는 자'입니다. 그런데 이러한 국제적 협약이 만들어진 것은 냉전 초기로 당시는 국가의 표적이 된 사람들이 박해를 피해 동반구에서 서반구로 망명하던 시대였습니다.

하지만 오늘날 대부분 난민은 자국이 전쟁이나 분쟁 등으로 불안정한 상황에 놓임으로써 생존을 위해 탈출한 사람입니다. 아니면 소말리아, 이라크, 아프가니스탄, 중앙아프리카공화국, 콩고민주공화국처럼 자국민에게 최소한의 기본재도 공급하기 어려울 만큼 만성적으로 취약한 국가의 사람인 경우도 있고요. 이런 사람은 생존하기 위해 탈출한다는 점에서 난민의 법적 정의에는 딱 들어맞지 않는 애매한 범주의 난민에 속하죠.

유럽 내 난민자선단체들의 연합체인 '유럽 난민 망명 위원회'의 사무총장인 캐서린 울라드는 국제협약으로 성문화된 '난민에 대한 각국의 책무'에 관해 설명했다.

캐서린 울라드 ——————— 1951년 '난민 지위에 관한 협약'과 1967년 '난민 지위에 관한 의정서'는 박해를 피해 탈출한 사람들에게 피난처를 제공하고 보호해야 할 의무에 대해 명시하고 있습니다. 유럽 내에서는 그 의무가 유럽연합공동망명정책(CEAS)에 성문화되어 있으며, 이는 회원국(및 관련 비회원국)이 난민의 수용, 그들에게 부여할 권리, 입국 시 차후 절차, 망명 신청권 등과 관련하여 준수해야 하는 기준을 설정하고 있습니다. 여기에는 공정한 망명 절차의 권리와 가족 상봉의 권리도 포함됩니다.

나는 '난민의 지위'에 관한 국제적 협약이 포용하지 못하는 사각지대에 있는 사람들을 어떻게 도울 것인가 하는 문제를 오랫동안 고심해왔다. 아프가니스탄 난민 출신의 작가인 굴왈리 파살레이에게 의견을 물어보았다.

굴왈리 파살레이 ——————— 난민을 돕는 데에는 로켓 과학과 같은 복잡한 지식이 필요하지 않습니다. 정치권에서의 공감대가 필요할 뿐이에요. 지금 세계에는 약 6,500만 명의 실향민과 난민이 있습니다. 이들은 대부분 분쟁의 피해자들입니다. 우리가 알아야 할 점은 이들 대다수가 아직 자국 내에 있거나 고향과 가까운 지역에 머무르고 있다는 것입니다. 난민을 받아들이는 국가는 대부분 서구권이 아니라 요르단, 파키스탄, 터키, 케냐 등입니다. 난민 10명 중 많아야 1명이 결국 유럽으로 갑니다. 그런데 우리는 그들이 유럽 안으로 들어왔을 때만 '난민 위기'라는 말을 합니다. 글로벌 사회는 난민에 대한 책임을 심각하게 받아들이지 않고 있어요. 난민을 수용하고 교육과 의료 서비스를 제공하는 국가들을 도와주지도 않습니다.
저는 영국 전역을 다니며 강연을 하는데, 그때 만난 학생과 시민 대부분은 동정과 연민이 있는 사람들이었습니다. 특히 학생들은 낯선 사람들을 자국으로 따뜻하게 맞아들이고 돌보며 연대의식을 보여주기를 원합니다. 그렇지 못한 것은 정부뿐입니다. 현재 우리는 자국에 오는 모든 사람을 범죄 용의자이거나 범죄자 혹은 거짓말쟁이로 몰아가는 적대적인 환경에서 살고 있습니다. 난민에게는 무죄 추정의 원칙이 아니라 '유죄 추정'의 원칙을 적용하고 있는 거죠. 이러한 시스템은 매우 비인간적입니다. 인도주의에 반하는 것이며 도덕적이지도 않습니다. 우리는 난민을 '공정하게' 대하지 못하고 있으며, '충분히' 수용하지 못하고 있습니다. 이런 상황이 지속된다면 난민 위기는 결코 해소될 수 없을 겁니다. 우리에게는 책임지려는 자세가 필요하고, 이것이 우리의 도덕적 의무입니다.

과거 '이민자 인권'을 위한 유엔특별보고관으로 일했던 프랑수와 크레포는 이주자들이 목소리를 내기 어려운 상황과 함께 우리가 그들을 위해 대신 목소리를 내야 하는 이유를 설명했다.

프랑수와 크레포 ———————— 변화가 일어나는 데는 꽤 오랜 시간이 걸리겠지만, 그래도 포기하지 말고 계속 목소리를 내야 합니다. 같은 목소리를 내는 사람들과 협력하는 것도 중요하고요. 변호사, 인권 단체, 종교 단체에서는 지난 수십 년간 이주자들과 함께하면서 목소리를 내고 있지만, 정작 그들 중에는 관련 기관에 직접 가서 이의를 제기하거나 거리에서 시위하는 사람이 거의 없습니다. 발각되어 구금되거나 추방되는 것이 두렵기 때문이겠죠. 이주민들은 이미 산전수전을 겪었기 때문에 굳이 위험을 무릅쓰려고 하지 않아요. 그들이 원하는 건 그저 안전한 지역에 자리를 잡고 직업을 얻는 겁니다. 그들에겐 당장 가족과 먹고사는 일이 급선무니까요.

불안정한 지위의 이주 노동자들은 사회 계층의 가장 아래에 속해 있습니다. 생활 기반이 없는 데다 아무런 연고도 없고 심지어 언어도 통하지 않죠. 그들은 19세기의 산업 노동자, 식민지 시대의 도제 노동자, 혹은 더 이전 시대의 노예와 같은 처지에 놓여 있습니다.

오늘날 부유한 특권층 엘리트는 사실상 국경 없는 세상에 살고 있지만, 정작 생존을 위해 국경을 넘고자 하는 사람들에게는 엄청난 제약이 따른다. 포퓰리즘 민족주의자들은 국경에 더 높은 장벽을 쌓아야 한다고 주장하며 이주민과 난민에 대한 적개심을 노골적으로 드러내고 있다. 국제구조위원회의 위원장을 역임한 조지 럽에게 "벽이 없는 세계가 필요한가"라는 질문을 던졌다.

조지 럽 ———————— 현재와 가까운 미래의 시급한 과제는 '국경 없는 세상'을 만드는 것이 아닙니다. 전 인류 차원에서 강력한 인권 수호에 대한 합의가 이루어져야 하고, 가능한 한 뒤에 남겨지는 사람이 없도록 함께 걷고 협력하며 포용하는 공동체를 만들어야 합니다. 하지만 현재 많은 서구 국가, 특히 미국에서 나타나는 '고삐 풀린 개인주의'는 다양성을 포용하는 공동체의 중요성을 놓치고 있습니다. 어쩌면 '포용적 공동체'라는 목표도 이상주의라는 비판을 피할 수 없을지 모르죠. 하지만 제 생각에는 그것이 '국경 없는 세상'보다는 훨씬 더 현실적인 목표입니다.

“자기가 속한 사회에서 평화를 찾고자 하는 사람이라면 나에게 이로운 것이 다른 사람에게도 이롭고, 나에게 해를 끼치는 것이 다른 사람에게도 해를 끼친다는 점을 기억해야 합니다. 이 메시지를 다음 세대 또는 그들의 미래 사회에 평화를 이룩하고자 하는 모든 이에게 전하고 싶습니다.”

— 시린 에바디

대다수 사람이 전쟁을 결코 정당화할 수 없다고 생각하는데도, 지난 역사에서 전쟁이 끊이지 않았던 이유는 무엇일까. 역사가 우리에게 알려주는 것은 '공정한 사회'였다면 대부분 전쟁이 일어나지 않았을 것이란 점이다. 공정하지 않은 사회에서는 불의와 고통이 넘쳐나고 이것이 일정 수준에 이르면 충돌이 불가피해진다. 우리는 전쟁의 잔인함에 둔감해지지 않도록 조심해야 한다. 전쟁과 분쟁은 우리와 상관없이 일어나는 자연 현상이 아니다. 모든 전쟁은 통제 불가능한 야욕과 이기심, 그리고 문화, 경제, 정치 등 다양한 요인이 결합해 인간이 같은 종족인 인간을 향해 총을 겨누기로 선택하는 능동적 행위이다. 다시 말해, 우리는 전쟁을 선택할 수 있듯이 거꾸로 전쟁을 피할 수도 있다. 버티 어헌은 "무력 분쟁이 세계가 작동하는 방식이 된다는 건 저주나 다름없습니다"라고 말했다. 나는 평화 구축과 분쟁 해결의 메커니즘이 대개 전쟁이 발발하고 상황이 심각해진 후에야 작동한다는 사실에 안타까워하던 그의 모습이 인상적이었다.

레흐 바웬사가 설명했듯이, 오늘날 세계 곳곳에서 포퓰리즘이 부상하고 있다. 역사는 이 선동가들이 공동체를 얼마나 손쉽게 파괴하는지 보여주었고, 그것이 바로 우리가 서로 협력하고 단결하기 위한 새로운 사회 구조를 찾아야 하는 이유이다. 우리는 세계의 '평화'가 지평선의 오아시스처럼 막연한 미래에 찾아올 유토피아적인 것으로 생각하지만, 아마도 그것은 우리가 지금 곁에 있는 평화를 잘 이해하지 못한 탓일지도 모른다. 우리는 도덕의 가치를 이미 저질러진 악행의 관점에서 규정하려는 경향이 있다. 이러한 사고방식은 전쟁과 분쟁의 경험, 그것들을 미화하려는 과정에서 굳어진 역사의 잔재라고도 할 수 있다. 하지만 이제 인류는 청소년기에서 벗어나 성년기로 발돋움해야 하는 시기에 이르렀다. 우리는 수 세기에 걸쳐 반복된 재앙에서 벗어나 진정으로 평등하고 기회가 풍부한 세계를 창조할 수 있는 기술, 지식, 인프라를 보유하고 있다. 이제 평화는 유토피아적 비전이 아니라 더 나은 세상을 만들려는 우리의 의지와 행동이 반영된 구체적인 비전이 되어야 한다.

나치 전범 수사관이었던 벤 페렌츠는 전쟁의 원인과 결과를 잘 아는 사람이다. 그는 우리가 전쟁을 일으키지 않고도 갈등 해결을 위한 메커니즘을 찾을 수 있다고 강조했다. 또 그는 지옥과도 같은 전쟁을 미화하는 것을 그만둬야 한다고 열변을 토했다. 고대 그리스 철학자 플라톤(Plato)은 "죽은 자만이 전쟁의 끝을 볼 수 있다"라고 했지만, 우리가 살아생전에 전쟁의 종식을 주장할 수 있다면 그것이야말로 인류의 가장 큰 승리가 될 것이다.

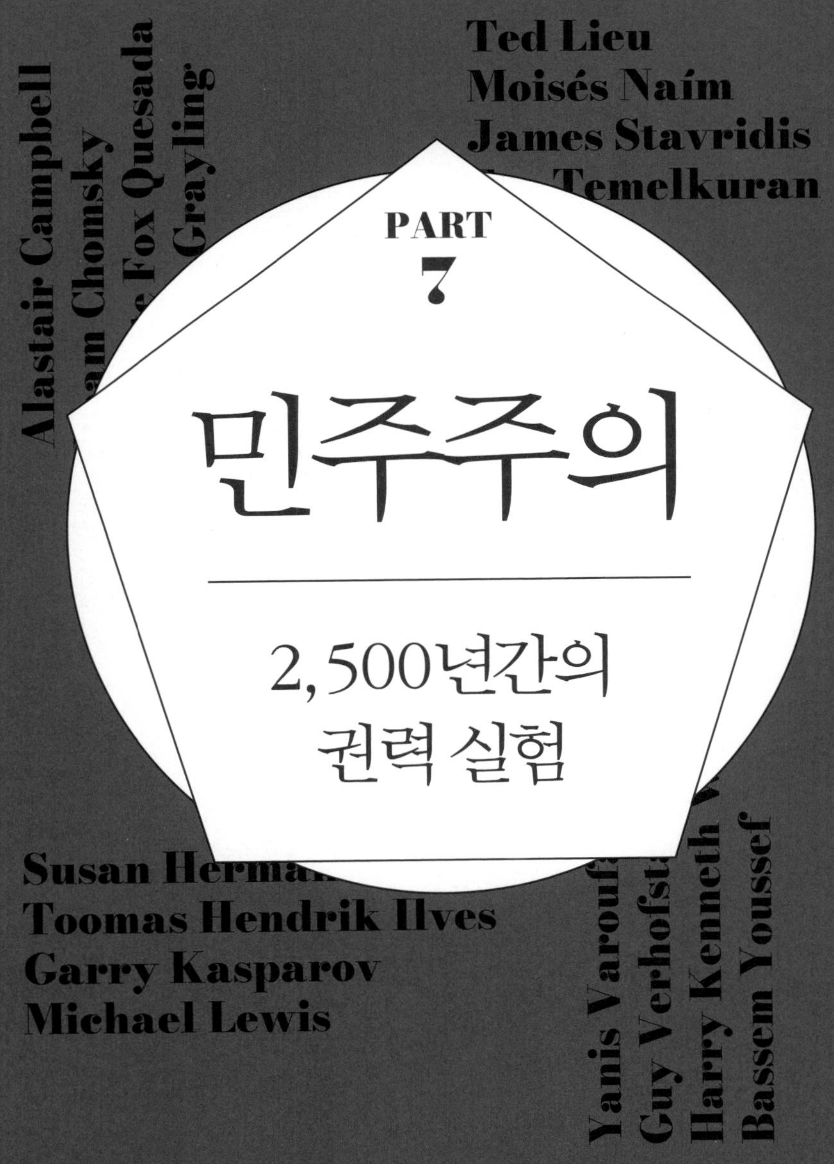

PART 7

민주주의

2,500년간의 권력 실험

"민주주의는 개체의 총합이 아니라

변증법적 대화입니다.

즉 개인들의 생각, 열정, 아이디어가

서로에게 반영되는 것입니다."

— 야니스 바루파키스

프랑크 발터 슈타인마이어(Frank-Walter Steinmeier) 독일 대통령은 노이에 바헤(Neue Wache)[16]에서 진행된 2차 세계대전 종전 75주년 기념식 연설에서 이렇게 말했다. "1945년 우리는 해방되었습니다. 오늘날 우리는 민족주의라는 새로운 유혹에서 벗어나야 합니다. 권위주의에도 빠지지 않아야 합니다. 불신, 고립주의, 국가 간 적대감도 경계해야 합니다. 혐오와 혐오성 발언, 외국인 혐오, 민주주의의 경멸은 기존의 악이 새로운 탈을 쓴 것에 불과하기 때문입니다."

나는 인간성의 본질을 이해한다는 것은 곧 '권력의 패러독스'를 이해하는 것이라고 생각한다. 권력은 통합적인 사회 구조를 만드는 데 필수적인 요소이지만, 한편으론 더 나은 사회로 가고자 할 때 제약으로 작용하기도 한다. 권력을 행사하고 축적하려는 성향은 인간성의 고질적인 측면 중 하나이다. 이러한 고질병으로 인해 20세기에만 전쟁과 탄압의 형태로 2억 명이 넘는 목숨이 희생되었다. 그리고 전 세계 부의 50퍼센트 이상이 단 1퍼센트 인구에 집중됨으로써 수십억 인구가 굶주림, 갈증, 질병에 시달리는 결과를 낳았다. 하지만 다른 한편에선 권력이 사회운동의 원동력으로 작용함으로써 더 많은 사람에게 권리와 자유, 기회를 가져다주었다.

서구 문명사회에 사는 우리는 사회의 작동 방식에 대한 대부분의 고민을 투표로 선출된 일련의 지도자들에게 맡겨버린다. 우리가 가진 안전장치는 그들이 마음에 들지 않을 경우 우리 공동의 이익에 더 잘 부합하는 다른 인물에게 투표할 수 있다는 것이다. 하지만 민주주의 사회에서조차 우리는 막강한 정치 자금을 가졌거나, 목소리가 제일 크거나, 혹은 감정적 선동을 일삼는 사람들에게 통제권을 넘겨버리곤 한다. 또 투표권은 가졌지만 투표 결과에 상관없이 아무런 실질적 이익도 얻지 못한 채 배제되는 사람들도 거대한 무리를 이루고 있다. 서구 사회의 시민 대부분이 민주적 절차에 대해 무심해진 이유는 아마도 오랫동안 평화롭게 살아오면서 그 가치와 소중함을 잊어버렸기 때문일 것이다. 그 결과 표면적으로는 모든 사람이 정치에 참여하는 듯 보이지만, 실제로는 소수에게 권력이 집중되는 정치체제가 등장하게 되었다.

7장에서는 민주주의의 본질과 시민의 정치 참여를 탐구하기 위해 놈 촘스키를 비롯해 존경받는 여러 사상가와 대화를 나누었다. 특히 유럽과 미국을 비롯해 많은 국가에서 국가원수를 비판하는 것은 거의 전 국민의 취미처럼 되었지만, 이러한 권력을 가진 당사자는 생각보다 매우 복잡하고 까다로운 임무를 수행하고 있다. 더 자세한 얘기를 듣고자 기 베르호프스타트 전 벨기에 총리, 토마스 헨드리크 일베스 전 에스토니아 대통령, 비센테 폭스 케사다 전 멕시코 대통령과도 대화를 나눴다.

민주주의는 무엇이며, 왜 중요한가

앤서니 그레일링 Anthony Grayling
철학이 상아탑에 갇혀 있어선 안 된다는 신념으로 언론, 방송 등에서 다양한 활동을 펼치고 있는 영국의 철학자이자 작가이다. 뉴칼리지오브더휴머니티스(New College of the Humanities)의 총장으로 재직 중이다.

테드 리우 Ted Lieu
2015년부터 미국 캘리포니아주 민주당 하원의원으로 활동하고 있다. 미 공군 법무감으로 근무했으며, 2000년부터는 미 공군 예비군사령부(AFRC)에서 복무했다.

'민주주의'라고 했을 때 가장 먼저 떠오르는 것은 일정 연령 이상의 모든 국민에게 평등하게 부여되는 투표권이다. 우리는 투표를 통해 정부 권력을 구성할 결정권을 행사하고 정치에 참여한다. 하지만 이것이 민주주의 자체는 아니며, 이것만으로 민주주의를 설명할 수도 없다. 영국의 철학자이며 유럽에서 가장 영향력 있는 지성인 중 한 명인 앤서니 그레일링에게 "민주주의란 무엇인가"라는 근본적인 질문을 던졌다.

앤서니 그레일링 ———— 대부분 역사에서 인류는 민주주의가 너무 쉽게 중우정치[17]로 전락하는 것을 걱정했고, 그 결과 거의 모든 민주주

바셈 유세프 Bassem Youssef

이집트의 코미디언, 작가, 프로듀서, 외과 의사, 방송 진행자이다. 2011~2014년까지 존 스튜어트(Jon Stewart)의 〈데일리쇼The Daily Show〉에서 영감을 받은 풍자 뉴스쇼 프로그램 〈엘 베나메그El-Benameg〉를 진행했다. 2013년 〈타임〉이 선정한 '세계에서 가장 영향력 있는 100인'에 이름을 올렸다.

가리 카스파로프 Garry Kasparov

러시아의 체스 그랜드마스터이며 정치활동가이자 작가이다. 체스에서 은퇴한 이후 블라디미르 푸틴(Vladimir Putin) 대통령의 정책에 반대하는 저술 및 정치 활동에 주력했다.

의 체제는 군중심리로 인해 붕괴할 위험을 사전에 걸러내기 위한 구조와 제도를 갖추고 있습니다. 전 영국 총리 윈스턴 처칠(Winston Churchill)의 발언으로 추정되는 "민주주의에 반대하는 최고의 논쟁은 보통의 유권자들과 5분간 나누는 대화이다"라는 말이 있죠. 국민은 정보가 불충분하고, 자신의 이익을 우선시하며, 근시안적으로 생각하는 경향이 있습니다. 이상적인 민주주의 사회라면 사람들이 자기 자신뿐 아니라 모든 사람의 이익을 생각하겠지만, 이게 그리 쉬운 일은 아닙니다.

영국 같은 '대의민주주의' 국가에서 의원들은 단순한 전달자나 대표자가 아닙니다. 그들은 유권자와 국가 전체를 대신하여 정보를 얻고, 심사숙고하고, 토론하고, 논쟁하고, 판단하고, 행동하는 중대한 임무를 띠고 의회에 파견된 겁니다. 의원들은 국민 전체의 이익을 대변하여 행동해야 합니다. 우리는 헌법에 기초하여 국민에게 주권을 부여하는 '입헌 민주정체'를 택하고 있는데, 이는 중우정치와 전제정치(혹은 독재정치)의 적절한 타협점이라고 할 수 있습니다.

2015년부터 미국 캘리포니아주 민주당 하원의원으로 활동하고 있는 테드 리우는 민주주의를 이렇게 정의했다.

테드 리우 ———————— 근본적으로 민주주의란 '국가가 나아갈 바람직한 방향을 결정하는 최종 결정권이 국민에게 있다는 것'을 의미합니다. 또한 '법치를 따르고, 개인의 권리를 철저하게 보호하는 것'을 의미합니다. 이것이 모든 민주주의의 핵심 원칙입니다.

바셈 유세프는 이집트의 유명 코미디언이자 정치 풍자가이다. 그가 진행하는 TV프로그램은 특정 정치인을 강도 높게 조롱하거나 비난했다는 이유로 방영이 중지되었으며, 그는 자국 이집트를 떠나야 했다. 그는 "민주주의의 가장 중요한 역할은 사회에서 도움이 필요한 소수와 약자들을 보호하는 것"이라고 말했다.

바셈 유세프 ———————— 사람마다 민주주의에 대한 해석이 다를뿐더러, 더 큰 문제는 '민주주의'를 통해 권력을 잡은 대부분의 사람이 민주주의를 단지 다수의 폭정에 불과하다고 생각하는 것입니다. 중동 국가를 비롯한 몇몇 국가에서는 국민에게 많은 표를 얻었기 때문에 무엇이든 원하는 대로 할 수 있다고 생각하는 정치 지도자들에 의해 민주주의가 독재정치로 변질되고 있습니다. 민주주의는 사회적 약자, 그리고 민주적 절차 없이는 권리를 보장받을 수 없는 사람들에게 중요합니다. 권력을 지닌 부유층에는 민주주의가 별 의미가 없어요. 모든 상황에서 모든 사람을 보호하는 민주주의가 있다면 그것이야말로 진정한 민주주의입니다.

러시아의 체스 그랜드마스터였고, 지금은 정치활동가이자 작가로 활동하는 가리 카스파로프는 민주주의가 인류 번영과 혁신을 위한 가장 중요한 원동력이라고 설명했다.

가리 카스파로프 ———— 인류 역사를 살펴보면 민주주의가 왜 중요한가에 대한 답을 쉽게 얻을 수 있죠. 민주주의 체제는 개인과 사회가 번영할 수 있는 최상의 조건을 제공해왔습니다. 세계 부의 대부분은 민주주의 국가에서 창출되었어요. 그렇다면 중국을 비롯해 최근 생활 수준이 높아지고 있는 기타 국가들은 어떻게 봐야 하느냐고 반문할 사람도 있겠으나, 인류 진보의 기반이 되는 혁신의 원동력은 역시 민주주의 자유 국가의 중심부에 자리잡고 있습니다. 그렇기에 자유 세계의 사람은 자신의 잠재력을 훨씬 잘 실현할 수 있고요.

오늘날 우리 사회는 얼마나 민주적인가

놈 촘스키 Noam Chomsky
미국 언어학자, 철학자, 인지과학자이며, 역사가이자 정치활동가이다. 매사추세츠공과대학교의 명예교수이자 애리조나대학교의 교수이기도 하다. 지금까지 100권이 넘는 책을 펴냈으며, 미국평화상(US Peace Prize)을 비롯한 많은 수상과 칭호의 영예를 얻었다.

마이클 루이스 Michael Lewis
베스트셀러 작가로, 대표작에 《생각에 관한 생각 프로젝트》, 《라이어스 포커》, 《플래시 보이스》, 《머니볼》, 《블라인드 사이드》 등이 있다.

세계 최고 지성이라 평가받는 언어학자이자 정치활동가이기도 한 놈 촘스키는 여러 저서를 통해 세계 곳곳에서 민주주의가 위협받고 있는 현실에 대해 광범위한 통찰을 제시했다. 그에게 "오늘날 우리 사회는 얼마나 자유롭고 민주적인가"라는 질문을 던졌다.

놈 촘스키 ——————— 오늘날 각 사회는 역사적 기준으로 볼 때 상당히 자유가 보장되는 편입니다. 적어도 선거 결과를 조작하는 일은 없다는 점에서 민주적이라고 할 수도 있겠고요. 하지만 대중 이외의 다른 힘이 선거 결과에 압도적인 영향을 미칠 수 있을 만큼 비민주적이기도 합니다. 특히 미국은 매우 극단적입니다. 미국 대선의 성패가 돈에 의해 좌우된다는 건 더 이상 비밀이 아니죠. 막대한 자금이 없으면 선거를 치를 수가 없을 정도예요. 이 선거 자금의 대부분은 기업 후원으로 조달됩니다. 가령 2008년 선거에서 버락 오바마가 이길 수 있었던 것도 헤지펀드 거물들을 비롯한 금융사들의 상당한 지원 덕분이었습니다.
미국 선거의 '판돈'은 갈수록 커지고 있습니다. 이렇게 선거가 매수될 수 있다는 건 국민의 의견이 무시된다는 의미밖에 되지 않아요. 미국의 오랜 숙제이기도 한 의료보험제도를 예로 들어볼까요. 미국 국민은 오랫동안 의료보험 개혁을 기대하고 요구해왔습니다. 하지만 정부는 저소득층을 위한 의료보험법 개정안을 오히려 비판하고 반대했어요. 정치 지도자들이 그들의 권력을 국민의 뜻과는 전혀 다른 방향으로 행사하고 있다는 대표적인 증거입니다. 사실 그들도 현 의료 체계를 합리적으로 개선하면 오히려 재정지출을 줄일 수 있다는 걸 알아요. 그런데도 이런 논의를 시작조차 하지 않고 있는 거예요.

마이클 루이스는《머니볼》을 비롯해 여러 베스트셀러를 집필한 작가이다. 그는 오늘날 우리 사회가 얼마나 민주적이냐 하는 것은 국민에게 달렸다면서, 국민이 정치의 주체가 되는 것이 민주주의의 본질이라고 강조했다.

마이클 루이스 ―――――――― 미국 시민들은 정부와의 관계에서 자신을 시민이 아닌 고객으로 생각하고 있습니다. 그러면서 정부가 어떻게 기능해야 하는지 이해해야 할 의무마저 내려놓았습니다. 요즘 세대는 국정 운영에 대한 올바른 이해 없이 정부를 향한 거짓말이나 비방을 곧이곧대로 믿어버리곤 합니다. 그것은 초등학교 교과목에서 '국민윤리'가 사라지면서 정치적 시비를 판단할 수 있는 지식이나 정보를 배울 기회를 얻지 못했기 때문입니다.

예를 들어, 텍사스 주지사였던 릭 페리(Rick Perry)는 공화당 대통령 후보 경선에 나와서 세 개의 정부 부처를 전면 폐지하겠다고 말했습니다. 대중은 그의 말에 환호했고, 한때 그의 인기는 전국 지지율 1위까지 올라갔습니다. 그의 발언이 대중의 인기에 영합하려는 것임을 눈치챈 사람이 정말 그렇게 없었던 걸까요? 그는 결국 자신이 폐지하겠다고 한 에너지부 장관으로 임명되었죠. 다른 곳도 아니고 미국 핵무기 개발을 관장하는 에너지부의 수장이 된 거예요! 이런 상황이 미국에만 국한된다고 생각하지는 않습니다.

기본적으로 우리의 일상생활 곳곳에 정부 정책의 영향력이 미치고 있지만, 우리는 그런 부분을 거의 인식하지 못하는 데다 그와 관련해 목소리를 내야 한다는 생각도 하지 못하고 있어요. 저는 오늘날 민주주의가 직면한 위기의 상당 부분은 정치에 참여한다는 것이 어떤 의미인지 제대로 이해하지 못하는 사람이 많아진 데 기인한다고 생각합니다.

"지식인은 정부의 거짓말을 세상에 알려야 할 의무가 있다"라고 역설해 행동하는 지식인으로 대중에게 널리 알려진 놈 촘스키는 오래전부터 미국의 외교 정책을 제국주의 침략이라고 규정하며 비판해왔다. 그에게

"외교 정책이 국민의 주권에 어떤 영향을 미치는가"를 물었다.

놈 촘스키 ———————— 영국과 유럽의 외교 정책은 미국을 따르는 경향이 있습니다. 미국은 여전히 세계 외교 정책의 주도권자입니다. 미국의 외교 정책이 어떻게 국민의 주권에 반하여 결정되는가는 더 이상 비밀이 아니죠.

예를 들어, 빌 클린턴 전 대통령은 그것을 아주 분명히 밝혔습니다. 그가 의회에서 밝힌 입장은 '미국은 자원과 시장을 확보하기 위해 이른바 유지연합[18]의 지원을 받으며 일방적 군사 행동을 수행할 권리가 있다'는 것이었습니다. 이는 미국의 이익을 최우선 순위로 놓기 위해 유럽 및 기타 지역에 군사 기지를 배치하겠다는 의미였습니다. 여기서 미국의 이익이란 미국 국민의 이익이 아니라 주로 대기업을 중심으로 정책을 설계한 자들의 이익을 가리킵니다. 이처럼 외교 정책은 국가 안보에 위협이 되는 방향으로 결정되기도 합니다.

사실 이런 경우가 드물지 않습니다. 영국의 이라크전쟁 참전 과정을 규명한 칠콧보고서(Chilcot Report)[19]에 따르면, 미국과 영국의 정치 지도자들 모두 사담 후세인(Saddam Hussein)이 국가 안보에 위협이 되지 않으며 이라크 침공이 도리어 테러 위협을 증가시킬 가능성이 크다는 것을 인지하고 있었습니다. 그리고 실제로 이라크전이 시작된 첫해에 테러가 약 일곱 배나 늘었고 막대한 인명 피해가 뒤따랐습니다. 그들은 민주주의를 들먹이며 거창한 명분이라도 있는 것처럼 떠들었지만, 사실상은 무력 사용을 정당화하려는 허울 좋은 거짓말에 지나지 않았습니다. 정치인들이 외교 정책을 결정할 때 가장 우선순위로 고려하는 것은 국민의 주권도 아니고 국가 안보도 아닙니다. 그들의 목적과 관심은 다른 것에 있습니다.

"기본적으로 우리의 일상생활 곳곳에 정부 정책의 영향력이 미치고 있지만, 우리는 그런 부분을 거의 인식하지 못하는 데다 그와 관련해 목소리를 내야 한다는 생각도 하지 못하고 있어요. 저는 오늘날 민주주의가 직면한 위기의 상당 부분은 정치에 참여한다는 것이 어떤 의미인지 제대로 이해하지 못하는 사람이 많아진 데 기인한다고 생각합니다."

— 마이클 루이스

우익 포퓰리즘이 힘을 얻는 이유는 무엇인가

에체 테멜쿠란 Ece Temelkuran
터키의 언론인이자 방송인으로, 터키의 대중 일간지 〈밀리예트Milliyet〉와 〈하베르투르크Habertürk〉의 칼럼니스트였다. 터키 정부를 비판하는 기사를 기고하여 〈하베르투르크〉에서 해고되었다.

앨러스테어 캠벨 Alastair Campbell
영국의 작가이자 언론인이며 방송인이다. 토니 블레어(Tony Blair) 전 총리의 수석공보관, 노동당 대변인 등을 역임했다.

앤서니 그레일링 Anthony Grayling
철학이 상아탑에 갇혀 있어선 안 된다는 신념으로 언론, 방송 등에서 다양한 활동을 펼치고 있는 영국의 철학자이다. 뉴칼리지오브더휴머니티스의 총장으로 재직 중이다.

프랑스 철학자 장 피에르 페이(Jean-Pierre Faye)는 극우와 극좌가 정치 스펙트럼의 양극단에 있지 않으며, 오히려 포퓰리즘을 표방한다는 점에서 서로 닮았다고 주장했다. 전 세계에 만연한 경제적·사회적 불의에 기후변화, 부정부패, 지역 갈등과 분쟁 등이 합쳐져 사람들은 점점 더 절망하고 있다. 그 결과는 정치 체제에 대한 분노와 반발로 나타났고, 포퓰리즘이 번성하기 좋은 조건을 형성했다.
터키의 언론인으로 정부를 비판하는 기사를 기고해 신문사에서 해고됐던 에체 테멜쿠란과 우익 포퓰리즘이 확산되고 있는 현실에 관해 대화를 나누었다.

기 베르호프스타트 Guy Verhofstadt
벨기에의 정치인으로 1998~2008년 47대 총리를 지냈다. 1985~1992년 부총리 겸 예산 장관을 역임했으며, 2009년부터 유럽의회의 벨기에 대표 의원으로 활동하고 있다.

토마스 헨드리크 일베스 Toomas Hendrik Ilves
2006~2016년 에스토니아의 4대 대통령을 역임한 정치인으로, 그전에는 외교관, 언론인, 사회 민주당 당수로 활동했다.

에체 테멜쿠란 ──────── 우리는 2차 세계대전을 통해서 파시즘에 대한 특정 이미지를 갖게 되었습니다. 파시즘을 떠올릴 때면 나치 제복과 군국주의자들을 함께 떠올리게 되었죠. 그런데 우익 포퓰리즘, 권위주의, 네오파시즘의 이미지는 매우 다릅니다. 오늘날 우익 포퓰리스트 지도자 가운데 상당수는 그다지 진지한 대접을 받지 못했던 인물들이었습니다. 그랬기 때문에 우리 대부분은 우익 포퓰리즘이나 네오파시즘이 이렇게까지 힘을 얻고 활개를 치리라곤 예상하지 못했습니다.
우익 포퓰리즘이 부상하게 된 이유를 이해하려면 보다 근본적인 원인을 찾아내야 합니다. 1970년대에 등장한 신자유주의를 옹호하는 사람들은

'자유시장 체제'가 인류가 고안해 낼 수 있는 최선의 경제 체제이자 가장 윤리적인 시스템이라는 생각을 강요했습니다. 그리고 인간의 기본적인 도덕과 공정성에 대한 새로운 정의와 함께 새로운 인간형을 창조하기도 했습니다. 신자유주의 모델은 대안 없는 독보적 해결책으로 제시되었습니다. 이에 따라 정치적 스펙트럼의 균형이 무너지면서 좌파가 힘을 잃고 모든 것이 '오른쪽'으로 옮겨갔습니다.

정치는 누가 더 오른쪽으로 가는지, 누가 소비를 조장해 더 많은 사람의 이성을 마비시킬 수 있는지 겨루는 경쟁이 되었습니다. 결국 소비를 할 때만 자유가 허용되는 존재로서 우리는 정치의 주체가 아닌 객체가 되었죠. 정치는 하나의 오락으로 전락했고, 국민은 자신들의 의견이 더 이상 중요하지 않다고 느끼게 되었어요.

영국의 작가이자 언론인이며 토니 블레어 전 총리의 수석공보관으로 일하기도 했던 앨러스테어 캠벨은 "우리는 두려워하기는 쉬워도 낙관적으로 되기는 어렵다"며 그것이 정치인들의 선동에 대중이 넘어가게 된 이유라고 설명했다.

앨러스테어 캠벨 ——————— 지금까지 우익은 항상 더 체계적이고 조직적이었습니다. 우익 포퓰리즘 정당인 영국 독립당(UKIP)과 보수당을 보더라도 싱크탱크, 언론계, 재계와 더 탄탄한 인맥을 쌓고 있습니다. 반면에 영국과 미국의 사회 민주주의 좌파는 언제나 힘든 길을 걸어온 듯합니다. 2007~2008년 금융 위기 이후 자본주의가 작동하지 않는다고 생각한 사람들이 더 좌측으로 이동할 것이라는 예측이 있었습니다. 하지만 실제로는 그렇지 않았죠. 금융 위기가 너무 큰 재앙이라고 생각한 사람들은 자기 삶을 먼저 챙겨야겠다며 더 개인적으로 변했습니다.

대외 원조에 반대하며 매우 위험한 캠페인을 벌이는 〈데일리 메일Daily Mail〉[20]을 한번 볼까요. 그들은 정부를 향해 "외국인, 대외 원조, 공동체 이딴 것들 다 집어치우고 국민이나 돌보라"고 말하고 있습니다. 이런 발언은 사람들 내면에 있는 원초적 두려움을 건드리죠. 그것을 우리는 아돌프 히틀러(Adolf Hitler)를 통해, 그리고 최근에는 나이절 패라지(Nigel Farage), 마린 르 펜(Marine Le Pen), 도널드 트럼프를 통해 확인한 바 있습니다.

우리는 두려워하기는 쉬워도 낙관적으로 되기는 쉽지 않습니다. 지난 25년간 유럽의 우익 언론과 정치인들은 조직적으로 거짓말을 퍼뜨려 대중을 현혹했습니다. 그 결과 정치에서 소외된 사람들은 정부를 '기득권층'으로 간주하고 있습니다. 하지만 이걸 잊지 마세요. 기성 체제에 반대하는 목소리를 항상 우파만 낼 수 있는 건 아니에요. 그리스와 스페인을 보세요. 최근에는 영국 노동당의 당수인 제러미 코빈(Jeremy Corbyn)도 있고요. 지금 정치는 우파 대 좌파가 아니라 오히려 반체제 대 체제, 포퓰리스트 대 엘리트의 대결 구도로 가고 있습니다.

앤서니 그레일링은 영국 정부가 우파 여당에 의해 장악된 것과 관련해 다수득표제의 결함을 지적했다. 그리고 포퓰리즘이 힘을 얻게 된 데에는 여러 가지 요인이 있다며, 그중에서도 2007년 금융 위기와 난민 문제를 예로 들었다.

앤서니 그레일링 ———————— 최근의 정치를 보면 최다 득표자가 당선되는 '다수득표제'의 결함을 알 수 있습니다. 2015년에 보수당이 집권하기 이전의 보수당-자민당 연립 정부 시절에는 정책들이 더 합리적이고 중도적이었어요. 다수득표제는 집권당이 모든 헌법 조항을 완전히 무효화할 수 있는 권력을 부여한다는 점에서 바람직하지 않습니다. 현재 정부는 우파 여당에 의해 장악되었고 정책들은 엉뚱한 방향으로 흘러가고 있죠. 지금 영국 의회의 원내총무(whip)[21]와 그들에 대한 충성도는 커다란 도전을 받고 있습니다. 극좌든 극우든 과반수를 차지하는 정당의 하원의원들이 원내총무의 리더십에서 벗어나 있을 때 얼마나 극단적인 정책이 만들어질 수 있을지는 별로 상상하고 싶지도 않네요.

2차 세계대전 이후의 역사를 살펴보면, 요즘처럼 극단적인 인물들이 지도자로 선출된 적이 없었습니다. 트럼프, 패라지, 르 펜 같은 인물들은 정치계에서 극단적 소수에 해당했습니다. 그들이 대중의 주목을 받게 된 데에는 여러 가지 요인이 결합되어 있습니다. 그중 하나가 2007년 금융위기입니다. 이 금융 위기로 인해 많은 중산층과 하류층 노동자들이 경제적 난관에 부딪혔습니다. 그들의 상황은 2008년 이후 별로 나아지지 않았고 오히려 더 악화했습니다. 반면에 최상류층 사람들은 계속해서 부를 쌓았고요. 사회적 악영향을 미치는 불평등의 증가는 매우 위험한 정치적 야만의 결과물입니다.

또 하나가 난민 문제입니다. 유럽과 미국에서 난민은 문제적 단어가 되었습니다. 외국인 혐오, 심지어 인종 차별을 은폐하기 위한 단어로 사용되는가 하면 정치적 선동에도 자주 등장하고 있잖아요. 중동 사태는 분쟁과 투쟁으로 얼룩진 고향을 탈출하려는 난민들의 홍수를 초래하며 유럽연합에 엄청난 압박감을 안겼습니다. 배를 타고 이탈리아로 도망치는 사람들, 그리스와 발칸반도로 향하는 이주민들을 본 적이 있을 겁니다. 이러한 모습들은 반난민 정서를 자극했죠. 포퓰리즘은 다가올 경기 침체 가능성과 난민 문제를 결합해 저소득층의 틈을 파고들었습니다. 트럼프, 패라지, 르 펜 같은 인물들이 이러한 기회를 놓치지 않고 이용한 것이고요.

1998~2008년 벨기에의 47대 총리를 지낸 기 베르호프스타트는 불평등의 심화 등 세계화로 인한 부작용이 분명히 있지만 그렇다고 해서 민족주의로 가선 안 되며 세계화를 더 공정한 방향으로 이끌어야 한다고 주장했다.

기 베르호프스타트 ———— 포퓰리즘과 민족주의 추세를 막으려면 우선 그것들이 힘을 얻게 된 원인을 이해해야 할 겁니다. 포퓰리즘 정치인들은 이른바 '간단한 해결책'을 내세워 모든 사람의 문제를 신속히 해결하겠다고 약속합니다. 세계화의 혜택을 누리지 못하고 권리를 박탈당하고 소외되었다고 느끼는 사람들은 이처럼 빠른 해결책을 제시하는 정치인들이 등장하면 그들을 믿고 싶어 합니다. 지금 당장 삶이 절박하니까요. 그러나 포퓰리즘 정치인들은 대부분 약속을 지키지 못합니다. 영국의 유럽연합 탈퇴를 의미하는 브렉시트(brexit) 투표를 보세요. 유럽연합 회비로 납부하는 3억 5,000만 파운드를 의료보험 예산으로 돌리자던 정치인들은 투표가 끝나자 약속을 번복하기 시작했습니다.

포퓰리즘과 민족주의를 물리친다는 것은 세계화로 인해 낙오된 사람들의 걱정을 해소하고 빠른 해결책에 대한 잘못된 믿음을 불식시키는 것을 의미합니다. 제가 생각하는 해결책은 세계화를 더 공정한 방향으로 이끄는 것입니다. 세계화로 불평등이 극심해졌으니 민족주의로 후퇴해서 탈세계화로 가면 경제적 번영과 공정한 사회가 가능할 것이란 희망을 버려야 합니다. 그럴 일은 없으니까요.

우리는 세계화를 걱정하는 목소리에 귀를 기울여야 하지만, 그에 대한 대응책은 담을 더 높게 쌓는 보호무역주의가 아니라 모든 사람을 이롭게 하는 대안적 세계화를 추구하는 것입니다. 유럽연합은 그와 같은 세계화의 방향을 결정할 힘이 있으니 우리는 그 힘을 활용해야 합니다. 사람들의 우려에 귀를 기울이되 효과적인 거버넌스를 위해 확실한 대안적 비전을 제시해야 합니다. 그러지 않으면 민족주의는 앞으로도 더욱 확산될 겁니다.

앤서니 그레일링이 지적한 대로 포퓰리즘이 득세하게 된 주요인 중 하나는 세계화에 대한 피로감이며, 이는 유럽 통합에 대한 회의로 이어졌다. 2006~2016년에 에스토니아의 4대 대통령을 역임한 토마스 헨드리크 일베스는 유럽 통합을 반대하는 정서가 힘을 얻고 있는 현실에 대해 '격세유전(atavism)'이라는 표현을 사용해 설명했다.

토마스 헨드리크 일베스 ——— 유럽 통합 반대론자들은 언제나 현 상태에 불만족을 표하는데, 이는 일종의 감정적 반응으로 볼 수 있습니다. 그들의 주장이 옳다는 걸 뒷받침해줄 합리적인 근거를 찾기란 쉽지 않아 보입니다. 유럽 통합이 깨진다면 작은 유럽 국가들은 경제적으로 살아남는 것은 물론 국가 안보를 지키는 것조차 버거울 겁니다. 특히 러시아가 유럽연합을 싫어하는 이유는 양자 관계를 선호하기 때문인데요. 그들이 맺을 수 있고 맺고자 하는 양자 관계는 지배적인 우위를 갖는 관계를 의미합니다. 유럽연합 회원국 중 최강국인 독일을 상대로도 그런 관계를 원하죠. 그런 러시아가 작은 유럽 국가들을 어떻게 대할지는 불 보듯 뻔한 일입니다.

우리는 유럽에서, 특히 프랑스 대선에서 이미 몇 세대 전에 사라졌던 민족주의가 부활하는 것을 목격했습니다. 이런 걸 두고 격세유전이라는 표현을 쓰기도 합니다. 그런데 프랑스 경제가 하향세로 치닫고 스페인과 독일 등 이웃 국가를 여행하기 위해 비자가 필요하게 되더라도 프랑스 국민이 여전히 민족주의를 옹호하게 될지는 잘 모르겠습니다.

민주주의에서 국민의 정치 참여는 왜 중요한가

앨러스테어 캠벨 Alastair Campbell
영국의 작가이자 언론인이며 방송인이다. 토니 블레어 전 총리의 수석공보관, 노동당 대변인 등을 역임했다.

비센테 폭스 케사다 Vicente Fox Quesada
멕시코의 정치인이자 사업가로 55대 멕시코 대통령을 지냈다. 임기를 마친 후 비센테 폭스 연구자료박물관(Vicente Fox Centre of Studies, Library and Museum)의 개관에 참여했다.

기 베르호프스타트 Guy Verhofstadt
벨기에의 정치인으로 1998~2008년 벨기에의 47대 총리를 지냈다. 1985~1992년 부총리 겸 예산 장관을 역임했으며, 2009년부터 유럽의회의 벨기에 대표 의원으로 활동하고 있다.

전 프랑스 대통령 샤를 드골(Charles de Gaulle)은 "정치는 너무 중요한 것이어서 정치인에게만 맡겨놓을 수 없다"라고 말했다. 물론 정치는 중대할 뿐만 아니라 매우 복잡한 일이며 막중한 책임이 따르는 일이기도 하다. 거버넌스의 중요성은 정치적 의사결정에 필요한 정보들이 개인이나 작은 집단이 파악하기엔 거의 불가능한 수준이라는 점에 있다. 국민투표는 비교적 예측 가능한 소규모 집단에서는 효과가 있을 수 있겠지만, 세계화된 국가와 대륙들에서는 전략적 결과라기보다 감정적 온도 차이를 확인하는 수단에 지나지 않는다. 그런데도 국민투표는 여전히 민주주의의 필수 요소일까? 앨러스테어 캠벨은 국민의 정치 참여는 중요하다고 전제하면서도 직접민주주의의 위험성을 언급했다.

앨러스테어 캠벨 ———————— 우선 우리는 역사적 맥락을 살펴볼 필요가 있습니다. 예를 들어, 스위스에서는 고대 그리스에서 시행했던 직접민주주의를 아직도 실행하고 있습니다. 일 년에 한 번씩 주민들이 광장에 모여 국민투표를 통해 공공의 문제에 관해 협의하고 결정하는 거죠. 반면에 영국은 의회민주주의를 채택하고 있습니다. 어떤 정치 체제든 결함이 있겠지만, 지금까지는 꽤 잘해온 것 같습니다. 각 지역구에서 선출한 대표에게 권력을 맡기는 대의제라는 측면에서도, 국민을 대신해 중요한 정치적 의사결정을 하는 정부를 우리가 선택한다는 점에서도 그러했습니다.
그러면 전 영국 총리 데이비드 캐머런(David Cameron)이 택한 국민투표 전략이 실패한 이유는 무엇일까요. 그것은 영국과 유럽연합의 관계를 개선하겠다는 자신의 전략을 밀어붙이기 위한 수단이 아니라 독립당과 보수당의 입을 틀어막기 위한 전술로서 국민투표를 강행했기 때문입니다. 국민투표는 여전히 유효한 정치 참여 방식입니다. 국민에겐 통치권자를 선택할 권리, 그들이 제 역할을 하지 못하면 쫓아낼 권리가 있으니까요. 하지만 국민투표에는 매우 위험한 측면도 있습니다. 브렉시트 여부를 결정하는 국민투표 결과에서도 알 수 있듯이, 대중의 선택은 때로 합리적 이성보다는 선동가들의 감정적 호소에 더 기울어질 수 있으니까요.

55대 멕시코 대통령을 지낸 비센테 폭스 케사다는 브렉시트 국민투표 결과에 매우 실망했다면서 허술한 민주주의에 속아 넘어가지 않으려면 유권자들이 올바른 정보를 얻으려는 노력을 해야 한다고 강조했다.

비센테 폭스 케사다 ———— 정치에 훨씬 더 많은 시민, 특히 교육 수준이 높은 시민들의 참여가 필요해요. 저는 브렉시트 국민투표 결과를 보고 매우 실망했는데요. 그 투표 결과는 시민 전체의 의견을 올바르게 대변하지 않았고, 특히 미래 세대를 대변하지 않았다고 보기 때문입니다. 젊은 세대들은 그 자리에 없었어요. 브렉시트 운동을 주도한 포퓰리즘 지도자들은 시민들에게 브렉시트의 의미에 대해서도, 그로 인해 영국 경제가 입을 손실에 대해서도 제대로 알려주지 않았습니다. 그들은 민족주의에 편승해서 유권자들에게 잘못된 정보를 제공했습니다.
비슷한 시기에 선거 운동을 치른 전 미국 대통령 도널드 트럼프 역시 그랬죠. 그는 사람들에게 잘못된 생각을 주입하는 능력이 탁월한 거짓 예언자였습니다. 그래서 유권자는 훨씬 더 단단히 준비해야 합니다. 올바른 결정을 내리는 데 필요한 정보를 얻고 공부해야 합니다. 오늘날의 민주주의는 허술합니다. 잘못된 대안을 제시하고 있어요. 자신이 구세주인 줄 아는 거짓 예언자들은 사람들을 아무것도 없는 불모지로 데려가고 있습니다. 정말 위험한 현상입니다.

1998~2008년 벨기에의 47대 총리를 지낸 기 베르호프스타트는 "민주주의에 대한 대중의 참여와 지식이 부족하면 어떤 결과가 일어나는가"라는 질문에 이렇게 답했다.

기 베르호프스타트 ———— 대중이 느끼는 정치적 소외감, 그로 인한 정치 참여의 부족은 유럽연합이 직면한 중요한 문제 중 하나입니다. 시민들이 민주주의에 더 많은 시간과 관심을 쏟도록 민주주의 제도를 더욱 투명하고 책임 있게 운용해야 합니다. 투명성이 높은 사회일수록 대중이 민주주의 제도에 대한 지식을 더 많이 쉽게 얻을 수 있습니다.
영국의 브렉시트 투표와 후속 논의의 과정에서도 정작 투표에 참여했던 사람들이 유럽연합과 그들의 운영 방식을 제대로 이해하지 못했다는 점이 분명히 드러났죠. 브렉시트 캠페인 내내 주권 회복을 운운하는 문구들이 넘쳐났지만, 막상 정부는 의회 승인을 거치지 않은 채 유럽연합 조약 제50조[22]에 근거해 브렉시트 협상을 개시하려고 했습니다. 이에 대해 브렉시트에 찬성했던 사람들을 포함해 영국 국민은 크게 분노했고, 고등법원에서도 정부의 결정에 발동을 걸었습니다. 비록 표면적일지 몰라도, 영국 국민이 되찾길 원했던 것은 바로 의회주권[23]이었을 겁니다.
결국 국민이 민주주의를 잘 이해하고 있으며 스스로 정치에 참여한다고 느끼는 것이 매우 중요합니다. 그러지 않으면 국민은 속았다고 느끼거나 권리를 박탈당했다고 여겨 정치 참여를 포기할 것입니다.

마이클 루이스는 국민이 정치 참여를 외면하는 것은 국가적 위기를 불러올 수 있다고 우려를 표했다. 그러면서 국민의 정치 참여를 독려하려면 바이러스 대유행, 글로벌 금융 위기 혹은 전쟁과 같은 혹독한 경험이 불가피할지도 모른다고 말했다. 국민이 정치 참여를 외면하는 것이 국가적 위기 상황을 초래하는데, 또 국민의 정치 참여를 권장하려면 국가적 위기 상황이 필요하다는 것은 이율배반적인 말로 들린다. 그만큼 민주주의에서 국민의 정치 참여가 중요하다는 의미로 해석해야 할까? 사람들은 자동차나 컴퓨터가 고장 난 후에야 그 작동 원리를 연구하기 시작한다. 기계나 전자 기기에 해박한 사람들은 적당한 도구를 이용해 고장을 수리할 수 있을 것이다. 그러나 내부 구조를 잘 모르는 대다수 사람은 블랙박스를 열어 급한 불부터 꺼야 한다. 더구나 블랙박스를 열려면 비용을 들여 정비사와 기술자에게 의뢰해야 한다. 마찬가지로 사람들은 정치가 망가지고 나서야 관심을 두기 시작한다. 영국의 브렉시트 국민투표는 그 결과에 경악한 전 세대의 정치 행동을 촉발했고, 코로나19 팬데믹은 글로벌 정치 협력의 진정한 가치를 보여주는 동시에 초연결 세계에서 나타나는 고립주의의 단점을 보여주었다.

정치에서 권력은 어떤 의미를 지니는가

모이제스 나임 Moisés Naím
베네수엘라의 언론인이자 작가로 무역산업부 장관, 세계은행(World Bank)의 상임이사를 역임했다. 카네기국제평화재단(CEIP)의 최고연구원이기도 하다. 2012년부터 주간뉴스 프로그램 〈에펙토 나임 Efecto Naím〉의 제작자이자 진행자로 활동하고 있다.

제임스 스타브리디스 James Stavridis
미 해군 은퇴 장교이며, 전 북대서양조약기구(NATO) 총사령관이다. 현재는 칼라일그룹(Carlyle Group)의 운영책임자, 맥라티어소시에이츠(McLarty Associates)의 자문위원장 등 여러 직책을 맡고 있다.

어떤 사회에서든 민주주의가 작동하려면 '권력'과 '국민' 간의 자연스러운 줄다리기가 필요하다. 테러의 발발이나 코로나19 팬데믹 같은 국가적 재난도 두 세력 간의 힘겨루기를 유발한다. 국민은 정치 참여를 통해 권력 메커니즘에 저항하지만, 다른 한편으로 권력은 정치의 필수 요소이기도 하다. 베네수엘라 무역산업부 장관을 지냈고, 현재는 카네기국제평화재단의 최고연구원으로 활동하고 있는 모이제스 나임과 "권력이란 무엇인가"에 대한 이야기를 나누었다.

모이제스 나임 ―――――― 정치계나 정치학을 연구하는 사람이 정의

하는 전형적인 권력의 개념은 '사람들로 하여금 지금 또는 미래에 어떤 일을 하거나 하지 않도록 하는 능력'입니다. 또 권력은 질서의 원천이면서, 어떤 사람에게는 안락함의 원천이 되기도 합니다. 아무도 권력을 갖지 못하는 극단적인 상황을 무정부 상태라 하는데, 영국의 철학자 토머스 홉스(Thomas Hobbes)는 이를 가리켜 '자연 상태'라고 칭했습니다. 더 나아가 자연 상태는 원시적이고 열등한 사회이며, 따라서 국가에 절대적 권력을 주어야 안정과 번영을 꾀할 수 있다고 보았습니다. 오늘날 일부 신경과학자들은 심지어 인간의 뇌가 권력에 강하게 연결되는 경향이 있다고 주장하고 있습니다. 진화심리학자들 역시 권력과 권력욕이 진화적 특성, 즉 본능이라고 주장하고 있고요.

이어서 모이제스 나임은 권력이 자신의 삶에 미치는 영향을 인식하는 사람이 점점 더 많아지고 있다며, 이는 매우 고무적인 현상이라고 평가했다.

모이제스 나임 ———————— 오늘날 우리에게는 더 많은 '기회'가 주어졌습니다. 그동안 배제되고 소외되었던 사람도 스스로 삶의 조건을 개선하고 미래를 결정할 수 있게 되었습니다. 반면에 권위주의자가 권력을 유지하는 것은 더 어려워졌습니다.

물론 권력 집중 현상이 완전히 사라진 건 아닙니다. 여전히 엄청난 권력을 손에서 놓지 않고 있는 국가, 기업, 개인이 있습니다. 20년째 장기 집권 중인 러시아의 블라디미르 푸틴 대통령, 국제 금융시장을 쥐락펴락

하는 골드만삭스(Goldman Sachs)의 수장, 170년 역사의 〈뉴욕타임스〉 편집장, 세계 디지털 경제의 선봉에 서 있는 구글의 수장, 미국과 패권을 다투는 중국의 국가주석 등이 모두 거대한 글로벌 권력의 중추 세력이라고 할 수 있을 겁니다. 그러나 이들 모두 권력을 행사하고 유지하는 것은 예전보다 훨씬 어려워졌습니다. 그들이 권력을 영구히 유지할 가능성은 더 줄어들었고요.

북대서양조약기구의 총사령관이었으며, 현재는 카라일그룹의 운영책임자인 제임스 스타브리디스는 정치 권력 외에 다른 여러 종류의 권력에 대해 언급하며, 특히 사이버 세계에서의 정보력이 갖는 권력의 속성에 관해 자세히 설명했다.

제임스 스타브리디스 ———— 넓은 의미에서 보면 사회를 움직이는 몇 가지 핵심 권력이 있습니다. 우선 그 사회의 교육 수준이나 생산성과 연계되는 '인적 자본'을 꼽을 수 있겠지요. 전통적인 개념에서의 권력이라고 하면 '군사력'을 떠올릴 수 있는데, 오늘날 지구촌에서 거대한 무력 분쟁의 가능성이 점차 줄어들면서 군사력을 통해 체감하는 권력의 정도도 함께 줄어든 것 같습니다.

반면 사이버 세계에서의 '정보력'은 갈수록 중요해지고 있습니다. 제가 보기에 정보력은 아이디어나 메시지와 관련이 있으며, 이에 따라 '한 사회가 전달하는 메시지에 담긴 힘으로 다른 사회에 영향을 끼치는 능력'과도 연결됩니다. 이러한 능력 덕분에 지난 몇 세기에 걸쳐 서구 사회는 민주주의, 언론의 자유, 교육의 자유, 집회의 자유, 인종 평등, 성 인권 등의 사상을 널리 전파할 수 있었습니다. 이는 권력의 핵심이 영향력 있는 사상을 생산하거나 전달할 수 있는 능력에 있다는 점에서 확실히 중요합니다.

'문화'의 권력도 무시할 수 없습니다. 영화, 책, 예술, 연극, 음악, 스포츠 등 한 사회의 대중문화가 국내뿐 아니라 해외에서도 크게 환영받으며 글로벌한 영향력을 갖게 되었으니까요. 그리고 '정치 권력'은 제가 앞서 언급한 모든 것에서 파생됩니다. 지정학적으로 유리한 위치를 차지하는 것, 물과 에너지를 비롯한 풍부한 자원을 가진 것도 모두 권력으로 작용할 수 있습니다. 한 사회의 번뜩이는 창의력을 가리키는 '혁신'의 힘도 매우 중요합니다. 이 모든 요소가 합쳐져 한 국가가 다른 국가에 얼마나 영향력을 행사할 수 있는지 결정됩니다.

제임스 스타브리디스는 이러한 권력이 특히 민주주의에서 어떤 의미를 지니는지에 대해 설명을 이어갔다.

제임스 스타브리디스 ———— 우리는 살면서 세계의 도전에 직면하기도 하고 뜻하지 않은 위협을 받기도 합니다. 하지만 대부분은 삶을 즐기고 새로운 변화에 재미를 느끼며 살아가죠. 오랜 분쟁으로 황폐해진 시리아 같은 국가의 국민이 아니라면, 대부분의 사람은 인류의 중대사에 그다지 신경 쓰지 않은 채 살아갑니다. 그래서 민주주의 사회에서는 그러한 중대사를 대신 걱정해주고 모두에게 이로운 방향으로 잘 처리해줄 사람을 국가 지도자로 선택합니다. 이렇게 민주주의는 우리에게 하나의 안전망 역할을 해주기 때문에 장기적으로 좋은 해결책이 될 가능성이 큽니다.

민주주의라는 안전망이 없으면 국민은 정치에 참여할 수 없고 여러 권력과의 균형도 이룰 수 없게 됩니다. 가령 중국 국민은 지도자를 선출하는 과정에서 자기 목소리를 낼 수가 없죠. 경제성장률이 두 자릿수를 유지하고 있을 때는 그나마 괜찮겠지만, 향후 경제 성장이 둔화되고 불평등, 부정부패, 자연재해 등이 누적되면 그제야 중국 국민들은 자신의 삶을 지켜줄 어떠한 안전망도 없다는 사실을 발견하게 될 겁니다. 이러한 일은 민주주의 체제에 동의하지 않는 모든 사회에서 매우 광범위하게 일어날 수 있습니다. 중국인들은 민주주의가 무질서하고 의사결정 도구로서 부적합하다고 반론을 제기할지도 모릅니다. 하지만 저는 그들이 "민주주의는 다른 모든 정부 체제에 비하면 가장 덜 나쁜 체제다"라는 윈스턴 처칠의 말을 곰곰이 생각해봤으면 좋겠습니다. 민주주의는 권력이 덜 집중되도록 해주며, 권력이 더 평등하게 국민들에게 공유될 수 있도록 해줍니다.

민주주의에서 법과 제도는 어떤 역할을 하는가

해리 케네스 울프 Harry Kenneth Woolf
영국의 영향력 있는 법조인으로서 잉글랜드-웨일스 대법원의 대법관 및 대법원장을 지냈다. 현재는 무소속 상원의원이다.

수잔 허먼 Susan Herman
미국의 법학자로 미국시민자유연맹(ACLU) 회장을 역임했으며, 1980년부터 브루클린로스쿨에서 교수직을 지냈다.

놈 촘스키 Noam Chomsky
미국 언어학자, 철학자, 인지과학자이며, 역사가이자 정치활동가이다. 매사추세츠공과대학교의 명예교수이자 애리조나대학교의 교수이기도 하다. 지금까지 100권이 넘는 책을 펴냈으며, 미국평화상을 비롯한 많은 수상과 칭호의 영예를 얻었다.

많은 사람이 민주주의에 '법치'가 포함되어 있다는 것에 동의할 것이다. 민주주의에서 권력이 집중되거나 남용되지 않도록 하기 위해 반드시 필요한 것이 법치이다. 하지만 법이 있다고 해서 반드시 민주주의가 제대로 작동하느냐 하면 그렇지도 않다. 사회가 복잡해진 만큼 정치 메커니즘도 복잡해졌기 때문이다. 영국에서 가장 영향력 있는 법조인 중 한 명인 해리 케네스 울프는 민주주의에서 법의 역할에 관해 이런 관점을 제시했다.

해리 케네스 울프 ———— 무엇보다 법은 민주주의가 작동하는 프레임워크를 제공합니다. 민주주의는 투표로 선출된 사람들에게 특정한 안전장치가 마련된 상황에서 법을 제정할 기회를 줍니다. 저는 법치주의가 잘 정립된 사회라면 민주주의도 잘 작동할 수 있다고 생각합니다. 역으로 법치를 인정하지 않는 사회에서는 민주주의도 힘을 쓸 수 없습니다. 가령 어떤 조직이 민주적인 절차에 따라 선출되었다고 해도 법치에 어긋나는 행동을 일삼는다면 어떻게 될까요? 저는 법치가 민주주의의 일부를 구성하는 중요한 가치라고 생각합니다.

미국의 법학자로서 2008년부터 약 12년간 미국시민자유연맹의 회장으로 일한 수잔 허먼은 에이브러햄 링컨(Abraham Lincoln)의 유명한 말을 인용해 "법은 국민의, 국민에 의한, 국민을 위한 것이어야 한다"고 강조했다.

수잔 허먼 ———————— 몇 주 전 게티즈버그 전투[24] 장소를 방문했는데, 그때 머릿속에 떠오른 한 가지는 에이브러햄 링컨의 말이었습니다. 그는 정부가 '국민의, 국민에 의한, 국민을 위한 정치'를 해야 한다고 했죠. 그것이 제가 생각하는 민주주의 법의 핵심 사상입니다. 무엇보다 법은 '국민의, 국민에 의한, 국민을 위한 것'이어야 하며, 정의의 개념과 분리되지 않을 때 비로소 공정하게 집행되고 구현됩니다. 그것이 입헌 민주정체에서 법의 역할입니다.

제가 헌법이나 미국시민자유연맹의 역할 등을 주제로 이야기하는 자리에서 "우리는 엄밀히 말해 민주주의 국가에 살고 있지 않다"고 말하면 사람들, 특히 미국인들이 더 놀라더군요. 정확히 말하면 우리는 '입헌민주주의' 국가에 살고 있습니다. 따라서 다수의 사람이 원한다고 해서 그걸 무조건 법으로 제정할 수 있는 게 아니에요. 법치주의는 다수가 동의하는 법이라 해도 헌법의 기본 원칙에 위배될 경우 무효가 된다는 것을 의미합니다. 저는 그것이 정의의 중요한 구성 요소라고 생각합니다. 제가 생각하는 정의의 요점은 '다수가 원하는 것'이 무엇이든 간에 그것보다는 헌법 또는 그에 상응하는 가치나 원칙이 명시된 어떤 규범이 우선시되는 것입니다.

감염병의 대유행이나 테러 같은 국가적 위협이 닥쳤을 때 우리는 '자유'와 '안보'라는 가치가 충돌하는 상황을 경험하게 된다. 코로나19 팬데믹 상황에서도 어떤 사람들은 자유가 더 중요하다고 생각했고, 또 다른 사람들은 방역이 더 중요하다고 생각했다. 해리 케니스 울프는 자유와 안보의 균형을 이루기 위해 국가에게 필요한 것이 바로 '제도'라고 설명했다.

해리 케니스 울프 ———— 민주주의 국가에서는 권위가 부여된 제도를 통해 국민에게 넘어가면 안 되는 경계를 지정할 수 있습니다. 우리는 어떤 경우에도 양보할 수 없는 중요한 가치들을 반영해 제도를 만들었습니다. 가령 고문은 어떤 상황에서도 금지되어야 한다는 것도 그중 하나이지요. 동시에 제도는 국민을 보호하는 역할을 합니다. 정부는 국민을 보호하고 안보를 수호하기 위해 일부 자유를 제한하는 제도를 사용하기도 합니다. 코로나19 상황에서 자유로운 이동을 제한했던 것처럼요. 점차 늘어나고 있는 '통신 감시'라는 것도 일례라고 할 수 있겠네요. 하지만 이것은 그리 단순한 문제는 아닙니다. 선을 그어서 경계를 지정하는 건 중요하면서도 매우 어려운 문제입니다. 제도 자체는 문제가 없을지라도 적용하는 과정에서 오용이든 남용이든 발생할 수 있으므로 이러한 부분에 대한 국민들의 관심이 필요합니다.

수잔 허먼은 안보와 자유 사이에서 균형을 이루는 것은 "어렵지만 불가능한 것은 아니다"라고 전제하면서도, 9·11테러를 예로 들어 이율배반적인 상황이 발생하는 것을 피하기 어렵다는 점에 대해 설명했다.

수잔 허먼 ———————— 9·11테러 직후 눈앞에 벌어진 일에 경악을 금치 못했던 사람들은 나라가 더 안전해지기를 바라는 마음에 우리의 기본 원칙 중 일부를 포기해야 한다는 유혹을 받았지요. 이후 여러 가지 사건이 이어졌습니다. 관타나모 수용소[25]의 존재가 밝혀지면서 적법 절차와 인권에 관한 문제가 연일 헤드라인을 장식했습니다. 어떤 사람이 적국의 전투원인지 아닌지를 판단하는 공판도 거치지 않고 그들을 무기한 가두어두겠다는 생각이 과연 옳을까요? 저는 그것이 적법 절차에서 완전히 벗어났다고 생각합니다.

우리는 또한 테러리스트를 색출하겠다는 명분으로 온갖 종류의 '그물'을 설치하려는 의회와 대통령의 유혹에 넘어가 많은 자유를 포기했습니다. 그들의 데이터베이스에서 모든 종류의 정보가 저장되고 관리되었으며 광범위한 감시가 이루어졌습니다. 그러나 다들 알다시피 그물이 너무 크면 무고한 사람까지 쉽게 걸려들 수밖에 없습니다. 더 안전해지기 위한 우리의 선택은 수정헌법 제1조에 명시된 표현의 자유, 언론의 자유, 집회의 자유 등을 모두 훼손하는 결과를 가져왔습니다. 9·11 사건 이후 미국 정부의 투명성도 훨씬 줄어들었습니다. 정부가 근거로 삼은 것은 모자이크 이론(mosaic theory)[26]이었습니다. 즉 사소한 정보라도 다른 정보와 결합되어 적군에게 유용한 정보가 될 수 있는 논리를 들어 투명성에 역행하는 행보를 보인 거죠. 정부의 투명성 결여는 우리 사회에 엄청난 문제들을 일으켰습니다.

기업 활동은 우리 삶과 밀접한 관련을 맺고 있다. 기업은 민주주의를 수호하는 역할을 할 수도 있고, 단기 수익을 좇으며 민주주의에 역행하는 쪽으로 갈 수도 있다. 놈 촘스키는 '민주주의 사회에서 기업의 역할'과 관련해 다음과 같이 설명했다.

놈 촘스키 ———————— 오늘날 사회에서 기업의 역할은 압도적입니다. 이에 대해선 논란의 여지가 없다고 생각합니다. 역사를 한참 거슬러 올라가 애덤 스미스(Adam Smith)조차 비슷한 주장을 했는데요. 그는 영국의 주요 정책 입안자인 상인과 제조업자 등이 사회 지배 세력이라는 점, 그들은 국민에게 얼마나 큰 고통을 초래하든 신경 쓰지 않고 자기네 이익에 부합하는 방향으로 정책을 결정한다는 점을 지적했습니다. 이러한 지적은 제가 보기에 권력의 집중화가 한층 강하게 드러나는 오늘날의 현실에 훨씬 더 잘 들어맞습니다. 과거에는 그 자리에 제조업자들이 있었다면, 이제는 금융회사와 다국적 기업들이 있습니다. 그들이 행사하는 영향력은 어마어마할 뿐 아니라 매우 해롭고 심지어 치명적인 경우도 많습니다.

미국을 예로 들자면, 기업들은 지구 온난화가 별 위협이 되지 않는다는 점을 국민에게 설득하기 위해 대대적인 홍보 활동을 펼치고 있습니다. 그 결과 많은 사람이 기후변화를 중요하지 않은 문제로 간주하게 되었죠. 기업들은 또한 막대한 자금 조달력을 무기로 기후변화 문제에 관심이 없는 신진 세력을 의회에 앉히는 데 핵심적인 역할을 했습니다. 이들은 기후변화에 관한 정부간 협의체(IPCC) 같은 국제기구와 미국 환경보호국(EPA)의 조직 축소를 위해 예산을 삭감하는 법안에까지 영향력을 미치려 하고 있습니다. 그렇게 되면 온실가스 배출을 감시하는 이들 기관의 임무가 차질을 빚을 테고, 이는 우리 삶과 사회 전반에 걸친 커다란 위협이 아닐 수 없습니다.

기업의 CEO라고 해서 기후변화의 심각성을 모르는 게 아닙니다. 그렇지만 그들의 더 중요한 임무는 단기 이윤을 극대화하는 것입니다. 지금 우리는 미래에 별 관심이 없고, 심지어 기업의 생존조차 나 몰라라 하는 새로운 형태의 국가자본주의[27]를 경험하고 있습니다. 단기 이윤의 중요성이 점점 더 커지면서 이와 다른 방향으로 가는 CEO들은 설 자리를 잃고 있습니다. 이는 CEO 개인의 문제가 아니라 자본주의라는 제도의 문제로 사회 전체에 막대한 영향을 미치고 있습니다. 사실을 말하자면, 이러한 문제는 우리 존재와 삶까지 파괴할지 모릅니다.

"무엇보다 법은 민주주의가 작동하는 프레임워크를 제공합니다. 민주주의는 투표로 선출된 사람들에게 특정한 안전장치가 마련된 상황에서 법을 제정할 기회를 줍니다. 저는 법치주의가 잘 정립된 사회라면 민주주의도 잘 작동할 수 있다고 생각합니다."

— 해리 케네스 울프

민주주의의 미래를 위한 조언

가리 카스파로프 Garry Kasparov
러시아의 체스 그랜드마스터이며 정치활동가이자 작가이다. 체스에서 은퇴한 이후 블라디미르 푸틴 대통령의 정책에 반대하는 저술 및 정치 활동에 주력했다.

야니스 바루파키스 Yanis Varoufakis
그리스의 경제학자, 교수, 철학자, 정치인이다. 그리스 전 재무장관을 역임했으며 좌익 정당인 MeRA25(현실적 유럽 불복종 전선)를 창당하고 사무총장을 역임했다. 여러 권의 책을 저술했으며, 2018년 미국 상원의원 버니 샌더스(Bernie Sanders)와 함께 진보주의 인터내셔널(Progressive International)이라는 국제단체를 출범했다.

민주주의는 새로운 것이 아니다. 이미 세계는 2,500년 넘게 민주주의를 실험해왔다. 그러나 현재의 인류 문명이 채택하고 있는 민주주의야말로 권력의 관리와 분배 방식에 있어서 다수의 합의에 도달한 최초의 민주주의라고 할 수 있다. 지금 세계가 직면한 민주주의의 위기는 양적인 위기가 아니라 질적인 위기이다. 사법적 정당성을 의심받는 선거 절차, 국가를 전쟁으로 몰고 가는 증거 조작 등 이러한 위기를 보여주는 예는 무수히 많다. 지금 우리 세계에는 전 미국 대통령 도널드 트럼프에서 현 인도 총리 나렌드라 모디(Narendra Modi)에 이르기까지 민주주의자의 탈을 쓴 권위주의자들이 점점 더 늘어나고 있다. 민주주의의 미래는 어떻게

비센테 폭스 케사다 Vicente Fox Quesada

멕시코의 정치인이자 사업가이로 55대 멕시코 대통령을 지냈다. 임기를 마친 후 비센테 폭스 연구자료박물관의 개관에 참여했다.

기 베르호프스타트 Guy Verhofstadt

벨기에의 정치인으로 1998~2008년 벨기에의 47대 총리를 지냈다. 1985~1992년 부총리 겸 예산 장관을 역임했으며, 2009년부터 유럽의회의 벨기에 대표 의원으로 활동하고 있다.

될까? 우리는 진정한 민주주의를 회복하고 수호하기 위해 어떻게 해야 할까? 우선 러시아의 정치활동가 가리 카스파로프에게 민주주의의 미래를 위한 조언을 부탁했다.

가리 카스파로프 ———— 정치에 관심을 두는 젊은이들이 점점 늘어나고 있으며, 여기에는 그들에게 경각심을 일깨운 도널드 트럼프 전 대통령의 공이 컸지요. 민주주의는 언제까지나 당연하게 누릴 수 있는 것이 아닙니다. 로널드 레이건 전 대통령은 "자유가 소멸하는 데는 한 세대 이상 걸리지 않는다"라고 말했지만, 우리가 알아서 돌아가겠거니 믿고 있는 동안 결국 민주주의는 크게 변질되고 말았습니다. 도널드 트럼프의 당선은 공직자의 이해충돌 방지, 입법·행정·사법의 권력분립 등 전통적인 민주주의 원리들이 위험에 처했음을 보여준 사건이었습니다. 이러한 퇴보가 재발하는 것을 막는 유일한 해결책은 국민이 정치에 참여하는 것입니다. 트럼프가 대통령으로 취임하고 몇 달 만에 그의 무능함으로 인해 전 세계에 퍼져 나갔던 혼란스러운 상황들을 떠올려보세요. 포퓰리즘의 부상에 맞서 싸우게끔 유권자들을 일깨운 것도 그러한 혼란들이었을 겁니다. 트럼프 행정부는 기존 집권 정부의 무능함을 꼬집고 노골적으로 비웃었지만, 이미 드러난 것처럼 그들이 제시한 해결책은 오히려 상황을 더욱 악화하기만 했습니다. 이런 상황이 되풀이되지 않으려면 국민의 정치 참여가 확대되어야 하고, 민주주의에 대한 지성적 토론이 더 많이 이루어져야 합니다.

그리스 경제학자로 자본주의의 폐해와 모순을 거침없이 파헤치는 데 앞장섰던 야니스 바루파키스는 그리스 급진좌파연합(SYRIZA)의 일원으로서 의회 의원과 재무장관을 역임하기도 했다. 그에게도 민주주의의 미래를 위한 조언을 부탁했다.

야니스 바루파키스 ———— 저는 조언을 좋아하지 않습니다. 우리 세대는 정말 형편없었습니다! 우리는 공동의 이해에 도달하기 위한 기술적 해결책을 갖지 못했습니다. 민주주의는 개체의 총합이 아니라 변증법적 대화입니다. 대화 때마다 당신은 다른 사람으로 나타납니다. 다른 사람의 일부가 당신의 일부가 되고, 당신의 일부가 다른 사람의 일부가 됩니다. 투표만 한다고 해서 민주주의는 아닙니다. 민주주의는 개인들의 생각, 열정, 아이디어가 서로에게 반영되는 것입니다. 우리에게는 그 자체로 즐기고 누릴 수 있는 민주주의가 필요합니다.

러시아의 혁명가 블라디미르 레닌(Vladimir Lenin)이 말했듯이, 결국 중요한 것은 누가 누구에게 "무엇을 할 것인가"[28] 하는 문제입니다. 민주주의는 결국 권력의 문제이며, 권력을 어떻게 극복하느냐의 문제입니다. 즉 권력을 가진 사람이 권력을 절제해서 사용함으로써 '견제와 균형'의 원칙을 지키는 것, 그것이 민주주의입니다.

비센테 폭스 케사다는 국민의 정치 참여와 더불어 창조적 혁신을 강조했다.

비센테 폭스 케사다 ———— 제대로 작동하는 정부를 만들려면 국민이 정치에 깊이 관여해야 합니다. 또 혁신적이어야 합니다. 기존의 개념이나 사고방식을 의심하면서 새로운 것을 창조하는 혁신적인 아이디어가 필요합니다. 앞으로의 민주주의 구조는 새롭게 재편되어야 하며, 그러기 위해서는 진실을 말하는 지도자가 필요합니다. 오늘날 공공 분야에는 속임수와 거짓말이 난무합니다. 우리는 솔직하고 헌신적이며 창의적이어야 합니다. 진실이 통하는 세계, 정당하고 합리적인 제도를 바탕으로 민주주의가 효과적으로 작동하는 세계를 다 같이 만들어가길 바랍니다.

기 베르호프스타트는 민족주의는 해결책이 될 수 없으며, 서로 다른 문화에 대한 이해와 공유를 바탕으로 범세계적인 해결책을 찾아내기 위해 노력해야 한다는 점을 강조했다.

기 베르호프스타트 ———— 경제 위기, 난민 위기, 테러와의 전쟁 등 우리 시대의 위기는 한 국가의 힘이나 노력만으론 해결할 수 없다는 점을 기억해야 합니다. 함께 힘을 합쳐야만 위기를 극복하고 더 나은 세상을 만들 수 있습니다. 민족주의는 결코 해결책이 될 수 없습니다. 저는 젊은 세대들이 유럽 민족주의의 역사를 공부해보길 권합니다. 그러면 우리가 직면한 글로벌 난제들을 민족주의 정치가들이 해결할 수 없다는 것을 이해하게 될 테니까요. 저는 젊은 세대에게 서로 다른 문화에 대해 배우고 공유함으로써 글로벌 문제에 대한 범세계적 해결책을 찾아내기 위한 노력을 함께 해나가자는 메시지를 전하고 싶습니다.

"정치인들이 외교 정책을 결정할 때
가장 우선순위로 고려하는 것은
국민의 주권도 아니고 국가 안보도 아닙니다.
그들의 목적과 관심은 다른 것에 있습니다."

— 놈 촘스키

민주주의 개념은 평등의 원칙과 긴밀히 연결된다. 바셈 유세프가 이야기했듯이, 모든 상황에서 모든 사람을 보호하지 못하는 사회라면 그곳의 민주주의는 아무런 의미가 없다고 봐야 한다. 우리가 자유민주주의를 표방하는 국가에서 살고 있더라도 이러한 현실에 눈감아서는 안 된다. 지도자를 선택할 투표권이 보장되면 겉모습은 자유민주주의 국가처럼 보이겠지만, 그것만으로 진정한 민주주의 국가라고 할 수 없기 때문이다. 민주주의는 '공동체 구성원들의 이익에 균형을 맞추려고 고안된 타협'이라고 주장하는 사람들이 있지만, 현재의 민주주의는 다른 모습을 하고 있다. 지금 우리가 보고 있는 민주주의는 엘리트 지배계층과 피지배계층 간의 타협, 즉 지배계층은 피지배계층에 안락함을 제공하고 그 대가로 피지배계층은 어떤 자유를 포기할 것인지에 대한 사이비 협상이 되고 있다. 이러한 협상을 도와주는 것은 '소비지상주의'이다. 소비지상주의는 사람들의 뇌에 마취제를 주입했다. 이 마취제는 사람들로 하여금 안락하고 풍족한 삶을 살 수 있다면 정치 참여에서 벗어나는 것쯤은 아무것도 아니라고 여기도록 유도했다.

독재 정권의 시민들과 달리 서구 자유민주주의 국가의 시민 대다수는 자신의 삶에 영향을 미치는 문제에 대해 발언권을 갖고 영향을 미치고자 하는 참여 의식을 갖고 있다. 이러한 참여 의식은 정책과 관련해 공개된 정보, 투표권 행사, 시위 참여 등 민주주의와 교감할 여러 수단에 의해 뒷받침된다. 따라서 민주주의 과정에

충분히 참여한다고 느끼는 시민들은 민주주의에 의문을 제기할 이유가 없다. 문제는 정치 참여 과정이 왜곡되어 있다는 것이다. 물론 모든 국민은 지도자를 선출하는 투표에 참여할 수 있고, 다양한 사안들에 대해 투표할 권리가 있다. 하지만 전쟁, 기후변화, 구제금융 등 지난 10년간 서구 사회에 큰 영향을 미친 중요한 문제들에 대해서는, 시위를 통해 여론을 환기하는 방법 외에 달리 목소리를 낼 기회가 실제로 있었던가? 나는 아니라고 생각한다. 명목상 국민의 이익을 우선으로 생각했다지만 실제로는 거의 그렇지 않았던 많은 결정에 광범위한 불만이 퍼져 있다는 사실은 정치에 대한 사람들의 냉소적인 시선에서 충분히 확인할 수 있다. 이것은 하루아침에 해결될 문제가 아니다. 진정한 민주주의를 원한다면 그 과정은 교육에서 시작해 문화로 귀결되어야 한다. 그러려면 시민들이 민주주의의 기회와 절차를 더 잘 이해해야 함은 물론, 무지와 독단보다 관용, 평화, 번영, 인간의 존엄성을 중시하는 문화를 지향해야 한다. 벨기에의 47대 총리였던 기 베르호프스타트는 2016년부터 유럽의회에서 브렉시트 조정관으로 일하면서 전쟁을 제외하고 유럽이 마주한 가장 큰 위기의 중심에 섰다. 그는 우리에게 닥친 위기를 각 국가들이 스스로 해결할 수 없다면서 협력이 필요하다고 강조했다. 그리고 유럽에서 나타나고 있는 민족주의로의 회귀가 심각한 결과를 초래할 수 있음을 오늘날의 젊은이들이 이해해야 한다며 역사 공부의 중요성도 분명하게 강조했다. 드와이트 아이젠하워(Dwight D. Eisenhower) 전 미국 대통령은 이렇게 말한 적이 있다. "장기적 관점에서 국민들은 정부보다 평화 증진에 더 많은 기여를 할 것입니다. 저는 언젠가는 국민들이 방해받지 않고 평화를 누릴 수 있도록 정부가 그 문제에서 물러나는 편이 낫겠다고 판단할 날도 올 것이라 생각합니다." 하지만 그런 날이 오려면 우리 모두의 노력이 필요하며, 사회적 자유와 개인적 이기심이라는 두 개념이 대체로 양립하기 힘들다는 사실을 이해해야 한다. 즉 우리가 안락함을 대가로 자기 자신과 전 세계 수십억 사람들의 자유를 기꺼이 포기할 수 있다고 생각한다면, 그것은 높은 차원의 도덕성과 사회적 자유에 대한 모든 발언권을 잃어버리는 결과를 낳게 되리란 점을 이해해야 한다.

감사의 글

항상 내 마음을 따르라고 독려해준 소중한 아내이자 가장 든든한 지원군 레이첼 샤(Rachael Shah)에게 가장 먼저 감사의 말을 전한다. 10년 전 옥상 테라스에 앉아 차 한 잔을 마시며 이 책의 씨앗을 심어준 대니 도나치(Danny Donachie)에게도 고맙다는 인사를 전한다. 마이클오마라북스(Michael O'Mara Books)의 레슬리 오마라(Lesley O'Mara)와 조 스탠설(Jo Stansall)은 이 책을 집필하는 내내 지원과 조언을 아끼지 않았다. 조엘 코언(Joel Cohen)과 헤일리 올슨(Hayley Olsen)은 내가 2007년부터 시작한 인터뷰를 편집하고 교정하고 재검토하는 일을 담당했으며, 루크 베인브리지(Luke Bainbridge)는 언론인의 시선으로 이 책의 많은 부분을 세심하게 다듬는 데 도움을 주었다. 마지막으로 가장 귀중한 자산인 시간을 선뜻 내어 인터뷰에 응해준 모든 분에게 감사드린다.

주석

1 불확정성 원리에 따라 공간의 한 점에서 일어나는 에너지 양의 일시적 변화를 말한다. 초기 우주의 양자요동은 빅뱅 직후 우주에 생긴 에너지의 미시적 요동을 뜻하기도 한다. 이 양자요동이 인플레이션(inflation, 급팽창)에 의해 고착화하여 생명체가 탄생하게 되었다는 이론이 있다.

2 매년 영국과 아일랜드의 음반 가운데 최고의 음반에 시상되는 음악상이다. 상의 이름은 이 상의 첫 번째 스폰서였던 영국의 통신회사 머큐리 커뮤니케이션(Mercury Communication)에서 가져온 것이다.

3 1995년 노벨문학상을 수상한 아일랜드의 시인으로, 아일랜드에서는 1923년에 노벨문학상을 수상한 윌리엄 버틀러 예이츠(William Butler Yeats) 이후 가장 뛰어난 시인으로 칭송된다. 대표작에 《어느 자연주의자의 죽음》이 있다.

4 현대의 영사기와 카메라의 기초가 된 장치로, 초기에는 주로 화가들이 사실적인 묘사와 깊이감이 있는 원근법을 구사하기 위한 도구로 사용했다. 한쪽 면의 작은 구멍으로 반대편 안쪽 면에 거꾸로 비친 대상을 볼 수 있도록 고안되었다.

5 지속가능한 발전을 위해 기업이 우리 사회에 미치는 긍정적인 영향을 의미한다. 소셜 임팩트 투자에서는 ESG(환경·사회·지배구조) 경영, 사회적 책임 등이 기업을 평가하는 주요 지표이다.

6 2009년부터 방송 중인 창업 예능 프로그램이다. 예비 기업가들이 자신의 사업 아이템을 들고 나와 설명하면 심사위원들이 투자 여부를 결정하고 평가하는 형식으로 진행된다. 마크 큐반도 〈샤크 탱크〉에 투자자 패널로 출연해 높은 인기를 얻었다.

7 보텀라인은 재무제표에서 순손익을 기재하는 맨 아랫줄을 의미한다. 더블보텀라인은 그 맨 아랫줄에 재무 성과 외에 사회 기여 활동을 함께 기록하는 것으로, 경제적 가치와 사회적 가치를 동시에 추구한다는 의미이다.

8 회의나 교육 등에서 구성원들의 대화를 경청하며 그들이 서로 협력하고 활발한 상호작용을 하도록 격려하고 돕는 사람이다. '중립자'로서 모든 구성원의 의견을 존중하며 대화와 소통이 경쟁적이기보다 생산적으로 흐르도록 하는 역할을 한다.

9 진행자가 특정한 상황이나 주제를 던지면 관객들이 자발적으로 다양한 의견을 제시해 극의 줄거리를 새롭게 재구성하는 방식의 연극이다. 관객은 의견을 제시하는 것에 그치지 않고 무대로 올라가서 직접 새로운 대안을 보여주기도 한다.

10 1941년 일본이 하와이의 진주만에 정박해 있던 미국 함대를 기습 공격한 사건이다. 이 기습 직후 미국, 영국, 네덜란드는 일본에 선전 포고를 했고, 이는 태평양전쟁의 시발점이 되었다.

11 패션잡지 〈보그VOGUE〉의 편집장이었던 카린 로이펠드(Carine Roitfeld)가 창시했다고 알려진 자유로우면서 대담한 패션스타일이다. 창백한 얼굴에 짙은 눈화장과 헝클어진 헤어스타일이 특징이다.

12 19세기 이후 만들어진 용어로 성적 욕망과 행위, 이와 관련된 인간들의 태도와 사고와 감정, 가치관 그리고 사회 제도와 규범까지 모두 아우르는 개념이다.

13 인터넷 공간에서 공격적이고 반사회적인 반응을 유발하는 행위를 말한다. 트롤은 화를

돋우거나 도발적인 글로 관심을 끄는 인터넷 이용자를 말하며 '악플러'나 '키보드 워리어' 등을 통칭하는 말로 사용된다. 본래 트롤은 북유럽 신화에 등장하는 심술쟁이 요괴로 사람들이 모두 잠든 밤에 나타나 배회하는 특징이 있다.

14 2010년 말 튀니지에서 시작되어 아랍 중동 국가 및 북아프리카로 확산된 반정부 시위의 통칭이다. 집권세력의 부패, 빈부 격차, 청년 실업으로 인한 젊은이들의 분노 등이 원인이 되었다.

15 프랑스 앙리 4세(Henri Ⅳ)가 신교파인 위그노에게 조건부 신앙의 자유를 허용하기로 공표한 칙령이다. 1598년 낭트에서 공표된 이 칙령으로 약 30년간 지속된 프랑스의 종교전쟁이 종식될 수 있었다. 하지만 절대군주인 루이 14세(Louis XIV)는 1685년 낭트칙령을 철회해 위그노의 종교적 · 시민적 자유를 전면적으로 박탈했다.

16 전쟁과 독재의 희생자를 기리는 추모관으로 독일 베를린에 있다. 1800년대에 전쟁의 승리를 기념하기 위해 지은 건물이지만, 1차 세계대전에서 패배한 이후 1931년부터 추모관으로 사용하고 있다.

17 선동가와 군중심리에 의해 다수가 현명하지 못한 판단을 내릴 수 있는 민주주의의 단점을 일컫는 말이다. 고대의 정치철학자 플라톤은 중우정치를 '통제 불능이 된 다수의 시민에 의한 정치'로 규정했다. 근대에는 대중에 의한 정치를 혐오하는 보수적 정치가나 사상가들에 의해 민주주의를 비난하는 뜻으로 사용되었다.

18 '뜻이 맞는 국가들의 연합'이라는 뜻으로 대개는 '군사적인 협력'을 의미한다. 이라크전쟁 과정에서 미국 정권이 내세운 안전보장 전략의 중심 개념이다.

19 영국이 2003년 이라크전쟁 참전을 결정하기까지의 과정을 조사해 규명한 보고서로, 영국의 이라크전 참전은 당시 토니 블레어 정부의 오판에 의한 것이라는 결론을 내리고 있다. 이 보고서를 제출한 이라크전 조사위원회 위원장의 이름이 존 칠콧(John Chilcot)이다.

20 1896년 창간한 영국의 일간지로 대중신문의 선도적 위치를 지키고 있다.

21 영국 상원과 하원의 대표를 원내총무라고 하는데, 영어 표현이 '채찍(whip)'이다. 몰이꾼들이 무리에서 벗어나려는 사냥개를 채찍으로 때려서 무리로 돌아오게 하는데, 이러한 몰이꾼의 역할이 원내총무가 하는 일과 비슷하다는 점에서 이런 표현이 사용되고 있다.

22 유럽연합 조약 제50조는 "모든 회원국은 그 헌법상의 요청에 따라 연합으로부터의 탈퇴를 결정할 수 있다"라고 규정하고 있으며, 또한 "탈퇴를 결정하는 회원국은 유럽이사회에 그 의도를 통지한다"라고 명시하고 있다.

23 의회에 국가의 주권이 있다고 하는 것으로, 영국이 국민주권 대신 의회주권을 강조하는 이유는 영국 의회가 왕실의 특권에 대항해 자유를 쟁취하기 위해 벌여온 투쟁의 역사에서 이해해야 한다. 의회주권에 따라 영국 국왕은 단독으로 주권을 행사할 수 없고 의회의 일원으로서만 권력의 주체가 될 수 있다.

24 1863년 남북전쟁 중에 미국은 게티즈버그에서 치열한 전투를 벌였다. 게티즈버그 전투는 남북전쟁 기간 중 가장 비참하고 비극적인 전투였다. 게티즈버그 전투 사상자들을 추모하기 위한 추도식에서 한 에이브러햄 링컨의 짧은 연설은 미국에서 민주주의가 다시 피어나는 불씨가 되었다.

25 쿠바 남동쪽 관타나모 해안에 설치된 미국 해군기지 내 수용소로 미국은 9·11 사건 뒤 '테러와의 전쟁'을 치르면서 주로 중동에서 체포한 이들을 이곳에 가둬왔다. 이곳에서 잔혹한 고문과 인권 침해가 자행되었다는 증거가 발견되며 폐쇄 논란이 일었다.

26 그 자체로는 아무런 의미도 없어 보이는 정보 조각들을 퍼즐처럼 맞춰나가면 전체 그림을 파악하는 데 결정적인 정보가 될 수 있다는 논리로, 이로 인해 누구나 알고 있고 알고 있어야 하는 개별 정보들까지도 기밀성을 인정받을 수 있다고 주장한다.

27 국가가 정책을 통해 특정한 자본주의적 기업을 직접 관리하고 통제하는 경제 제도이다. 이는 경제 체제가 아니라 제도이므로 경제의 발전 단계나 국가의 성격에 따라 다르게 나타난다.

28 러시아 혁명 당시 레닌이 자신의 주요 사상을 담아 쓴 책이 《무엇을 할 것인가》이다. 1902년에 발표되어 사회에 큰 반향을 일으켰다.

옮긴이 | **임경은** 부산대학교 경제학 학사 및 서강대학교 경제대학원 석사를 마쳤다. 법무부, 관세청 등에서 공직생활을 했으며 현재 바른번역 소속 번역가로 활동하고 있다. 옮긴 책으로는 《100만 팔로워 마케팅》, 《레이 달리오의 금융 위기 템플릿》(공역), 《2019 이코노미스트 세계경제대전망》(공역) 등이 있다.

생각을 바꾸는 생각들

유발 하라리부터 조던 피터슨까지 이 시대 대표 지성 134인과의 가장 지적인 대화

초판 1쇄 2021년 8월 11일
초판 10쇄 2024년 4월 3일

지은이 | 비카스 샤
옮긴이 | 임경은

발행인 | 문태진
본부장 | 서금선
책임편집 | 송현경 편집 1팀 | 한성수 유진영

기획편집팀 | 임은선 임선아 허문선 최지인 이준환 송은하 이은지 장서원 원지연
마케팅팀 | 김동준 이재성 박병국 문무현 김윤희 김은지 이지현 조용환 전지혜
디자인팀 | 김현철 손성규 저작권팀 | 정선주
경영지원팀 | 노강희 윤현성 정헌준 조샘 이지연 조희연 김기현
강연팀 | 장진항 조은빛 신유리 김수연

펴낸곳 | ㈜인플루엔셜
출판신고 | 2012년 5월 18일 제300-2012-1043호
주소 | (06619) 서울특별시 서초구 서초대로 398 BnK디지털타워 11층
전화 | 02)720-1034(기획편집) 02)720-1024(마케팅) 02)720-1042(강연섭외)
팩스 | 02)720-1043 전자우편 | books@influential.co.kr
홈페이지 | www.influential.co.kr

ISBN 979-11-91056-85-3 (03300)